《广东省区域经济发展报告（2016）》

编委会

GUANGDONGSHENG QUYU JINGJI FAZHAN BAOGAO

广东省区域经济发展报告

2016

广东省发展和改革委员会 编

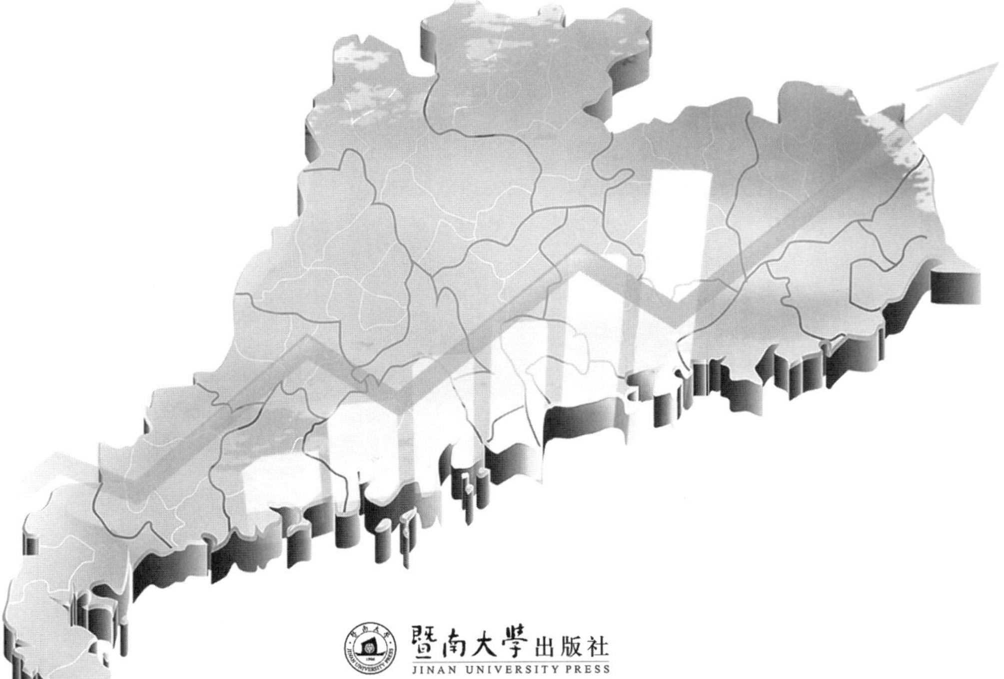

暨南大學出版社
JINAN UNIVERSITY PRESS

中国·广州

图书在版编目（CIP）数据

广东省区域经济发展报告．2016/广东省发展和改革委员会编．—广州：暨南大学出版社，2017.12
ISBN 978－7－5668－2287－1

Ⅰ.①广…　Ⅱ.①广…　Ⅲ.①区域经济发展—研究报告—广东—2016　Ⅳ.①F127.65

中国版本图书馆 CIP 数据核字（2017）第 310841 号

广东省区域经济发展报告（2016）
GUANGDONGSHENG QUYU JINGJI FAZHAN BAOGAO（2016）
编　者：广东省发展和改革委员会

出 版 人：徐义雄
策　　划：黄圣英
责任编辑：黄文科
责任校对：苏　洁　叶佩欣
责任印制：汤慧君　周一丹

出版发行：暨南大学出版社（510630）
电　　话：总编室（8620）85221601
　　　　　营销部（8620）85225284　85228291　85228292（邮购）
传　　真：（8620）85221583（办公室）　85223774（营销部）
网　　址：http://www.jnupress.com
排　　版：广州市天河星辰文化发展部照排中心
印　　刷：佛山市浩文彩色印刷有限公司
开　　本：787mm×1092mm　1/16
印　　张：15.5
字　　数：246 千
版　　次：2017 年 12 月第 1 版
印　　次：2017 年 12 月第 1 次
定　　价：48.00 元

前言

为全面系统反映广东省的区域发展情况，促进区域协调发展，为各级党委、政府决策作参考，根据省领导的指示，广东省发展改革委从2008年开始，每年组织编写出版年度《广东省区域经济发展报告》，至今已出版八期。

为保持延续性，便于分析对比，《广东省区域经济发展报告（2016）》沿用了上一期的篇章结构，分综合篇、区域篇、专项篇三个篇章和附录，以翔实的资料，全面反映了2016年广东推进区域经济发展的情况。综合篇介绍了2016年广东经济社会发展总体情况、四大区域发展分析、2016年区域发展主要工作及2017年工作思路，并对广东在全国发展中的地位及与沿海发达省（市）的比较进行了分析；区域篇介绍了珠三角、粤东、粤西、粤北四大区域的发展情况，并对21个地级以上市及顺德区的区域发展和合作情况、县域经济发展情况、重大区域发展平台规划建设等进行了重点阐述；专项篇详细介绍了区域发展十项主要工作情况。本书的附录收录了2016年出台的《广东省人民政府转发〈国务院关于深化泛珠三角区域合作的指导意见〉的通知》《国家发展改革委关于印发贯彻落实区域发展战略促进区域协调发展的指导意见的通知》等三份文件和“2016

年广东区域经济发展大事记”。

本书在编写过程中，得到了广东省经济和信息化委、省财政厅、省商务厅、省统计局、省海洋与渔业厅、省港澳办、省台办、省扶贫办等省直部门和各地级以上市发展改革局（委）的大力支持，在此表示衷心的感谢！由于水平有限，如有错漏之处，敬请批评指正。

编　者

2017 年 10 月

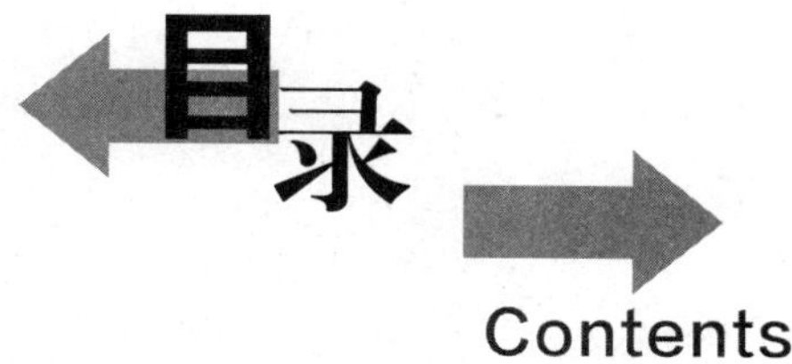

目录 Contents

区域篇

专项篇

附　录

综合篇

一、经济社会发展概要

2016年，广东坚持稳中求进的工作总基调，主动适应、把握和引领经济发展新常态，牢固树立新发展理念，以推进供给侧结构性改革为主线，适度扩大总需求，引导形成良好社会预期，统筹做好稳增长、促改革、调结构、惠民生、防风险各项工作，实现“十三五”良好开局。全省地区生产总值 79 512.05 亿元，增长 7.5%；[①] 地方一般公共预算收入 10 390.35 亿元，增长 10.3%；居民人均可支配收入突破 30 296 元，增长 8.7%；居民消费价格上涨 2.3%。

（一）产业发展

扎实推进供给侧结构性改革，产业结构持续调整优化。三次产业结构调整为 4.6 : 42.8 : 52.6，服务业增加值占比提高 1.5 百分点。科技服务、工业设计、供应链管理服务、信息服务等生产性服务业高速增长，现代服务业增加值占服务业比重提高到 61.7%。大力发展智能制造，培育年产值超亿元的机器人骨干企业 15 家，新增应用机器人 2.2 万台，总量超过 6 万台。先进制造业增加值、高技术制造业增加值占规模以上工业比重分别提高到 48.4%、27.1%。新能源汽车产量增长 76.3%，生物医药、新能源、新材料等产业快速发展。加快传统产业转型升级，降低新一轮技术改造政策门槛，工业技改投资增长 32.8%。扎实推进珠三角国家自主创新示范区和全面创新改革试验试点省建设。自主创新能力进一步提升，全省研发经费支出占比提高到 2.56%。

---

① 本书主要数据来源于《广东统计年鉴 2017》；所提及的“地区生产总值”尚未将研发支出计入核算；所述的“增长”，除特别标明外，均指“比上年增长”。

（二）基础设施

突出抓好重点项目建设，全年省重点项目完成投资 6 018.8 亿元，带动固定资产投资完成 3.3 万亿元，增长 10.0%。基础设施投资 7 376.79 亿元，增长 5.7%，占固定资产投资的比重为 22.3%。新开工建设赣州至深圳铁路广东段、深圳至中山跨江通道、东莞横沥环保热电厂一期技改再增容项目、引韩济饶供水工程等项目。建成投产广佛肇高速公路肇庆大旺至封开段、广州至佛山城际轨道交通二期工程、梅州大埔电厂“上大压小”工程等项目。港珠澳大桥主体桥梁工程全线贯通。全年新增高速公路通车里程 655 公里，新增铁路运营里程 134 公里，骨干电源装机容量约 400 万千瓦。

（三）体制机制

全面推行省市县三级政府部门权责清单制度，新取消省级行政审批事项 122 项，清理规范省政府部门行政审批中介服务 126 项，行政审批标准化加快实施，相对集中行政许可权试点改革扎实推进。深化商事制度改革，全省行政审批事项网上全流程办理率达 76.7%，省网上办事大厅覆盖至镇街。率先出台市场监管条例，事中事后监管体系建设不断加强。基本完成公共资源交易平台整合。深化投融资体制改革，开展市场准入负面清单制度改革试点，实行企业投资项目清单管理和网上备案制度。“互联网 +”众创金融示范区建设顺利推进。推进省属国企体制机制创新，开展国有资本运营和投资公司试点。农村集体产权制度改革深入推进，土地承包经营权确权登记颁证全面铺开，完成农村集体资产清理核实工作。

（四）区域发展

深入实施珠三角优化发展和粤东西北振兴发展战略，落实全面对口帮扶，有序推进新型城镇化和城乡一体化。深入推进珠三角“九年大跨越”，珠三角先进制造业增加值、高技术制造业增加值占规模以上工业比重分别达53.8%、31.8%，产业竞争力和辐射带动能力进一步增强。粤东西北交通基础设施建设取得新成效，新增出省通道1条、连接珠三角通道4条。大力推动产业转移和产业共建，促进产业园区提质增效。省产业转移园规模以上工业增加值增长约15%，占粤东西北地区的比重达28%。中心城区扩容提质和新区起步区建设有序推进。第一轮全面对口帮扶顺利完成，珠三角六市累计投入财政帮扶资金189亿元，引进产业项目2 062个，总投资4 204亿元。

（五）资源环境

大力推进绿色低碳循环发展，生态环境质量稳步改善。实行能源和水资源消耗、建设用地等总量和强度“双控”行动，完成电机能效提升224.9万千瓦，关停淘汰小火电机组38万千瓦。淘汰黄标车和老旧车35.4万辆，新能源汽车推广应用约5万辆。完成“三旧”改造5.2万亩，节地率达35.7%。实施大气污染防治行动计划，PM2.5、PM10年均浓度均下降5.9%，空气质量优良率位居全国前列。严格落实水污染防治行动计划，广佛跨界河流、茅洲河、练江、小东江等重点流域污染综合治理稳步推进，城市建成区黑臭水体整治全面展开，跨省河流污染防治协作机制初步建立。推进粤东西北地区新一轮生活垃圾和污水处理基础设施建设。农业面源污染治理扎实推进。深入开展新一轮绿化广东大行动，完成造林301万亩，建设生态景观林带1 658公里，新建森林公园265个。

（六）对外经贸

采取拓市场、提品质、优服务等措施稳定外贸出口，进出口总额达9 552.86亿美元，其中出口5 985.64亿美元，占全国的28.5%。加工贸易创新发展步伐加快，“委托设计＋自主品牌”方式出口占比达71%。一般贸易占比达43.4%，超过加工贸易比重。外贸综合服务、旅游购物出口、跨境电商等新业态快速发展。服务进出口增长15.4%，占对外贸易总额的13.8%。合同利用外资额、实际利用外资额分别为866.75亿美元、233.49亿美元。广东对美国、东盟、欧盟的进出口额分别达到1 182.66亿美元、1 157.14亿美元、1 038.63亿美元。与“一带一路”沿线国家和地区互联互通水平提升，境外合作园区建设加快，对沿线国家进出口增长6.5%，实际投资增长65.3%。

（七）社会民生

坚持民生优先，努力增进民生福祉，让人民群众共享改革发展成果。城镇、农村常住居民人均可支配收入分别为37 684元、14 512元，分别增长8.4%、8.6%。城镇新增就业147.1万人，就业困难人员实现就业17万人，城镇登记失业率为2.47%。扎实办好十件民生实事，各级财政实际投入2 367亿元，其中省级财政投入941亿元。城乡低保、农村五保、残疾人和孤儿生活保障等底线民生保障水平进入全国前列。启动医保城乡一体化改革试点，大病保险向困难群体倾斜，覆盖范围延伸至职工参保人群，全面实现省内异地就医直接结算。启动精准扶贫、精准脱贫三年攻坚战，完成176.5万名扶贫对象的精准识别、建档立卡，统筹实施产业发展、劳动力就业等帮扶工程，全年共投入扶贫资金112.08亿元，50万相对贫困人口顺利脱贫。

表 1　广东省 2016 年宏观经济主要指标表

	2016 年		2015 年	
	绝对数	比上年增长(%)	绝对数	比上年增长(%)
一、广东省生产总值（亿元）	79 512. 05	7. 5	72 812. 55	8. 0
第一产业	3 694. 37	3. 1	3 345. 54	3. 3
第二产业	34 001. 31	6. 2	32 613. 54	7. 0
第三产业	41 816. 37	9. 2	36 853. 47	9. 5
二、人均地区生产总值（元）	72 787	6. 2	67 503	6. 4
三、固定资产投资（亿元）	33 008. 86	10. 0	30 031. 20	15. 8
四、社会消费品零售总额（亿元）	34 739. 00	10. 2	31 517. 56	10. 1
五、外贸进出口总额（亿美元）	9 552. 86	-6. 6	10 227. 96	-5. 0
出口总额	5 985. 64	-7. 0	6 434. 68	-0. 4
进口总额	3 567. 21	-6. 0	3 793. 28	-11. 9
六、实际利用外商直接投资（亿美元）	233. 49	-13. 1	268. 75	0. 01
七、城镇常住居民人均可支配收入（元）	37 684. 25	8. 4	34 757. 16	8. 1
农村常住居民人均可支配收入（元）	14512. 15	8. 6	13 360. 44	9. 1
八、居民消费价格指数（%）	102. 30	2. 3	101. 50	1. 5
九、地方一般公共预算收入（亿元）	10 390. 35	10. 3	9 366. 78	11. 9
地方一般公共预算支出（亿元）	13 446. 09	4. 8	12 827. 80	40. 1
十、金融机构信贷收支（亿元）				
银行业金融机构本外币存款余额	179 829. 19	12. 1	160 388. 22	25. 4
银行业金融机构本外币贷款余额	110 928. 41	16. 0	9 5661. 12	12. 6

二、区域经济发展综述

（一）四大区域发展分析

广东全省划分为珠江三角洲、粤东、粤西、粤北四个区域。珠江三角洲地区包括广州、深圳、珠海、佛山、江门、东莞、中山、惠州、肇庆9市；粤东地区包括汕头、潮州、揭阳、汕尾4市；粤西地区包括湛江、茂名、阳江3市；粤北地区包括韶关、河源、梅州、清远、云浮5市。2016年，全省常住人口为10 999万人，其中珠三角占54.54%，粤东、粤北、粤西分别占15.78%、15.20%、14.48%。珠三角、粤东、粤西、粤北的常住人口城镇化率分别为84.85%、60.02%、42.68%、47.85%，比上年提高0.26、0.09、0.67、0.68百分点。

表2　2016年广东省四大区域基本情况

	面积及全省比重		年末常住人口及占全省比重		常住人口城镇化率（%）
	面积（万平方公里）	占比（%）	人口（万人）	占比（%）	
全省	17.97	–	10 999.00	–	69.20
珠三角	5.48	30.49	5 998.49	54.54	84.85
粤东	1.55	8.63	1 735.58	15.78	60.02
粤西	3.26	18.14	1 592.46	14.48	42.68
粤北	7.68	42.74	1 672.47	15.20	47.85

1. 区域综合发展水平。从经济总量看，珠三角和粤东西北经济总量差距较大，绝对差距仍处高位。2016 年，粤东西北地区生产总值占全省比重为 20.7%，其中粤东占 6.9%，粤西占 7.6%，粤北占 6.2%，分别只有珠三角地区的 8.7%、9.6%、7.8%。从主要经济指标看，粤东西北地区财政收入、投资、消费、出口等均与珠三角差距不断拉大。财政实力差距较大，粤东、粤西、粤北地方一般公共预算收入分别占全省的 3.6%、3.7%、5.2%，分别仅为珠三角的 4.1%、4.2%、6.0%。三大需求规模差距较大，粤东、粤西、粤北固定资产投资仅分别为珠三角的 18.7%、14.8%、14.4%，社会消费品零售总额仅分别为珠三角的 14.1%、13.6%、11.1%，进出口总额仅分别为珠三角的 2.4%、0.9%、1.6%。粤东、粤西、粤北经济总量规模偏小，对人才、资金、技术等要素资源吸引力度不够，对高技术制造业、先进制造业、现代服务业的集聚能力不强，对基础设施、社会保障等支出能力有限。

表 3　2010—2016 年珠三角与粤东西北地区生产总值

指标	2010	2011	2012	2013	2014	2015	2016
珠三角（亿元）	37 875.45	43 750.39	47 824.18	53 307.67	57 650.02	62 267.78	67 841.85
珠三角占全省比重（%）	79.6	79.3	79.1	79.0	78.8	79.1	79.3
粤东西北（亿元）	9 682.20	11 431.65	12 650.41	14 149.40	15 470.76	16 416.71	17 713.81
粤东西北占全省比重（%）	20.4	20.7	20.9	21.0	21.2	20.9	20.7
珠三角与粤东西北差距（亿元）	28 193.25	32 318.74	35 173.77	39 158.27	42 179.26	45 851.07	50 128.03
珠三角/粤东西北	3.91	3.83	3.78	3.77	3.73	3.79	3.82

表 4　2016 年广东各区域主要经济总量指标对比

指标	珠三角	粤东西北	粤东	粤西	粤北
地区生产总值（亿元）	67 841.85	17 713.81	5 893.19	6 491.93	5 328.69
地方一般公共预算收入（亿元）	6 923.98	990.73	285.92	292.35	412.47
固定资产投资（亿元）	22 321.24	10 687.62	4 172.14	3 298.27	3 217.21
社会消费品零售总额（亿元）	25 048.68	9 697.44	3 522.33	3 407.67	2 767.44
进出口总额（亿美元）	9 101.75	451.11	218.54	82.81	149.76

从发展速度看，粤东西北地区经济增速明显放缓，经济增长后劲不足。“十二五”以来，随着全省经济增速放缓，粤东西北地区快速增长的势头受到限制。粤北 2012 年起经济转为个位数增长，2013 年仅增长 8.4%，粤东在 2014 年也下降到 9.2%，粤西虽保持两位数的增速，但也仅增长 10.1%。“十二五”前四年，粤东西北地区经济增速虽有所减慢，但整体经济增速仍快于珠三角地区和全省平均水平。但自 2015 年起，粤东西北地区整体经济出现较大幅度的回落，2015 年 GDP 增长 8.1%，2016 年进一步下滑到 7.4%，分别低于珠三角地区 0.5 和 1.1 百分点，差距不断拉大。2016 年粤东增长 7.3%，粤西增长 7.3%，粤北增长 7.5%，增速均创历史新低。综合分析，粤东西北地区经济增速从 2012 年起就有所放缓，2015 年以来的表现更加明显，并低于珠三角地区，区域经济协调发展的任务仍然任重而道远。伴随着经济增速的放缓，近年来区域间相对差距不断缩小的趋势开始有所改变。从区域发展差异系数看，“十一五”时期，粤东西北地区经济增速一直领先珠三角地区，区域差异系数在 2008 年到达最高点后一直不断缩小，但自 2014 年起，随着粤东西北增速的放缓，区域差异系数维持在 0.660 左右。从经济总量占比看，粤东西北地区经济总量占全省比重一直维持在 20% 左右，近两年出现下降的趋势。

2. 区域发展所处阶段。2016 年珠三角人均 GDP 达 114 281 元，按当年汇率计算跨越 17 000 美元关口，达 17 205 美元，进入中等发达国家阶段水平。其他三个区域人均 GDP 相对较低，2016 年粤东、粤西、粤北人均 GDP 分别为5 124美元、6 155美元、4 809美元，仅为珠三角的1/4左右，且低于全国平均水平，区域差异明显。单位土地面积产出差距较大，珠三角、粤东、粤西、粤北单位土地面积产出分别为12 399.92万元/平方公里、3 824.44万元/平方公里、2 003.60万元/平方公里、694.33万元/平方公里。从全社会劳动生产率、人均一般公共预算收入和人均可支配收入等指标来看，粤东西北与珠三角也存在明显差距。

从经济增长动力看，近年来，珠三角地区劳动力受教育水平不断提高，人力资本积累不断加快，人力资本、科技创新和技术进步等要素质量提升逐步成为经济增长的主要动力。2010—2015年，珠三角就业人员中具有大学专科及以上教育程度的人数比重由6.6%提高到13.7%，企业研发投入不断增加，创新能力不断增强。2016年，珠三角规模以上工业企业R&D经费支出占全省的比重为94.5%；新产品产值占全省的比重为95.4%；有R&D活动的企业所占比重提高到28.7%，企业研发活动的主动性明显增强。随着珠三角企业创新研发能力的增强以及劳动力素质的提升，将逐渐取代要素规模投入，成为推动珠三角经济增长的新动力。与此同时，粤东西北地区仍处于要素规模扩张阶段，经济发展的创新因素较微弱，发展方式相对粗放，技术创新能力不强。就业人员素质较低，粤东西北地区初中及以下教育程度就业人口比重比珠三角地区高16～18百分点，大专以上教育程度比珠三角地区低7～9百分点。2016年，粤东西北规模以上工业企业研发投入占地区生产总值比重仅为0.53%；规模以上工业企业设立研发机构的比重仅为7.5%，绝大部分企业没有建立研究机构。产业转型升级压力较大，相当部分产业处于产业价值链低端，部分产业产能过剩，高技术制造业、先进制造业占规模以上工业增加值比重分别仅为7.4%、27.6%，比珠三角地区低24.4、26.2百分点。

从产业发展看，进入“十二五”以来，珠三角第三产业保持了较快发展，在经济增长中的主导作用不断增强。珠三角地区服务业增加值占GDP的比重也稳步上升，自2009年以来持续高于第二产业，其超过第二产业比重的幅度由2009年的2.1百分点扩大到2016年的13.9百分点。随着第三产业就业比重和增加值比重的上升，第三产业对经济增长的贡献率也逐渐上升。2010—

2016年的7个年份中，第三产业贡献率超过第二产业的年份达4个，2016年对经济增长贡献率达61.9%，超过第二产业贡献率24.3百分点，超过的幅度创2010年以来新高。而对粤东西北地区经济增长的动力结构进行分析，2010年以来粤东西北地区经济增长主要依靠第二产业拉动，2010—2016年三次产业对经济增长的平均贡献率分别为5.4%、53.3%和41.4%，7个年份中仅2016年第二产业贡献率低于第三产业，其余年份均超过第三产业，这说明近年来粤东西北地区第二产业发展领先第三产业。

表5 2010年以来珠三角、粤东西北地区三次产业贡献率

单位:%

年份	珠三角			粤东西北		
	第一产业	第二产业	第三产业	第一产业	第二产业	第三产业
2010	0.6	59.4	40.0	5.1	53.2	41.7
2011	0.8	52.6	46.7	5.8	52.6	41.6
2012	0.7	44.5	54.8	6.8	57.9	35.3
2013	0.5	50.6	48.9	4.1	60.4	35.5
2014	0.6	48.9	50.6	4.7	62.4	32.9
2015	0.5	42.5	57.0	5.3	47.8	46.9
2016	0.5	37.6	61.9	5.8	38.5	55.6
平均	0.6	48.0	51.4	5.4	53.3	41.4

总体判断，目前珠三角地区整体处于工业化后期，产业发展较为充分，并向现代产业体系迈进；粤东西北地区工业化进程大体处于工业化中期阶段，明显落后于珠三角地区，有些指标甚至低于全国平均水平，发展还不够充分，工业化进程仍需加快。随着粤东西北振兴发展战略的不断深入实施，发展势头良好，这将在未来几年里有效促进全省的均衡发展。

3. 区域产业共建。近年来，粤东西北地区与珠三角地区的产业联系逐步加强，特别是河源、汕尾、阳江、清远、汕尾等环珠三角地级市与珠三角地区的产业联系日益紧密，吸聚了珠三角地区一大批产业项目落地建设。但目前的区域产业分工合作还是初步的，粤东西北与珠三角联动发展的产业基础还比较薄弱。2016 年，粤东西北地区韶关、河源、梅州、汕尾、阳江、清远、潮州、云浮 8 个市规模以上工业增加值均低于 500 亿元。粤东西北地区在产业配套、人才储备等方面严重不足，在与珠三角地区开展产业分工合作时，存在能力跟不上、产业接不住的问题。

（二）区域发展主要工作

1. 深入实施珠三角《规划纲要》。全面落实“九年大跨越”重点工作任务，推动珠三角优化发展取得新突破。《实施珠三角规划纲要 2016 年重点工作任务》确定的九大任务、40 项重点工作、189 个子项总体推进顺利，其中加快建设珠三角国家自主创新示范区、推进信息基础设施建设等 29 个子项推进成效明显。重点领域改革深入推进，率先推进“一门式、一网式”政府服务模式改革。启动推进国家科技产业创新中心建设，制定实施珠三角国家自主创新示范区建设实施方案，制订省系统推进全面创新改革试验行动计划。产业结构调整步伐加快，“三去一降一补”各项工作扎实推进，珠江西岸“六市一区”成功申报“中国制造 2025”试点示范城市群，新引进亿元以上项目 219 个。出台广东自贸试验区条例，第二批 39 项改革创新经验在全省复制推广。

2. 坚定不移促进粤东西北地区振兴发展。狠抓交通基础设施建设、产业园区提质增效、中心城区扩容提质“三大抓手”，扎实推进全面对口帮扶。大力推进重要基础设施建设，加快完善粤东西北发展区域综合交通网络。潮惠高速公路二期、云浮至阳江高速公路罗定至阳春段、江罗高速公路二期工程 3 项高速公路建成通车。扎实推进产业园区扩能增效，粤东西北地区产业园区实现规模以上工业增加值 1 745 亿元，新设立省产业转移工业园 2 个、产业转移集聚地 1 个，省产业转移工业园和产业转移集聚地数量达到 83 个，基本实现粤东西北地区县域全覆盖。中心城区扩容提质有序推进，大力加快海绵城市、地下综合管廊建设，加快完善城市基础设施。第一轮全面对口帮扶工作圆满完成，8 个对口帮扶指挥部共同主导和协助引入产业项目累计达 2 062 个，计划总投资 4 204.4 亿元。其中，已投产项目 1 119 个，实际完成投资 976.06 亿元；在建项目共 943 个，实际完成投资 1 138.67 亿元。

3. 推进重大区域发展平台建设。积极落实国家有关政策，推进广州南沙、深圳前海、珠海横琴等国家级区域发展平台建设。广州南沙新区南沙港区三期主体工程建成投产，新落户世界 500 强企业项目 16 个；深圳前海制订促进深港合作年度行动计划，深入推进金融业对外开放试验示范窗口建设；珠海横琴粤澳合作产业园、粤澳合作中医药科技产业园等重点项目进展顺利。积极开展华侨经济文化合作试验区政策创新工作。推进省级重大区域发展平台开发建设，规划建设汕潮揭临港空铁经济合作区以及惠州潼湖生态智慧区，组织编制《汕潮揭临港空铁经济合作区发展总体规划（2016—2030）》和《广东惠州潼湖生态智慧区发展总体规划（2016—2030）》。促进产城融合发展，广州黄埔、深圳龙岗、清远清城成为国家级产城融合示范区，力争将示范区建设成为城市和产业双转型升级的新型城区。成功将广州临空经济示范区列入国家级临空经济示范区。组织开展《国家开发区审核公告目录》修订工作。

4. 推进产业园区扩能增效。制定实施《促进粤东西北地区产业园区提质增效的若干政策措施》和《关于支持珠三角与粤东西北产业共建的财政扶持政策》，扎实推进产业园区扩能增效。粤东西北地区产业园区实现规模以上工业增加值 1 745 亿元，占规模以上工业增加值的比重由 2012 年的 15% 提高至 28%；完成工业企业固定资产投资 1 385 亿元，实现税收 350 亿元。扎实推进项目建设，园区新落地工业企业 446 家，新投产工业企业 338 家。加快产业梯度转移，发动有转移意向的 270 多家珠三角行业商协会、企业与省产业园区对接，签约产业转移项目协议投资总额达 380 多亿元。

5. 推进广东海洋经济综合试验区建设。编制《广东省海洋主体功能区规划》和《广东省海洋经济发展“十三五”规划》。珠三角、粤东、粤西三大海洋经济主体区域全面发展，基本形成分工合理、优势集聚、辐射联动的区域发展格局。依托广州港、深圳港、珠海港、东莞港、湛江港等大港，加快构建现代港口群。加大海洋生态保护力度，珠海横琴等5个国家级海洋生态文明示范区建设进展顺利。编制广东省“十三五”海洋与渔业科技发展规划。2016年全省海洋生产总值达1.59万亿元，同比增长10.1%，连续22年居全国首位，实现了“十三五”良好开局。

6. 积极推进扶贫脱贫攻坚。启动精准扶贫、精准脱贫三年攻坚战，完成176.5万名扶贫对象的精准识别、建档立卡，统筹实施产业发展、劳动力就业等帮扶工程。落实党政机关、企事业单位和人民团体定点帮扶责任。共派出驻镇（街道）工作组1 112个、驻村工作队1.2万个，驻镇驻村工作队员4.3万人，对贫困人口较多的行政村基本实现了帮扶全覆盖。全年共投入扶贫资金112.08亿元，50万相对贫困人口顺利脱贫。

7. 深化泛珠三角区域合作。泛珠三角区域合作全面上升为国家战略，国务院正式印发深化泛珠三角区域合作的指导意见，泛珠合作的内容纳入国家“十三五”规划。全力办好第十一届泛珠大会，首次邀请世界500强企业参会，现场签约31个代表性项目，金额共1 100多亿元。实施珠江—西江经济带发展规划，开展粤港澳大湾区发展规划研究，推动泛珠合作重大问题研究和信息平台建设，为泛珠各方研究决策提供支撑。推动粤桂合作特别试验区建设，完善试验区交通基础设施。推动闽粤经济合作区建设，筹建投融资平台，着力建设重点项目。

（三）2017年区域发展主要工作思路

1. 提升珠三角优化发展水平。抓好珠三角“九年大跨越”收官各项工作。推进制造业转型升级和生产性服务业发展，提高珠三角地区制造业全球竞争力，力争珠三角高技术制造业增加值占规模以上工业比重达33%。激发重点开发开放平台活力，加快形成新的增长极、增长带。深入实施基础设施、产业布局等一体化专项规划，推进广佛同城化和三大经济圈建设深度融合。携手港澳推进珠三角世界级城市群和粤港澳大湾区建设。推动“9+6”融合发展，加快建设大珠三角经济区。

2. 推进粤东西北振兴发展。以交通、产业、基本公共服务等为重点，着力推进珠三角与粤东西北一体化发展。完善粤东西北地区交通基础设施，抓好内联外通高快速交通网项目建设。狠抓产业园区提质增效，加快重点转移项目落地建设，以项目带动形成一批产业集群，完成工业项目固定资产投资1 800亿元，实现规模以上工业增加值2 400 亿元，省产业转移园规模以上工业增加值占粤东西北地区的比重达30%。扎实有序推进新区起步区建设，促进中心城区扩容提质。实施第二轮全面对口帮扶。培育壮大县域经济，支持原中央苏区县、海陆丰等革命老区加快发展。

3. 大力推动产业共建。加强粤东西北和珠三角产业共建，下大力气推动跨区域产业链对接。重点推动珠三角大型骨干企业和特色优势企业的加工制造环节、增资扩产及转型升级项目，主导产业的配套企业，有稳定国际市场份额的劳动密集型加工贸易企业和规模以上生产性服务业企业向粤东西北转移，形成更紧密、更合理的产业分工合作体系。力争全年推动珠三角 550 个项目转移落户粤东西北。

4. 深入推进脱贫攻坚。抓好脱贫攻坚八项工程，落实帮扶项目，确保 60 万相对贫困人口脱贫。加快建设覆盖农村低收入群体的大数据库，建立健全动态管理、全程公示制度。突出抓好产业扶贫，实施一村一品、一镇一业工程。推进旅游、绿色能源、交通等扶贫开发。加强贫困人口就业培训，鼓励各类企业吸纳贫困劳动力，促进贫困人口就业创业。继续办好扶贫济困日活动。

5. 推进泛珠三角区域合作。深入落实国家发展改革委深化泛珠三角区域合作重点工作方案和近期工作要点，出台《广东省深化泛珠三角区域合作实施意见》。积极做好重大合作事项的跟进、协调和督促工作，重点推进珠江—西江经济带、闽粤经济合作区等跨省区合作平台建设，积极谋划湘粤开放合作试验区规划建设。健全完善合作工作机制。召开 2017 年行政首长联席会议。

三、区域经济发展比较

（一）广东在全国区域发展中的地位

经济实力进一步增强。2016 年，广东实现地区生产总值 79 512.05 亿元，占全国的 10.3%，增长 7.5%，高出全国增速 0.8 百分点，经济总量连续 28 年稳居全国第一位。广东人均地区生产总值达 72 787 元，是全国的 1.35 倍。财政总体实力不断增强，财政收入保持较高增速，来源于广东的财政总收入达 22 830.37 亿元，增长 9.0%，地方一般公共预算收入达 10 390.35 亿元，增长 10.3%，成为全国首个地方财政一般公共预算收入突破 1 万亿的省份，总量连续 26 年居全国第一位。

对外开放进一步扩大。2016 年，广东外贸进出口总额达 9 552.86 亿美元，其中出口 5 985.64 亿美元，占全国的 28.5%，提高了 0.2 百分点。全年新签外商直接投资项目 8 078 个，增长 14.9%；合同外资金额 866.75 亿美元，增长 54.5%。全省纳入统计的跨境电子商务进出口 228 亿元，增长 53.8%。

产业结构持续优化。2016 年，广东三次产业结构为 4.6∶42.8∶52.6，与 2015 年相比，第三产业占比提高 2 百分点。第三产业增加值对经济增长的贡献率为 61.4%，拉动 GDP 增长 4.6 百分点。第三产业内部结构明显改善，整体水平提升明显，服务领域不断拓展。现代服务业增加值增长 10.4%，占服务业比重为 61.7%，占比同比提高 1.3 百分点。

自主创新能力进一步提升。2016 年，全省研发经费支出占生产总值比重提高到 2.56%，有效发明专利量、PCT 国际专利申请受理量分别增长 21%、55%，有效发明专利量连续 7 年、PCT 国际专利申请受理量连续 15 年保持全国第一。技术自给率达 71%，科技进步贡献率超过 57%，基本达到创新型国家（地区）水平。高水平大学、高水平理工科大学和重点学科建设加快。实施国家重点实验室倍增计划，国家重点实验室、工程技术研究中心、工程实验室、企业技术中心等国家级创新平台达 213 家。累计建成产业技术创新联盟 204 家、新型研发机构 180 家、国家级质检中心 75 家。高新技术企业新增 8 000 家，总量超过 1.9 万家。

生态文明建设走在全国前列。2016 年，广东单位 GDP 能耗下降 3.62%，规模以上工业单位工业增加值能耗下降 3.75%。全省平均灰霾天气日数 29 天，比上年减少 6 天；全年日照时数 1 622.0 小时，接近正常年份 1 755.1 小时。PM2.5、PM10 年均浓度均下降 5.9%，空气质量优良率位居全国前列。建成污水处理设施 464 座，城市污水日处理能力达到 1 775 万吨，增长 3.0%；城市生活垃圾无害化处理率达 96.2%。城市人均公园绿地面积 17.87 平方米，增加 0.47 平方米。全省森林覆盖率达到 58.98%。

（二）广东与山东、江苏、浙江、上海沿海四省（市）比较

1. 从总体经济看，广东经济总量居首，但增速分别落后于江苏、山东。2016 年，广东实现地区生产总值 79 512.1 亿元，总量仍居全国首位；江苏实现地区生产总值为 76 086.2 亿元，略低于广东，规模位居第二；浙江为 67 008.2亿元，规模位居第三。从增速上看，2016 年江苏增速在四省一市中位居首位，为 7.8%；其次为山东，增速为 7.6%；广东与浙江持平，增速均为 7.5%，比江苏、山东分别落后 0.3、0.1 百分点；最后为上海，增速为 6.8%。与江苏相比，广东二产增速要落后 0.9 百分点，三产增速则基本持平。与山东相比，二产增速落后 0.3 百分点，二产对 GDP 增长的贡献率比山东低 3.5 百分点。

表6　2016年广东与沿海四省（市）经济发展总体比较

省（市）	地区生产总值		人均地区生产总值		三次产业结构
	绝对数（亿元）	增长（%）	绝对数（元）	增长（%）	
广东	79 512.1	7.5	72 787	6.2	4.6：42.8：52.6
山东	67 008.2	7.6	67 706	6.7	7.3：45.4：47.3
江苏	76 086.2	7.8	95 257	7.5	5.4：44.5：50.1
浙江	46 485.0	7.5	83 538	6.7	4.2：44.2：51.6
上海	27 466.2	6.8	113 615	6.9	0.4：29.1：70.5

2. 从三大需求看，广东固定资产投资总量远低于山东、江苏，消费和进出口总量均居首位，但增速较慢。2016年，广东实现固定资产投资33 008.9亿元，增长10.0%，投资规模在四省一市中居第三位，比山东、江苏分别低19 355.6亿元、16 362.0亿元；增速同样居中，略低于浙江、山东的10.9%、10.5%。其中，广东实现民间投资20 504.4亿元，比山东、江苏分别低20 671.6亿元、13 729.3亿元。在房地产开发方面，广东完成房地产开发投资10 307.8亿元，增长20.7%，远高于山东、江苏等地。2016年，广东实现社会消费品零售总额34 739.0亿元，在四省一市中居首位，其次是山东和江苏，分别比广东低4 093.2亿元和6 031.9亿元；广东同比增速为10.2%，仅略低于浙江、江苏和山东。广东外贸规模仍遥遥领先，2016年进出口总量为9 552.9亿美元，规模约是江苏（位居第二）的1.9倍；进出口增速仍为负数，为-6.6%，与江苏持平（-6.6%），山东、浙江、上海分别为-3.1%、-3.1%、-3.4%。

表7　2016 年广东与沿海四省（市）三大需求比较

省（市）	固定资产投资		社会消费品零售总额		进出口	
	总量（亿元）	增速（%）	总量（亿元）	增速（%）	总量（亿美元）	增速（%）
广东	33 008.9	10.0	34 739.0	10.2	9 552.9	-6.6
江苏	49 370.9	7.5	28 707.1	10.9	5 095.3	-6.6
山东	52 364.5	10.5	30 645.8	10.4	2 342.1	-3.1
浙江	29 571.0	10.9	21 970.8	11.0	3 365.0	-3.1
上海	6 755.9	6.3	10 946.6	7.9	4 338.4	-3.4

3. 从创新能力来看，广东略弱于江苏。从研发投入强度看，2016 年广东研发经费支出占地区生产总值比重为 2.56%，比江苏、上海分别低 0.05、1.24 百分点。从发明专利授权量看，2016 年广东授权量为 3.9 万件，位居第二，略低于江苏的 4.1 万件。从万人发明专利拥有量看，广东为 15.53 件，位居第四，分别比上海、江苏、浙江低 19.67、2.97、1.06 件；与 2007 年相比，广东万人发明专利拥有量总量大幅提高，约 16 件，但提高速度仍远低于上海、江苏等省，排位也由 2007 年的首位降为 2016 年的第四位。《中国区域创新能力评价报告 2016》显示，广东区域创新综合能力居全国第二，江苏则连续 7 年居全国首位。但在有效发明专利方面，广东处于领先地位，说明仍有充分的创新潜力。2016 年有效量为 16.8 万件，比第二位的江苏高 2.1 万件。

表8　2016 年广东与沿海四省（市）创新主要指标比较

省（市）	研发经费支出占 GDP 比重（%）	发明专利授权量（万件）	有效发明专利（万件）	万人发明专利拥有量（件）	PCT 国际专利受理量（件）
广东	2.56	3.9	16.8	15.53	23 574
江苏	2.61	4.1	14.7	18.50	3 213
山东	2.33	1.9	6.2	6.33	1 399
浙江	2.43	2.7	9.1	16.59	1 214
上海	3.80	2.0	8.5	35.20	1 560

4. 从宏观经济效益来看，广东宏观经济效益自2008年开始弱于江苏。2016年广东全社会劳动生产率（单位劳动者创造GDP）为12.7万元/人，低于江苏的16万元/人。2007到2016年间，广东宏观经济效益虽然有所提高，但提高速度弱于江苏，由2007年的比江苏高0.2万元/人变为2016年的比江苏低3.3万元/人。从工业企业效益来看，广东弱于江苏和山东。2016年，广东规模以上工业利润总额8 025.4亿元，低于江苏、山东，分别低出2 500.4亿元、617.7亿元。在增速方面，广东增长11%，排位第二，比江苏低5.1百分点。同期，广东规模以上工业全员劳动生产率为23.2万元/人，低于山东的38.7万元/人。

区域篇

一、珠江三角洲地区

（一）发展概述

2016年，珠三角地区实现地区生产总值67 841.85亿元，增长8.3%；规模以上工业增加值25 229.60亿元，增长6.7%；固定资产投资总额达22 321.24亿元，增长11.3%；社会消费品零售总额达25 048.68亿元，增长10.6%；进出口总额达9 101.75亿美元，下降6.7%；地方一般公共预算收入6 923.98亿元，增长10.7%；常住居民人均可支配收入达40 109.10元，增长9.4%。

——结构调整步伐加快。制定出台珠三角梯度转移行业目录，珠三角向粤东西北转移项目500个；珠三角9市免征涉企收费金额118.80亿元；商品房去库存277万平方米；实现1 141户国有关停企业出清和149户国有特困企业脱困；珠三角城镇燃气管网、光缆网等一批补短板重大项目建设顺利推进。产业新体系加快构建，珠三角服务业增加值比重达56.1%，现代服务业增加值比重达64.2%；先进制造业、高技术制造业增加值比重分别达54.9%、32.5%。珠江西岸“六市一区”成功申报“中国制造2025”试点示范城市群，珠江东岸电子信息产业集聚区加快建设，中芯国际12英寸芯片生产线、富士康10.5代显示器落户。珠三角70个省级现代服务业集聚区加快建设，供应链管理试点企业达105家。

——创新驱动发展势头良好。珠三角研发经费支出占地区生产总值比重达2.8%。万人发明专利拥有量达27.7件，PCT国际专利申请量增长40%以上，技术自给率超过71%，科技进步贡献率超过58%，基本达到创新型国家（地区）水平。推动建设广东国家大科学中心，国家超算中心天河二号运算速度全球6连冠。国家重点实验室、国家工程技术研究中心共49家。珠三角新型研发机构、孵化器、众创空间分别达161、589、442家；启动建设10家新兴产业创新中心。珠三角新增国家级高新技术企业8 310家，总数达18 870家，累计引进创新科研团队115个，高层次人才850多人，新引进博士2 793人，建成海外高层次人才工作站11个。

——重点项目、重大平台建设扎实推进。重点项目方面，珠三角省重点项目完成投资3 328.2亿元，新开工、完工1亿元以上项目分别为1 233、760个，在建项目本年完成投资8 142.76亿元，增长7.7%。重大平台方面，广州南沙新区南沙港区三期主体工程建成投产，新落户世界500强企业项目16个；深圳前海深入推进金融业对外开放试验示范窗口建设；珠海横琴粤澳合作产业园、粤澳合作中医药科技产业园等重点项目进展顺利；中新广州知识城知识大道等基础设施项目加快建设；佛山中德工业服务区签约项目32个，中欧中心进驻企业（项目）达66家；惠州环大亚湾新区81宗现代产业项目累计完成投资552亿元，潼湖生态智慧区上升为省级发展战略平台；东莞水乡特色发展经济区推动101家污染企业整治和退出；中山翠亨新区环岛路、地下综合管廊等项目建设加快推进，翠亨快线工程完工；江门大广海湾经济区银洲湖先导区引进投资超1 000万元工业项目36个，广东轨道交通产业园累计投资超50亿元；肇庆新区启动20个重点项目建设，中国优质农产品交易中心投入运营，启迪环保科技城动工建设。

——重点领域改革深入推进。佛山市自然人办事“一门在基层”通用模式在珠三角推广。珠三角行政审批事项网上办结率超60%，9市全面接入省网上办事大厅手机版，广州、佛山、惠州、江门4市应用推广地市电子证照系统。“多证合一、一照一码”实现全覆盖，广东自贸区启动“证照分离”试点工作。市场主体保持迅猛增长态势，新增市场主体131.1万户，增长18.6%。前海、广州、广东金融高新区三大区域股权交易市场累计挂牌企业2万家、直接融资2 000亿元。设立总规模500亿元的珠三角优化发展基金。佛山南海国家农村综合改革示范试点工作稳步推进，土地承包经营权确权登记颁证试点工作进展顺利。

——开放型经济发展水平进一步提升。出台广东自贸试验区条例，第二批39项改革创新经验在全省复制推广。自贸试验区新设企业7.6万家，合同利用外资520亿元，增长1.3倍，自贸试验区贸易便利化、投资便利化、跨境金融三大指数分别增长27.5%、42.1%、62.2%。南沙片区推出全国首个“跨境资产代客衍生品综合交易”业务；港交所前海联合交易中心、首家港资控股基金公司等1 894家港企落户前海蛇口片区；澳门机动车入出横琴政策在横琴自贸片区落地实施，电子口岸暨国际贸易“单一窗口”平台正式启用。对欧盟、海上丝绸之路沿线重点14国进出口分别增长3.2%、9.7%；新开通连接“一带一路”沿线国家的空中航线14条，国际集装箱班轮航线272条，石龙中俄贸易产业园正式签约，粤满俄中欧班列启动试运行，东莞石龙中欧班列出口货值增长72.5%。珠三角一般贸易、服务贸易比重分别达41.9%、13.8%，“委托设计+自主品牌”方式出口比重达71.3%。国家跨境电商综合试验区、外贸综合服务企业试点、市场采购贸易试点等一批国家级外贸新业态试点落户珠三角，跨境电子商务进出口增长35.1%。东莞市成为国家开放型经济新体制综合试点城市；中山市成为全国首个与澳门实现游艇自由行的城市。

——绿色低碳循环发展成效明显。珠三角完成电机能效提升126万千瓦、注塑机节能改造1 475台，淘汰黄标车和老旧车24.4万辆，新增绿色建筑面积6 546万平方米。广州、深圳、东莞、佛山市创建国家循环经济示范城市(县)。区域AQI达标率为88.9%，提高0.5百分点，PM10、PM2.5年均浓度分别下降5.7%、8.6%。珠三角城市集中式饮用水水源地水质保持100%达标，完成56个黑臭水体整治；重点流域水环境质量得到改善，茅洲河综合污染指数下降32.9%。珠三角成为全国首个国家级森林城市群建设示范区，森林覆盖率达51.5%，珠海、肇庆市获批国家森林城市。完成生态控制线划定，完成森林碳汇工程造林4.73万亩、生态景观林带57.9公里，新建森林公园75个、湿地公园16个。广州、珠海、东莞、惠州市全国水生态文明试点城市建设加快推进。

——珠三角城市群一体化发展水平提升。建成广佛肇城际、莞惠城际常平东至小金口段等珠三角城际轨道项目，新增轨道交通运营里程134公里。

建成广佛肇高速肇庆大旺至封开段、潮惠高速二期等高速项目，新增通车里程361公里。深中通道西人工岛开工建设。港珠澳大桥主体桥面全线贯通，珠海连接线南湾互通至洪湾互通段建成通车。珠三角港口群集装箱吞吐量达5 360万标箱，居世界港口群首位，中远海运散货总部落户广州南沙，深圳蛇口太子湾邮轮母港顺利开港。持续实施城市升级行动，珠三角城市生活垃圾无害化处理率、城市污水处理率均超过90%，深圳、珠海市推进国家海绵城市试点建设，广州市建设国家地下综合管廊城市。全面启动珠三角国家大数据综合试验区建设，珠三角光纤入户率达69.7%，互联网普及率达80.5%，新增4G基站11.6万座，创建"互联网+"小镇11个。广佛肇（怀集）经济合作区新引进规模以上工业企业6家，开工建设项目11个。

——民生福祉持续改善。新增就业92.22万人，促进创业8.31万人，失业人员再就业29.44万人，城镇登记失业率控制在3.5%以内。实现全国义务教育发展基本均衡县全覆盖，技工学校免学费补助标准提高到每年3 500元。实施全民参保登记计划，推进养老保险扩面征缴，基本养老保险参保率达98%，省内异地就医直接结算全面实现。新开工棚户区改造安置住房49 935套，基本建成保障性安居工程住房48 995套。推进学校体育场馆向社会开放，"一地（行业）一品牌"全民健身活动全面开展。

表9　2016年广东省珠三角九市主要经济指标

	地区生产总值		人均地区生产总值		第三产业增加值		地方一般公共预算收入	
	绝对数（亿元）	增长率（%）	绝对数（元）	增长率（%）	绝对数（亿元）	增长率（%）	绝对数（亿元）	增长率（%）
珠三角	67 841.85	8.3	114 281	6.1	38 040.23	9.4	6 923.98	10.7
广州	19 547.44	8.2	141 933	4.4	13 556.57	9.6	1 393.64	3.3
深圳	19 492.60	9.0	167 411	3.7	11 704.97	9.8	3 136.49	15.0
珠海	2 226.37	8.5	134 548	6.5	1 102.96	10.0	292.37	8.3
佛山	8 630.00	8.3	115 891	7.5	3 338.68	9.7	604.50	8.4
#顺德	2 793.23	8.4	109 972	7.7	1 144.12	9.6	201.90	7.7

（续上表）

	地区生产总值		人均地区生产总值		第三产业增加值		地方一般公共预算收入	
	绝对数（亿元）	增长率（%）	绝对数（元）	增长率（%）	绝对数（亿元）	增长率（%）	绝对数（亿元）	增长率（%）
惠州	3 412.17	8.2	71 605	7.7	1 402.98	8.8	361.30	6.3
东莞	6 827.69	8.1	82 682	8.6	3 630.25	7.6	544.75	5.2
中山	3 202.78	7.8	99 471	7.1	1 457.26	9.9	295.04	2.6
江门	2 418.78	7.4	53 374	7.0	1 079.05	8.7	204.17	2.6
肇庆	2 084.02	5.0	51 178	4.4	767.52	7.5	91.70	-36.0

（二）广州市

1. 概况。2016年，广州市地区生产总值19 547.44亿元，增长8.2%；地方一般公共预算收入1 393.64亿元，增长3.3%；CPI上涨2.7%，城镇登记失业率2.4%；固定资产投资5 703.59亿元，增长5.5%，社会消费品零售总额8 706.49亿元，增长9.0%；外贸进出口总值1 293.09亿美元，下降3.4%。

2. 实施珠三角优化发展战略情况。

——产业结构继续优化。三次产业结构为1.2：29.4：69.4。服务业比重持续提高，金融业增加值翻一番，跨境电商进出口规模全国第一，旅游综合竞争力位列副省级城市第一，工业设计、文化创意、融资租赁等新业态发展迅速，连续3次荣登福布斯中国大陆最佳商业城市榜首。先进制造业发展稳健，完成700多家规模以上工业企业技术改造，形成5个千亿级、26个百亿级产业。战略性新兴产业持续保持高速增长，高新技术产品产值占规模以上工业总产值比重达46%。农业保持平稳发展，农业增加值达到258亿元，“米袋子”“菜篮子”安全有效供给水平持续提高。自主创新能力有较大提升，获批为国家自主创新示范区和全面创新改革试验核心区，高新技术企业由1 253

家发展到4 700多家，科技企业孵化器面积超过800万平方米，新型研发机构44家，日均注册商标数量居副省级城市首位。

——城市综合承载力不断提升。广州市“三规合一”走在全国前列。空港、海港、铁路港、信息港等一批基础设施建设全面提速，2016年港口货物吞吐量5.44亿吨，集装箱吞吐量1 875万标箱，分别位居全球第6位、第7位；机场旅客吞吐量5 968万人次，货邮吞吐量163.8万吨，均位居国内主要机场前列；贵广、南广高铁等4条铁路相继开通，高速公路通车里程972公里，地铁通车10条（段）、308公里。入选国家综合运输服务示范城市、地下综合管廊试点城市。城市更新有序推进，“幸福同德围”“美丽金沙洲”和广钢新城、罗冲围建设取得成效，48个老旧小区微改造项目稳步实施，琶洲互联网创新集聚区、国际金融城、万博城等一批新的发展载体建设全面铺开。新农村建设明显加快，农村集体“三资”交易管理平台全面建成，完成89条市级美丽乡村试点建设和6个镇、116个村的名镇名村创建任务。

——城市环境逐步改善。城市空气治理持续推进，PM2.5等主要污染物平均浓度持续下降。新增污水处理能力34万吨/日，建成污水管网692公里，城市集中式饮用水水源地水质达标率保持100%，完成168.6万农村人口自来水改造。垃圾处理设施建设取得突破，垃圾分类处理荣获联合国“中国城市可持续发展范例奖”。城市绿化取得新进展，全市森林覆盖率42.14%，建成绿道3 200公里、碳汇造林21万亩，新增森林公园33个、湿地公园19个，建成区绿化覆盖率41.8%，荣获全国国土绿化突出贡献奖。城市秩序持续好转，下大力气整治违法建设、违法施工、违法户外广告和“六乱”，城中村综合整治和专业市场安全隐患整治取得成效。平安广州建设成效明显，社会治安综合治理深入推进，警情下降，立案下降，破案率上升，群众满意度上升。成功创建全国质量强市示范城市，“食得放心”城市建设全面推进。完成2.25万来穗人员积分入户。

——人民生活水平进一步提高。民生和社会事业支出占财政支出总额的76%。累计新增城镇就业146万人，社保缴费3 016万人次，企业退休人员、农转居、城乡居民养老金持续提高，城乡低保标准分别提高80%和123%。

新开工和筹集保障性安居工程住房11.29万套。学前教育公益性普惠性投入加大，职业教育、高等教育办学实力明显增强，普通高考一本上线率比2011年提高9.7%。实施分级诊疗、双向转诊，建成一批基层医疗服务设施，基层医疗卫生机构综合改革取得显著成效，有效应对登革热、禽流感、埃博拉等重大传染病疫情，居民平均期望寿命81.72岁。广州图书馆新馆、广州少儿图书馆新馆、粤剧艺术博物馆、13个儿童公园建成开放，推进广州文化馆、南汉二陵博物馆、职业技术院校迁建工程等一批文化、教育、卫生、民政设施建设，《广州大典》一期编纂出版，话剧《共产党宣言》获文华奖，成功创建全国版权示范城市。在全国率先完成地方足协和足球改革，举办世界羽毛球锦标赛、广州马拉松赛、广州国际龙舟邀请赛、亚冠联赛等重大体育赛事，竞技体育获6项奥运冠军，全民健身和体育产业取得新成绩。实现全国双拥模范城八连冠，荣获“全国少数民族流动人口服务管理示范城市”称号。

——改革开放取得新突破。“放管服”改革取得实效，取消、下放行政审批和备案事项285项。金融和财税改革扎实开展，在全国率先建成民间金融街，6个金融功能区、5个金融交易平台加快发展，上市公司总数为123家，新三板挂牌企业346家；全面推开营改增试点，政府性债务余额下降14%，财政透明度位居全国前列。国企改革不断深化，实现国有资产统一监管，近七成市属国企完成混合所有制改造，国有企业资产总额、利润总额年均保持两位数增长。南沙自贸试验区累计形成209项改革成果，85项经验在全省、全国复制推广。国际友好城市和友好合作交流城市增至65个，驻穗总领事馆55个，连续4届担任世界城市和地方政府组织联合主席城市，城市影响力明显增强。

——政府自身建设得到加强。累计办理市人大代表建议1 925件、政协提案2 548件。提请市人大常委会审议地方性法规草案23件，制定修改政府规章172件。认真听取民主党派、工商联、无党派人士及工会、共青团、妇联等人民团体意见。开展法治政府示范区和依法行政示范单位创建活动，建立重大行政决策和政府合同合法性审查机制，推行政府法律顾问制度。创新“五个一”基层治理模式，市、区、街（镇）、村（居）四级政务服务体系全覆盖，整合41个部门和各区的74条热线，统一设立12345政府服务热线，“一窗办事”“一号受理”“一网服务”在全国推广，阳光政府建设有新突破。严格落实中央八项规定精神，“四风”问题得到有效遏制；大力推进领导干部履行经济责任审计，权力运行监督进一步强化，廉洁风险防控进一步加强，一批腐败分子得到惩处，廉洁政府建设取得新成效。

3. “广佛肇+清远、云浮、韶关”经济圈建设情况。

——以规划引领经济圈建设。加强六市间国民经济和社会发展“十三五”规划纲要的衔接，六市均将经济圈建设作为区域合作的重点内容写入本市“十三五”规划纲要。《广清一体化“十三五”发展规划》经省政府同意印发实施，《广佛同城化“十三五”发展规划》和《广佛两市轨道交通衔接规划》编制完成并经两市政府同意。实施《广佛肇清云韶经济圈建设2016年度重点工作计划》，涵盖经济社会发展各领域的71个合作项目和事项，作为2016年度经济圈建设的工作指引。

——推动交通基础设施互联互通。轨道交通方面，广佛地铁魁奇路至新城东站段开通，广州地铁7号线西延顺德段开工建设，广佛环线佛山西站至广州南站段等项目加快建设，广湛高铁、韶柳铁路成功纳入国家《中长期铁路网规划》。高速公路方面，广清高速改扩建于2016年9月完成，广佛肇高速一期于2016年年底建成通车，广肇、广清之间的车程均缩短至40分钟。市际公路对接方面，番海大桥（连接番禺南海）等项目加快推进。港口航运方面，发挥广州国际航运中心辐射作用，2016年广州港新设驻佛山内陆港办事处，广州航运交易所新设肇庆代理点，南沙港“穿梭巴士”新开辟三水支线。

——产业共建联动发展。园区共建方面，广佛肇（怀集）经济合作区全年完成投资3.83亿元，完成年度计划投资的192%。广清产业合作园（清城片区）签约项目104个，计划总投资约500亿元，其中来自广州的项目占7成以上。金融方面，推进经济圈内金融机构互设支行或营业网点，广州农商行在佛山设立三水珠江村镇银行西南支行、南海大沥支行，在清远清城区设立支行，广发银行在清远英德设立支行，广州股权交易中心在云浮设立分中心。广清两市签署《全面推进碳市场合作协议》，并成立广州碳排放权交易所清远服务中心。旅游方面，共同推介经济圈旅游资源，建设广清旅游集聚区，清远长隆、花都万达综合城等重点项目加快推进。

——推动生态环境共保共治。水环境方面，广佛交界河涌整治取得突出成效，流溪河、珠江西航道等均消除劣V类水体。广佛西江饮用水源保护区内企业搬迁工作取得进展，两市对搬迁费用评估结果达成一致。广清共同开发利用北江优质水资源，广州北江引水工程（水源工程）可研获批。大气环境方面，深化燃煤电厂超洁净排放改造，完成8台燃煤机组或自备发电锅炉的超洁净排放改造，累计29台总装机容量520万千瓦机组完成超洁净排放改造；佛山市燃煤电厂超洁净排放改造三个阶段的治理工程全部完成。推动黄标车淘汰工作，六市合计淘汰黄标车和老旧车约11万辆。

——推动公共服务共建共享。政务方面，深入推进广佛政务同城办理，2016年2月，广州市荔湾区与佛山市南海区在全国首创行政审批服务事项在实体窗口“跨城通办”。截至2016年年底，两区已推出两批共85个“跨城通办”事项。广佛肇清云梅韶七市联合开展中小学优秀微课征集活动，推进跨区域优质数字资源共享。医疗方面，经济圈已实现二级以上医院检查检验结果互认。人才方面，广州赴肇庆、清远、云浮、韶关召开技能人才对接招聘会共8场次，逾280家企业提供超过1万个就业岗位。第七届“广佛肇人才一体化大学生专场招聘会”300家企业提供逾7 200个职位。文体方面，举办穗港澳粤剧日、广州国际龙舟邀请赛、广清山野穿越徒步大会等文体活动，经济圈文体交流更加频繁活跃。

4. 中新广州知识城建设情况。

——进一步优化和完善知识城总体规划。重点对知识城用地规划进行优化和提升，按照“三规合一”的规划思路，增加产业用地比例，减少居住用地比例。规划形成“三大产业片区”，北部定位为“互联网+”、绿色产业先进制造业组团；中部调整为现代医学服务、创新金融、高端教育培训、科技服务等服务业组团；南部规划为新一代信息技术、文化创意、高端智能装备研发制造和检验检测等生产性现代服务业组团。深化后的知识城总体规划从产业空间布局、城市设计理念、建设标准等方面进一步深化了知识经济的内涵，促进了产城融合发展。

——深入实施创新驱动发展战略和“一带一路”发展战略。知识城按照产业集聚式发展、链条式发展的思路，将重点规划建设新一代信息技术服务、高端医学服务、知识产权服务、教育和科技服务、智慧物流、检验检测、文化创意、商务金融服务等现代服务业集聚平台。知识城将北部片区 6 平方公里打造成生物医药与医疗器械研发生产专业园区和物联网与新材料专业园区，南部片区 8 平方公里打造成新一代信息技术专业园区、智能装备与检验检测专业园区等新兴战略性产业基地。

——基础设施建设全面提速。一是知识城外联交通路网进展明显。以强化交通外联为目标，大力搭建交通骨干路网，重点建设跨境大动脉：花莞高速开发区段已全面开工建设；知识大道一期已交地约 2 公里并开工建设；永九快速路、九龙大道北段改造工程已完成施工招标。二是加快轨道交通建设，积极打造良好的区位优势。地铁 14 号线知识城支线土建工程累计完成超过 70%，地铁 21 号线土建工程累计完成 69%。三是内部骨干道路建设进度加快。九龙湖环湖通道、九龙新城三横路西延线、南部质检片区的玉麟一路（创新大路）、玉麟四路（创意大路）、聚贤路等正在开展前期工作。四是攻坚克难，重大水利景观节点建设成效突出。九龙湖已完成征地约 1.5 平方公里。流沙河整治工程已交地 82%，完成约 3 公里河道的整治工作。五是加快完成环境整治工程。以知识城南入口综合环境整治、九龙大道一期改造工程为抓手，强化园区环境综合整治，全面提升知识城总体环境景观。对九龙大道一期汤村段沿线房屋进行整治整饬，进一步强化和规范建筑工地环境综合整治工作。六是加快供水供气供电配套设施建设。南起步区 3 个临时气站已陆续投入使用；九龙水质净化二厂已建成并于 2016 年 12 月底通水运行；220 千伏知识城变电站（7#站）已基本完成主体施工及设备安装。七是全面加快安居工程建设。知识城规划建设安置区共约 200 万平方米，其中，南、中、北安置区一期已建成建筑面积 43.85 万平方米，可提供安置房 3 085 套。

——产业集聚效应日益凸显。知识城聚焦知识密集型产业，重点发展新一代信息技术、医疗器械、智能装备、文化创意、科教服务产业，培育新能源与节能环保、生物与健康、新材料产业，大力发展总部经济，形成了以知识密集型服务业为主导，高附加值先进制造业为支撑的产业结构。截至2016年，知识城累计注册企业327家，累计注册资本585亿元；在知识城取得用地的企业筹建项目共39个，其中17个项目已开工建设，4个项目完工投试产，18个项目准备开工。上述项目投资总额约440亿元，产值约1 290亿元。知识城已基本形成了七大产业体系，产业集聚效果明显。

——中新合作持续深化。一是契合国家“一带一路”战略，不断积聚创新资源要素。设立南洋理工大学首个海外高端培训中心（软件转移卓越中心），通过借助高端资源培训为知识城提供人才支撑。积极引进新加坡华侨中学，为知识城提供高端教育资源，并先后成功举办了知识城国际创新创业大会暨第八届中英创业大赛中国区总决赛等活动，进一步发挥知识城创新驱动作用及提升创新创业氛围。二是加强知识城品牌推广，联合招商成效明显。借助“中国网络文化博览会”“广州—奥克兰—洛杉矶三城联盟峰会”、广州—悉尼结好30周年庆祝活动、2016世界城市峰会等重要平台，通过现场设立展位、专题宣讲、媒体专访、海外企业洽谈会等方式，全方位、多层次宣传知识城，扩大了知识城的品牌知名度，提升了知识城的国际影响力。会同新加坡不断创新招商方式，积极整合国际资源，2016年以来联合累计引进58个中外项目，注册资本4.39亿美元，投资总额达10.57亿美元，注册企业数量呈明显增长趋势。三是借鉴新加坡知识产权先进经验和管理模式，在区内建立了集知识产权创造、运用、保护于一体运作良好的知识产权生态系统，为科技创新驱动提供重要支撑。2016年7月，国务院下发了《关于同意在中新广州知识城开展知识产权运用和保护综合改革试验的批复》，批准在中新广州知识城开展国家知识产权运用和保护综合改革试验工作。知识城成为全国唯一一个经国务院批准开展知识产权综合性改革的区域。

（三）深圳市

1. 概况。2016年，深圳市地区生产总值19 492.60亿元，增长9.0%。固定资产投资4 078.16亿元，增速达23.6%。社会消费品零售总额5 512.76亿元，增长9.9%。地方一般公共预算收入3 136.49亿元，增长15.0%。

2. 实施珠三角优化发展战略情况。

——供给侧结构性改革精准发力。突出供给侧关键环节，集中推出235条措施。设立重大产业、军民融合、并购、中小微企业发展等系列基金，总规模超过2 000亿元，引导更多资金向有效供给配置。全年工业投资、工业技改投资分别增长17.1%、15.3%，民间投资增长61.5%。新增商事主体56万户，增长26.2%，累计达265万户。降成本补短板释放供给潜力。取消15项涉企行政事业性收费等政策措施，政府回购龙大、南光、盐排、盐坝4条高速公路并免费通行，全年为企业减负超过1 200亿元。全面加大补短板力度，在教育、医疗、交通、公共安全等重点领域实施159个项目，完成投资927亿元。创建“标准国际化创新型城市”，主导或参与制定国际标准249项。华为、中兴分别荣获中国质量奖和中国工业大奖，腾讯等3家企业入选2016“全球最具价值品牌百强榜”。

——发展新动能强劲迸发。全社会研发投入842.97亿元，占GDP比重提高至4.3%。国家基因库投入运营，成为全球最大的基因库之一。新增国家省市级重点实验室、工程实验室、工程研究中心、企业技术中心等创新载体210家，累计达1 493家。新组建神经科学研究院等新型研发机构23家。PCT国际专利申请量增长约50%，占全国一半。国内发明专利申请量增长约40%。总规模2 000亿元的中国国有资本风险投资基金落户深圳，VC/PE机构累计近5万家、注册资本约3万亿元。设立“千人计划”创业园、“孔雀计划”产业园和市人才研修院，举办首届海外创新人才大赛，新引进全职院士6名、高层次创新团队23个，新增海归人才1.05万人、高技能人才12.6万人。创新型经济快速发展。

——改革开放全面推进。强区放权迈出新步伐。下放城市更新、产业用地出让等重点领域事权，调整规划国土、交通等驻区部门为市区双重管理，下放充实基层编制2 374个。全面推广罗湖城市更新改革试点经验，审批时间缩短2/3。前海蛇口自贸片区建设呈现新面貌。新推出制度创新举措106项，其中36项全国领先，23项全省复制推广。新增企业5.3万家，累计达12.5万家，注册企业增加值增长38%。前海深港合作提速，港交所前海联合交易中心、汇丰集团华南总部、首家港资控股基金公司等1 894家港企落户，累计77个香港创业团队入驻深港青年梦工场。积极落实“一带一路”战略，粤港澳大湾区纳入国家“十三五”规划，中白物流园等境外园区建设加快，“一带一路”环境技术交流与转移中心落户深圳，巴布亚新几内亚深圳产品展销中心成立运营，对沿线国家协议投资额增长11.5%。着力优化外贸结构，新出台出口退税周转金贴息等19条措施。

——补短板惠民生力度不断加大。九大类民生支出2 380.30亿元，其中教育、医疗支出分别增长32.3%、33.7%。116件民生实事和7 716件民生“微实事”全面完成，12项重大民生工程年度投资超过300亿元。社会保障水平稳步提升。新增就业10.3万人，城镇登记失业率2.3%，社会保险参保人次增长6.0%。建立困境儿童基本生活保障制度。建成市社会福利中心一期工程和市养老护理院，新增老年人日间照料中心25家。医疗卫生事业快速发展。大力实施“三名工程”，引进高水平医学团队50个，新建名医诊疗中心5家，建成萨米国际医疗中心（深圳）。中国医学科学院肿瘤医院深圳医院获批。增加三级医院6家、三甲医院1家，新增病床3 000张、执业医师2 698名。完成社康中心基本设备标准化配置，家庭医生签约服务人数新增62.9万名。住房保障不断加强。坚决贯彻国家房地产市场调控政策，先后出台“深六条”和“深八条”，促进房地产市场平稳健康发展。成立注册资本1 000亿元的市人才安居集团，新开工及筹集人才和保障性住房6.2万套、竣工5.1万套、供应4.2万套。

3. “深莞惠+汕尾、河源”经济圈建设情况。

——合作体制机制进一步完善。在深圳“东进战略”实施中，进一步加强与经济圈兄弟城市的沟通与交流，建立和健全常态化沟通交流平台，协助在深举办投资推介等活动，共同开展海上客运航线等研究。与河源“南融行动”对接，共同推进产业转移合作等工作。协调推进历次联席会议议定的重点合作事项，深圳与大亚湾交通一体化、深莞茅洲河界河整治等重点工作深入推进。落实规划对接机制，在《深圳城市基础设施建设五年行动计划（2016—2020 年）》中，明确提出在东莞、惠州邻深区域预留轨道、通信、电力、排水等基础设施接口，加强规划对接，促进都市圈的产城融合与职住平衡。

——产业合作层级进一步提升。将产业共建作为对口帮扶河源、汕尾的重要工作，大力推进河源、汕尾 12 个产业转移工业园建设，累计引进产业项目 725 个，计划总投资 4 789. 18 亿元，已完成投资额 650. 02 亿元。两市首批 28 个园区共建重点项目，包括中兴通讯（河源）基地、巴伐利亚庄园二期、深河产业城、河源市高新区科技企业孵化基地等建设进展顺利。产业同城化全面推进，成立莞深产业合作促进会，华为、宇龙酷派、金立等企业在东莞松山湖形成产值超千亿元的通讯产业链；深圳出口加工区与东莞、惠州进出口贸易、通关合作全面深化。

——交通基础设施建设进一步加快。赣深高铁等轨道交通项目有序推进，赣深高铁广东段先期工程已开工。共同开展深圳地铁 14 号线延伸至惠州的规划方案研究工作。加强高速路网联通对接，同步研究推进深圳外环高速路与丹梓大道、聚龙路与南坪快速路交接处规划互通建设事宜，按照共同标准推进 X225 线惠阳段至深圳坪山新区坑梓段升级改造。外环高速—丹梓大道规划的互通立交进入施工图设计阶段。南坪快速东延段正在开展前期研究。共同研究开通深惠汕三市水上旅游客运航线。进一步掌握深惠汕的岸线、客运码头情况，初步明确三市海上航线旅游功能定位。

——环保联动合力进一步形成。加快茅洲河界河及其支流塘下涌综合整治工程，深莞两地同时启动多个涉及茅洲河全流域污染综合整治的重点工程，茅洲河界河已累计完成 50% 以上的工程量，完成投资超 4. 20 亿元，塘下涌综合整治工程进场施工。协调解决宝安老虎坑垃圾焚烧发电厂三期项目建设和老虎坑填埋场臭气污染整治问题。成功举办第四届深圳国际低碳城论坛，签署《坪新清绿色低碳发展规划研究合作备忘录》，组建深莞惠规划研究专责工作小组。推进经济圈五市环保信息共享，实现大气环境监测、水环境监测、环境应急安全以及机动车尾气管理等数据共享。

——公共管理合作进一步加强。深莞惠三市联合签订了《公共信用信息互查合作协议》，已初步实现跨市的信用信息共享与互查。与汕尾市签订了《社会信用体系建设对口帮扶合作协议》。深化落实《深莞惠三市公安局深化警务协作框架协议》，在刑事、经侦、交通管理、反恐、禁毒等领域联合办案，扎实推进全方位警务协作。深莞惠三市在知识产权协调保护、执法打假、公平竞争监管等方面继续开展合作。共同推进深莞惠旅游一体化管理和市场联合开发，联合开展深莞惠“3+2”万人互游系列活动，推广五市旅游精品线路。

4. 深汕特别合作区建设情况。2016 年，深汕特别合作区地区生产总值 25.00 亿元，完成全社会固定资产投资 66.08 亿元，实现规模以上工业总产值 38.13 亿元，实现了“十三五”规划的良好开局。

——基础设施建设方面。引进深圳市属国企参与合作区配套基础设施建设。埠园区一体化污水处理站建成投产，鹅埠污水处理厂、赤石 220 千伏变电站已开工建设。引进深汕巴士集团开通两条直达深圳的城际定制巴士专线，引进深圳天威视讯股份有限公司在全区开通深圳有线电视信号。鹅埠产业核心区公共配套设施加快推进，城市广场已建成使用，邻里中心、创业家园、文体中心、鹅埠产业园生活中心等配套设施项目继续推进建设，投资额达 7.05 亿元。

——招商选资方面。2016 年合作区共召开四次招商推介会，签约项目 149 个，全区累计签约项目达 244 个，计划投资额 4 600 多亿元。着力推动产业集聚发展，已初步形成海洋产业、云计算数据、海滨旅游与健康服务等若干产业集群。合作区海洋产业集聚区被授予“广东省现代海洋产业集聚区”称号；合作区大数据产业园被列入全省首批大数据产业园。

——规划编制方面。编制印发《深汕特别合作区基础设施建设规划（2016—2030 年）》，开展土地利用总体规划编制和永久基本农田划定，初步完成市政详细规划、赤石北片区概念规划、矿产资源总体规划、合作区地名规划和鹅埠、鲘门、小漠等 5 个组团控制性详细规划编制，启动赤石北片区控制性详细规划、赤石生态休闲特色小镇规划编制。编制完成《深汕特别合作区国民经济和社会发展第十三个五年规划纲要》。

——土地征收方面。按照合作区发展总体规划，坚持征地拆迁依托汕尾海丰、土地一级开发依托国企的原则，做好土地征收和储备管理。截至2016年年底，全区累计委托汕尾市海丰县征地30.79平方公里，拨付征地资金28.66亿元，海丰县实地移交土地8.94平方公里，省里批准用地4.4平方公里，实际累计出让土地3.56平方公里，先后有68个项目通过“招拍挂”合法取得用地。

——政务能力建设方面。用制度手段来实现规范管理，制定管理权限目录，规范实施、明确职责，切实履行好汕尾市授予合作区的188项经济社会管理权限。初步建立财税体系和统计体系，财政局加强了全区财税工作统筹，全年实现财政收入6 300万元，税收收入5 700万元。优化商事登记等企业服务，注册登记企业368家，市场监管局企业注册科被工商总局评为成绩突出窗口单位。

（四）珠海市

1. 概况。2016年，珠海市地区生产总值2 226.37亿元，增长8.5%；人均地区生产总值达134 548元，增长6.5%。三次产业结构为2.0∶48.5∶49.5。规模以上工业增加值1 022.86亿元，增长5.9%。固定资产投资1 389.75亿元，增长6.5%；社会消费品零售总额1 016.13亿元，增长11.0%；外贸进出口总额417.31亿美元，其中，出口273.29亿美元，进口144.02亿美元；地方一般公共预算收入292.37亿元，增长8.3%；全体常住居民人均可支配收入40 154.1元，增长11.1%。

2. 实施珠三角优化发展战略情况。

——重大项目扎实推进。252个重点项目完成年度投资585.57亿元，为年度计划的118%；其中32个省重点项目完成投资182.96亿元，为年度计划的105.4%。有54个项目投产，80个项目新开工。珠海市区至珠海机场城际轨道交通拱北至横琴段、港珠澳大桥珠海连接线、长隆国际海洋度假区二期、珠海横琴十字门中央商务区、珠海海洋工程装备制造基地等重大项目均完成年度目标。

——创新发展能力逐步提升。全社会研发投入占 GDP 比重 2.8%，高新技术企业增加到 787 家，每万人发明专利拥有量提高到 32 件以上。拥有省级以上创新平台 216 个。设立 4 只总规模 22.43 亿元的创业投资引导基金。引进和推荐入选国家“千人计划”专家 50 人。与中山大学、暨南大学等共建高水平大学，“天琴计划”项目顺利推进。

——产业转型升级加快。先进制造业、高技术制造业增加值占规模以上工业增加值比重分别达到 46.2%、28.6%，现代服务业增加值占服务业比重提升到 58%。重点建设了航空产业、海洋工程装备制造、智能制造、新能源客车等一批产业集聚载体和创新平台。世界最大的水陆两栖飞机 AG600 总装下线，纳睿达公司的多功能相控阵雷达填补国内空白。

——改革创新取得新突破。重点推进横琴自贸试验区、生态文明、创新驱动等 7 大领域 37 项改革任务。较好完成了中央和省确定由珠海市试点的司法体制、公安综合改革、医药卫生体制改革等重点任务。进一步推进简政放权，全面取消非行政许可事项，下放市级事权 310 项，向社会转移政府职能 77 项；进一步开展多维度社会体制改革。

——生态文明建设取得好成绩。开展国家森林城市、海绵城市和水生态城市的创建，荣获“国家森林城市”称号。深入推进珠海省低碳城市试点和横琴国家低碳城镇试点，率先实施生态文明考核制度，开展排污权有偿使用和交易试点等探索。划定了 1 051 平方公里的生态控制线，占陆域总面积的 58.44%。顺利通过国家最严格水资源管理制度考核检查组的现场检查，跨市交界断面水质达标率为 100%。

——区域合作向纵深推进。召开了珠中江阳区域紧密合作第 11 次党政联席会议暨旅游产业区域合作高端论坛，实施了 27 个年度合作项目，累计签署了 71 项区域合作协议。珠港澳合作进一步深化，建立起更加顺畅的沟通渠道，澳门机动车出入横琴政策落地，澳门轻轨延伸横琴线项目和粤澳新通道项目加快推进。粤澳合作产业园加快发展。

——民生保障水平不断提高。积极推进基本公共服务均等化，扩大覆盖面，提高保障标准，在教育、医疗等方面进一步缩小城乡和东西部差距。率先实现医疗保险“城乡一体、待遇均等”，参保人住院报销比例提高到90%以上，报销限额由40万元提高到62万元。

3. 推进“珠中江+阳江”经济圈建设情况。

——加快交通基础设施建设，经济圈内外衔接不断完善。2016年，加快珠江口东西两岸主通道建设，港珠澳大桥主线全线贯通，深中通道12月29日开工建设。珠海市区至珠海机场城际轨道交通拱北至横琴段进展顺利；广佛江珠城际轨道交通工程项目建议书获得批准；深茂铁路阳江段加快推进。香海大桥完成施工招标，中山段公路建设用地图表公示，进入动工阶段；中开高速开展公路线位比选研究论证工作。建立珠海、中山两市交通建设联系会议工作制度，新增沙心涌桥及坦洲境内对接道路工程2个项目。深化港口机场合作。珠海—阳江集装箱驳船班轮航线累计航次120次，集装箱吞吐量12 407标箱；改扩建阳江合山机场；黄茅海跨海通道前期工作顺利推进。

——加强产业协作，珠江口西岸先进产业带加快聚集。2016年，珠海市推动珠三角国家自主创新示范区和横琴自贸片区联动发展，加强与中山翠亨新区、大广海湾区和阳江滨海新区的交流；共同发布产业公共服务平台，累计34个。9月29日，第二届珠江西岸先进装备制造业投资贸易洽谈会在佛山举办，参展企业278家，签约项目220个，计划投资总额2 307.70亿元。其中，珠海市组织签约先进装备制造项目30个，总投资567.80亿元，包含100亿元的珠江西岸先进装备制造业基金项目，全部项目签约总额位居各市首位。在江门举办第七届珠中江进出口商品展销会，参展企业358家，其中境外企业171家。开展旅游交流合作，联手港澳打造世界级旅游目的地，共同赴台湾参加2016台北两岸观光博览会，举办“纪念孙中山先生诞辰150周年”系列旅游推介会；中山故里旅游区荣获5A景区，横琴加快创建“国际休闲旅游岛”。珠海阳江打造供港澳蔬菜生产基地，设立对口帮扶花木专业销售市场。

——加大环境共治力度，区域生态水平进一步提升。2016年，珠海市完成珠中江供水水源同网实施方案修编，通过专家评审；继续推进前山河流域综合治理，启动《珠中两市前山河流域跨界防洪及河涌水污染综合整治规划》编制，完成前山河水环境的水动力调度方案，建立珠海中山联围水闸的上下游联调机制。制定实施珠中江阳四市 2016 年度大气污染防治方案，落实区域大气污染联防联治。在中山市举办"珠中江 + 阳江"中学生变废为宝创意手工作品制作大赛，开展环保宣教活动。

——加强服务对接，基本公共服务一体化加速。2016 年，珠中江阳四市所有上线医院互认纳入对方医保定点结算医院；在阳江召开四市公共法律服务合作联席会议；珠海市、中山市两地政府与拱北海关签署战略合作协议，进一步加强两市各知识产权执法部门与海关的知识产权保护合作；在全国首创百家社会组织跨区域合作共建模式，组织珠海阳江 100 家社会组织对接；共建粤西首家社会组织培育发展孵化基地，开展国家民政部示范项目和省试点项目。四市共同开展丰富多彩的文体交流活动以及"粤、台、港、澳"四地中华武术交流大会、第十二届珠澳智力运动友谊赛等。

——加大对口帮扶力度，促进阳江加快发展。2016 年，珠海市对口帮扶阳江取得新成效。以项目引进建设为主，珠海（阳江）园、珠海（阳江万象）园成为阳江经济增长的重要引擎。提供规划、投资、项目、技术、人才等方面的支持，推动阳江中心城区扩容提质和新区加快建设。开通运营阳江港集装箱货运业务，实施阳江合山通用机场改扩建项目，打通海上和空中交通运输通道。打造百家学校医院对接、千名教师医生交流、万名干部人才培养等"百千万"帮扶工程。

4. 珠海西部生态新区规划建设情况。

——坚持规划引领。一是切实抓好规划实施。印发实施《广东珠海西部生态新区发展总体规划实施方案》《广东珠海西部生态新区产业发展专项规划（2015—2030 年）》，基本完成《珠海市西部中心城区总体规划》编制工作，切实抓好新区发展总体规划的落地和执行。二是完善规划编制。完成《广东珠海西部生态新区基础设施建设专项规划》《推进新型城镇化加快西部生态新区建设研究》《珠海市西部中心城区海绵城市示范区建设规划》《白藤山北片区路网整治规划》等 9 项规划的编制工作。三是强化重点区域规划和专项规划引导。进一步完善城乡规划体系，优化城市布局，组织编制金湾区示范新镇、斗门区三江六岸示范新镇概念性详细规划及重点地段城市设计及重点地区规划。完成《珠海市西部中心城区海绵城市示范区建设规划》。四是完善园区配套规划。以建设宜居宜业生态新城为目标，坚持产城融合发展，精准规划产业园区布局。完成联港工业区、三灶科技工业园等各产业园区升级改造规划。五是基本实现中心城区及重要片区近期建设区域控规全覆盖。

——加强城市风貌管控。编制完成《珠海西部生态新城建筑风貌管理规定》，并将规定相关条文纳入《珠海市城市规划技术标准与准则》的修订范围。一是划定生态控制线总面积 732 平方公里，占新区总面积 63%，防止城市建设无序蔓延，实现城市开发边界和生态红线的“两线合一”。西部中心城区规划建设 16 个 TOD 片区和 87 公里公交林荫道，为市民提供高效便捷的公交服务。二是加强建筑风貌管理。明确滨水、沿山风貌敏感区的建筑控制要求，打造岭南建筑风貌特色。

——统筹推进西部生态新城起步区建设工作。强化统筹协调，着力推进新城 19.8 平方公里起步区开发建设。2016 年，新城起步区各片区共完成投资 19.09 亿元。其中，金湾片区完成投资 11.27 亿元；斗门片区完成投资 8.40 亿元；富山新城完成投资 0.44 亿元；平沙新城完成投资 5.01 亿元。加快主干路网、道路改造工程、污水管网、场地平整工程及生态景观工程建设。按照片区、新镇、一级邻里中心、二级邻里中心四级功能规划布设，启动教育、医疗、文化、体育、养老等公共服务设施建设。率先开展海绵城市建设试点工作，试点任务包括水生态、水环境、水安全、水资源四大工程 9 类 275 个项目，计划总投资 59.84 亿元。各片区因地制宜启动试点项目建设。

（五）佛山市

1. 概况。2016 年，佛山市地区生产总值 8 630.00 亿元，增长 8.3%；规模以上工业增加值 4 671.23 亿元，增长 7.7%；固定资产投资 3 512.04 亿元，增长 15.7%；社会消费品零售总额 3 017.76 亿元，增长 11.6%；外贸进出口总额 621.84 亿美元，下降 5.4%；地方一般公共预算收入 604.50 亿元，增长 8.4%；居民消费价格总水平涨幅 2.3%；金融机构本外币各项存款余额 13 281.61亿元，比年初增加 11.9%。

2. 实施珠三角优化发展战略情况。

——现代产业体系不断健全，产业结构不断优化。印发《广东省佛山市制造业转型升级综合改革试点方案》，与珠江西岸五市共建“中国制造 2025”试点示范城市群，36 家企业被定为试点示范企业。全市 7 家企业入围“2016 年中国民营企业 500 强”，2016 年主营业务收入超百亿元企业 16 家，其中超千亿元企业 2 家。引进科力远 CHS、中铁华遂盾构掘进综合装备产业基地等一批先进装备制造项目，成功举办第二届珠江西岸先进装备制造业投资贸易洽谈会。着力打造国家制造业创新中心，全国机器人集成创新中心建设加快。现代服务业发展提速，占第三产业比重达 58.4%。广东金融高新技术服务区新引进渤海银行佛山分行等 35 个项目，投资额 59 亿元，金融高新区股权交易中心挂牌企业达 2 066 家，实现融资 924 亿元。佛山中德工业服务区签约项目 32 个，投资额 84 亿元。中欧中心实现 66 家企业（项目）进驻。广东建筑卫生陶瓷国际采购中心、广东家具（乐从）国际采购中心成功申报成为省级商品国际采购中心。全市市级以上农业龙头企业 105 家，专业合作社 201 家，31 个市级现代农业园区入驻企业 1 201 家。在全省率先建立农业科技创新孵化平台，广东（佛山）现代农业科技园近 10 个院市合作项目落地，遴选出首批 6 个孵化项目，农业现代化进程加快推进。

——创新驱动发展步伐加快，科技创新成果丰硕。成功举办第二届中国（广东）国际“互联网 +”博览会，20 个重大项目现场签约。目前全市共有国家级、省级孵化器 38 家，众创空间 31 家。实施人才强市战略，引进和培育省级创新团队 6 个，市级创新团队 59 个。推进“双创”建设，广东金融高新技术服务区成功入选广东省首批大众创业万众创新示范基地，创新驱动发展战略深入实施。高企数量达 1 388 家，全市规模以上工业企业建有研发机构率达 20%。新增国家地方联合创新平台 1 家，省级新型研发机构 5 家，省级重点实验室 2 家，省级工程中心 106 家，企业自主创新能力不断提升。支持企业融资专项资金累计扶持 817 家企业，总金额达 142.96 亿元。科技型中小企业信贷风险补偿基金成功帮助 229 户企业获得贷款授信 18.48 亿元。确定中科招商、招科招商等 10 家子基金管理机构为首批创新创业产业引导基金资金管理机构，子基金总规模 29.10 亿元。

——城市治理稳步开展，城市面貌持续改善。城市升级延伸项目建设顺利，128 个项目累计完成投资额 750 亿元。百村升级有序进行，已完成 75 个村居升级行动。禅城区紫南村被评为全国“十佳”小康村。“三旧”改造力度加大，改造项目达 1 291 个，预算投入资金 2 666.94 亿元。广佛地铁南延线顺利开通，地铁 2 号线一期进入主体施工阶段，地铁 3 号线动工。9 个高速公路建设项目基本按计划推进，佛山一环西拓北环段工程动工建设。光网城市建设有序推进，全市光纤入户率达 80%，公共场所 WLAN 无线访问接入点（AP）累计达 30 000 个，基础设施日益完善。落实“互联网 +”和大数据战略，打造智慧城管。数字城管市区统一平台投入运行，全市数字城管系统办理案件总数超过 100 万宗。加快公交全面提升，中心城区“两横四纵”公交骨干线路开通运营，中心城区公交分担率达 40.1%。

——改革创新全面深化，改革红利不断释放。全市出清国有“僵尸企业”105 家，累计净去化库存 476.33 万平方米，均超额完成全年任务。全市累计为企业减负超 280 亿元，超额完成年度目标任务。新增建设城市地下综合管廊 9.6 公里，高速公路通车里程达 478.5 公里，高快速铁路运营里程 289.28 公里，供给侧结构性改革强力推进。出台权责清单监督管理办法，权责清单制度体系基本形成。“一门式、一网式”政务服务模式入选全国创新社会治理最佳案例，获全省推广。推行“一窗通办”模式，办事窗口减少 15%。建立政府立法机制，制定实施地方性法规 3 部、地方政府规章 1 部，在全省新获地方立法权的设区的市中名列前茅，行政体制改革加快推进。企业投资管理体制改革和企业登记联合审批改革继续深化，市区两级全面开通“企业综合服务窗口”。出台《佛山市复制推广中国（广东）自由贸易试验区首批改革创新经验工作方案》。推进中国（广东）国际贸易“单一窗口”应用项目率先落地佛山，经济体制改革有序推进。全面推进社区减负和村（社区）行政事务准入，构建“三社联动”社区服务机制。扶持和规范社会组织发展，已办理“三证合一”的社会组织超 2 000 个。启动公立医院综合改革，建立分级诊疗制度，加快发展社会办医，社会管理改革扎实推进。土地承包经营权确权登记颁证试点工作进展顺利。加强农村“三个平台”应用管理，全市进入平台交易的农村集体资产累计达 19.29 万件，涉及合同标的总额 810.86 亿元，农村综合改革稳步推进。

——区域合作不断加强，对外开放互利共赢。全面实施《珠三角规划纲要》，顺利完成省对全市 2015 年度实施《珠三角规划纲要》考核，取得第 3 名的成绩。粤桂黔高铁经济带合作试验区上升为国家战略，试验区广东园建设进展顺利。全面落实粤港澳合作框架协议，考核获优秀等级，区域一体化纵深发展。深入参与“一带一路”建设，支持企业参与“一带一路”经贸交流活动，加强与东盟、非洲等国家经贸交流，举办和组织企业参加“一带一路”建设投资推介会和研讨会。全市对“一带一路”国家新增直接投资企业 12 家，新增中方协议投资总额 6.34 亿美元，占同期全市新增中方对外投资总额的 75.7%。

——污染防治扎实推进，生态文明显著增强。推进节能降耗，完成电厂“超洁净排放”改造，新建绿色建筑 735.57 万平方米，完成率 147.1%。推进大气污染协同共治，基本完成全市高污染燃料小锅炉淘汰工作，整治 150 家挥发性有机物污染排放企业，淘汰黄标车和老旧车 2.15 万辆，2016 年全市空气质量优良天数占有效天数的 84.7%。推进水环境综合整治，第二批“一河一策”90 条重点河涌综合整治有序推进。整治提升村级工业园区，清理淘汰企业 1 221 家，整治提升 2 729 家，环境治理力度加大。创建国家森林城市，加快森林公园和湿地公园建设，全市新增公园 260 公顷，62 项“绿城飞花”主题绿化景观亮点工程细化项目已完工 49 项，建成半月岛湿地公园、桂畔湖湿地公园、东平河石湾湿地公园、三山森林公园等一批观花主题公园，生态环境建设加强。

——民生保障稳步增强，社会事业明显进步。加大民生投入，全市财政民生方面支出完成 440.53 亿元，占一般公共预算支出的 63.3%。开展提升就业专项行动，城镇新增就业人数 8.08 万人，完成省下达的年度任务。启动医保城乡一体化改革，整合职工医疗保险和居民医疗保险（含门诊）。住房保障工作任务提前超额完成。启动 12 次低收入群众临时价格补贴与物价上涨联动机制，共发放补贴 1 613.80 万元，民生保障显著增强。加快创建国家教育综合改革试验区。进一步盘活义务教育优质资源，各类新建、扩建项目超 70 个，新增学位超 2.8 万个。新市民随迁子女入读义务教育阶段学校人数达 39.5 万人，其中入读公办学校人数达 27.9 万人，占比 70.6%。全市公益普惠性幼儿园 639 所，占比超 75%。推进佛科院建设高水平理工科大学，引进 48 位高层次人才，9 个专业纳入一本招生范围。完善基层医疗卫生服务网络，新建改建标准化社区卫生服务机构 6 间，共组建家庭医生团队 645 个。创建国家公共文化服务体系示范区，文化升级两年行动计划 139 个子项目已完成 124 项，21 家企业被认定为首批佛山市文化产业示范基地。“一带一路”佛山国际龙舟赛等赛事活动圆满完成，2019 年男篮世界杯场馆建设加快推进，社会事业蓬勃发展。获批成为第三批创建国家食品安全试点城市。扎实推进“平安佛山”创建，实施安全生产“五大行动计划”。“飓风 2016”专项打击行动绩效和社会治安防控体系建设均居全省首位，社会秩序保持和谐稳定。

3. 推进“广佛肇 + 清远、云浮、韶关”经济圈建设情况。

——推动交通基础设施互联互通。《广佛同城化“十三五”发展规划》和《广佛两市轨道交通衔接规划》编制完成并经两市政府同意。轨道交通方面，广佛地铁魁奇路至新城东站段于 2016 年年底开通，燕岗至沥滘段加快施工建设。广州地铁 7 号线西延顺德段开工建设，广佛环线佛山西站至广州南站段等项目加快建设。广佛肇高速一期于年底建成通车。佛清从高速、汕湛高速惠州至清远段、汕湛高速清远清新至云浮新兴段、汕昆高速龙川至怀集段加快建设，怀集至阳江港高速公路怀集至郁南段正式开工。市际公路对接方面，榄核镇西线公路延长段工程（连接南沙顺德）复工建设，海华大桥（连接番禺顺德）、番海大桥（连接番禺南海）、四会迳口至三水迳口华侨开发区二级公路等项目加快推进。港口航运方面，珠三角新干线（佛山云浮）机场成功纳入省“十三五”规划纲要，相关建设规划形成初步成果。2016 年广州港新设了驻佛山内陆港办事处，南沙港“穿梭巴士”新开辟了三水支线。

——推动产业协调发展。广佛肇（怀集）经济合作区全年完成投资3.83亿元，完成年度计划投资的192%，新引进规模以上工业企业6家，目前累计入园项目68个，建成投产项目31个。佛山（云浮）产业转移工业园全年新增落地项目48个，新增落地计划投资额60.84亿元，累计入园项目292个，计划投资额566亿元。广州农商行设立的三水珠江村镇银行西南支行和佛山南海大沥支行开业。佛云两市合作设立了云浮众创投资管理有限公司、云浮市粤财普惠融资担保股份有限公司。六市参加了2016广州国际旅游展览会、第30届香港国际旅游展、2016年广东国际旅游产业博览会等。

——推动生态环境共保共治。广佛交界河涌整治取得突出成效，流溪河、珠江西航道、佛山水道、西南涌、水口水道、芦苞涌等均消除劣Ⅴ类水体，部分达到Ⅱ类水体的标准，完成省年度水质考核要求。广佛西江饮用水源保护区内企业搬迁工作取得进展，两市对搬迁费用评估结果达成了一致，正在研究分担比例。大气环境方面，各市严控项目环保准入，大力推动重点园区、行业的专项规划环评，严格实施大气污染物减量替代，促进电力、焦炭、造纸、印染、制革等落后产能淘汰。佛山市燃煤电厂超洁净排放改造三个阶段的治理工程全部完成，7家电厂通过改造效果评估。推动黄标车淘汰工作，2016年六市合计淘汰黄标车和老旧车约11万辆，超额完成省下达的黄标车淘汰任务。

——推动公共服务共建共享。政务方面，深入推进广佛政务同城办理，2016年2月，广州市荔湾区与佛山市南海区在全国首创行政审批服务事项在实体窗口“跨城通办”，实行“窗口收件、快递送件、两地互通、限时办结”模式，两区已推出两批共85个“跨城通办”事项。教育方面，广州大学城卫星城建设启动仪式于11月底在佛山顺德举行。广州、佛山、肇庆、清远、云浮、韶关、梅州七市联合开展了2016年“广佛肇清云梅韶”中小学优秀微课征集活动，推进跨区域优质数字资源共享。医疗方面，经济圈目前已实现二级以上医院检查检验结果互认。12月，广佛肇清云韶郴（州）永（州）重大传染病和突发公共卫生事件联防联控工作交流会在清远举办，共推公共卫生事件防控工作。人才方面，第七届“广佛肇人才一体化大学生专场招聘会”于7月在中国南方人才市场举行，三市共300家企业提供逾7 200个职位。文体方面，共同举办或互相参加了六市图书馆联合年会、中国（云浮）石文化节、穗港澳粤剧日、广州国际龙舟邀请赛、广清山野穿越徒步大会、徒步穿越丹霞山等文体活动，经济圈文体交流更加频繁活跃。警务方面，六市治安部门、交界地区公安分局、派出所互通警务信息，积极开展业务交流，在“飓风2016”等专项行动中，协同部署、联合行动，重拳整治交界地区各类突出治安问题，取得显著成效。

（六）惠州市

1. 概况。2016年全市实现地区生产总值3 412.17亿元，增长8.2%；人均地区生产总值71 605元，增长7.7%。第一产业增长4.8%，第二产业增长8.1%，第三产业增长8.8%。三次产业结构调整为5.0∶53.9∶41.1。地方一般公共预算收入361.30亿元，增长6.3%。全市金融机构本外币存款余额4 974.48亿元，增长29.7%；金融机构本外币贷款余额3 460.97亿元，增长28.1%；金融机构存贷比为69.6%。居民消费价格指数累计上涨1.9%。

2. 实施珠三角优化发展战略情况。

——项目建设顺利推进。全市214项重点项目完成投资664亿元，完成年度投资计划的112.5%；66项省重点项目完成投资420.10亿元，完成年度投资计划的116.1%。中海惠炼二期项目完成工程进度超过80%，莞惠城轨惠州段、潮莞高速惠州段建成通车，武深高速新丰至博罗段、从莞高速惠州段等重大项目顺利推进，河惠莞高速平潭至潼湖段，广东太平岭核电、中科院“两装置”、赣深客专惠州段、广汕客专惠州段等项目前期工作按计划推进。

——内外贸易保持稳定。成功举办惠州产品（孟买）展销会，达成贸易合同意向金额2.16亿美元。成功举办惠州产品（南昌）展销会，达成销售合同和现场销售金额108.40亿元。承办第五届云博会，签订意向合作项目202

宗，签订销售合同165宗。大力实施“消费促进月”等各种促销活动，全市完成社会消费品零售总额1 227.88亿元，增长14.7%。外贸结构持续优化，一般贸易出口总额446.30亿元，增长20.3%，占外贸出口总额的比重提升到22.6%，比2015年提升5.4百分点；服务贸易总额达42亿元，占对外贸易比重达8.3%。

——转型升级步伐加快。科技创新能力增强，全市高新技术企业达466家。建成中山大学惠州研究院等9家新型研发机构，在建新型研发机构16家。建成科技企业孵化器22家（其中国家级5家），孵化面积达70.2万平方米。成功创建国家知识产权示范市，2016年发明专利申请量和授权量分别达到5 800件和1 160件。完成工业技改投资439.70亿元，增长32.4%。工业结构优化调整，全市规模以上工业实现增加值1 763.69亿元，增长8.7%，先进制造业增加值占规模以上工业增加值的比重达61.2%，高技术制造业增加值占规模以上工业增加值的比重达40.2%。现代服务业发展加快，惠州机场旅客吞吐量达55万人次，港口货物吞吐量7 657万吨；全市接待游客4 713.5万人次，增长15.6%，旅游总收入364.14亿元，增长10.3%。

——区域发展协调并进。成功召开“深莞惠+汕尾、河源”经济圈党政主要领导第十次联席会议，确定重点合作事项47项，签订合作协议2个。制定实施《惠州市“海绵行动”实施方案（2016—2020年）》，与深圳、东莞、汕尾和河源各市一体化进程加快。两大平台建设成效明显，环大亚湾新区86宗重点项目全年完成投资320亿元，世界级石化产业基地建设成效初显。仲恺高新区形成“四区”联动发展新格局，《中韩（惠州）产业园总体规划》编制完成，仲恺韩国城项目有序推进，潼湖生态智慧区上升为省级战略。城乡基础设施进一步完善，惠州机场开通惠州至北京、上海、重庆等11条对开航线，通航12个城市，市中心客运枢纽、隆生大桥、四环路、稔平半岛供水工程等项目建设顺利推进。

——生态环境持续优化。继续组织实施电机能效提升工程，全年完成电机改造提升11.77万千瓦。大亚湾石化产业园区、仲恺高新技术产业开发区、惠州产业转移工业园和博罗县龙溪电镀基地4个园区获评为2016年广东省循环化改造试点园区。加强淡水河和潼湖流域污染整治，城市建成区 27 个黑臭水体已有 14 个启动整治。建成城镇污水处理厂 10 个，新建农村污水处理设施 200 座，东江干流惠州段符合国家二类水质标准，饮用水水源地水质达标率 100%。深入开展大气环境整治“八项行动”，新增淘汰黄标车及老旧车辆 8 628辆，空气质量居全国 74 个大中城市第 3 位、珠三角首位。惠城区（含仲恺高新区）成功创建省级生态区。大力实施新一轮绿化广东大行动，森林覆盖率达 62.37%，城市人均公园绿地面积达 17.85 平方米。

——各项改革系统推进。供给侧结构性改革取得阶段性成效，国有关停企业实现市场出清 234 户；国有特困企业处置方案审批 34 户。商品房库存面积为 1 008 万平方米，提前完成省里下达的三年目标任务。银行机构不良贷款率为 0.95%，比年初下降 0.64 百分点。全年为企业减负超过 100 亿元。18 项补短板工程建设累计完成投资超过 150 亿元。商事制度改革深入推进，“三证合一、一照一码”全面落地。全面建成“横向覆盖部门，纵向延伸县区、镇街”的网上办事大厅。整合建立统一的公共资源交易平台。获批创建国家社会信用体系建设示范市，社会信用体系建设在全省“两建”考核中连续四年居全省第一。建立“互联网 + 信用”的中介服务管理体系。国家新型城镇化综合试点、全国水生态文明城市建设试点等国家和省改革试点顺利推进。

——民生福祉全面提升。全市民生类支出达 359.05 亿元，增长 6.1%，占一般公共预算支出的 70.5%。10 项省民生实事和 69 项市十件民生实事均完成年度目标。成功创建省推进教育现代化先进市。成功举办第三届中医科学大会。全面启动城市公立医院改革试点工作。文化惠民卡制度项目成功创建为第二批国家公共文化服务体系示范项目。城镇新增就业人员 71 700 人，新向第二、第三产业转移农村富余劳动力 0.86 万人。全市公租房租赁补贴发放 258 户，新开工城市棚户区改造 1 550 户（套）、农村危房改造 8 087 户。深入推进“飓风 2016”“安网 2016”专项行动以及“无毒创建”，社会大局保持和谐稳定。

3. 县域经济发展情况。惠州市辖惠城区、惠阳区、惠东县、博罗县、龙门县 5 个县区，设有大亚湾经济技术开发区、仲恺高新技术产业开发区 2 个国家级开发区，共有53个乡镇、18个街道办。全市户籍总人口364.31万、常住人口477.50万。惠东、博罗、龙门三个县总土地面积8 649平方公里，占全市总面积的76.2%；常住人口232.6万人，占全市总常住人口的48.7%；2016年，全市县域地区生产总值1 401.73亿元，占全市地区生产总值的41.1%。

表10　2016年惠州市县域经济发展状况

地区	地区生产总值（亿元）	固定资产投资（亿元）	社会消费品零售总额（亿元）	地方一般公共预算收入（亿元）	三次产业结构
惠东县	608.11	382.54	247.48	36.78	8.2：46.6：45.2
博罗县	613.62	342.66	168.86	40.63	8.5：54.5：37.0
龙门县	180.00	201.89	58.70	8.09	13.4：45.4：41.2

——惠东县。2016年，惠东县地区生产总值608.11亿元，增长12.5%。人均地区生产总值65 137元，增长12.0%。三次产业结构为8.2：46.6：45.2。地方一般公共预算收入36.78亿元，增长5.9%。固定资产投资382.54亿元，增长30.8%。社会消费品零售总额247.48亿元，增长15.5%。规模以上工业增加值209.10亿元，增长19.1%。全年接待游客人数928万人次，实现旅游营业收入39.30亿元，分别增长12.8%和39.3%。全县成功创建“国家卫生县城”“广东省文明县城”。统筹推进国家知识产权强县试点以及专利申报、保护工作，全年共申请国家专利项目1 929项，增长12.5%；获授权项目220项。其中，发明专利申请134项，获授权24项。全县高新技术企业16家。累计创建国家级生态乡镇10个、省级生态乡镇11个、市级生态村185个。

——博罗县。2016年，博罗县连续九年入选“全国县域经济基本竞争力百强县”，全县地区生产总值613.62亿元，增长11.9%；人均地区生产总值57 364元，增长11.4%。地方一般公共预算收入40.63亿元，增长8.8%。城乡居民人均可支配收入 22 206 元，增长 10.9%。民营经济增加值 301.20 亿元，增长 12.0%；民营企业上缴税收 58.48 亿元，增长 20.9%；新增民营企业 2 581 家，增长 41.9%。新增高新技术企业 30 家，总数达到 52 家；新增市级以上工程中心 8 家。规模以上工业增加值 356.70 亿元，增长 18.5%。加快推进国家全域旅游示范县创建工作，成功举办第三届中医科学大会，再次入围“广东省旅游综合竞争力十强县”；全县接待游客人数 940.97 万人次，增长 13.0%；全年旅游综合收入 44.03 亿元，增长 51.7%。引进华润、华南城、欧洲创新科技产业园等一批总投资超 50 亿元的大项目。建成高标准基本农田 6.89 万亩，福田菜心入选国家地理标志产品。农村电子商务发展迅速，全县村级淘宝服务站达 60 个。获评“中国最具幸福感县级城市”和“中国十佳宜居县”，石湾、园洲、龙溪入选全国重点镇。成功创建国家卫生县城。

——龙门县。2016 年，龙门县完成地区生产总值 180.00 亿元，增长 12.0%；地方一般公共预算收入 8.09 亿元；固定资产投资 201.89 亿元，增长 19.3%；社会消费品零售总额 58.70 亿元，增长 14.2%；全体居民人均可支配收入 16 971 元，增长 13.9%。全力推进创新驱动发展，社会研发经费支出占地区生产总值比重达 1.1%，新增 7 家高新技术企业，高新技术企业培育入库企业 11 家；专利申请量 468 件，其中发明专利申请 112 件；平陵镇被认定为广东省（建材）技术创新专业镇，永汉镇被认定为（旅游养生）技术创新专业镇。获得“中国最美文化生态旅游名县”称号。全年接待游客 928 万人次，实现旅游业总收入 49.30 亿元，分别增长 13.6% 和 34.3%。全县建成县级以上农产品标准生产基地 5 个；获省名牌农产品 4 个，市名优农产品 11 个。全力创建卫生强县，扎实推进县级公立医院综合改革，初步建立基层首诊、双向转诊制度，实施城市医院支援农村卫生工程。

4. 惠州环大亚湾新区建设情况。

——新区规划体系基本形成。在新区发展总体规划的框架下，继 2015 年 6 个专项规划、2 个起步区控规、1 个红树林湿地公园规划印发实施后，相关的产业发展、旅游发展、海岸带保护与利用规划、大亚湾森林公园总规、亚公顶森林公园总规印发实施，新区系列规划体系基本形成。

——项目建设持续推进。三个起步区共有24宗项目建设，计划总投资652亿元，年度完成投资223.60亿元。加快46宗重点产业项目建设，计划总投资1 465亿元，中海油惠炼二期完成总进度的86%，太平岭核电项目场平加紧推进，中科院两装置确定总部选址。积极推进35宗重点基础设施项目建设，计划总投资514亿元，其中惠州国家石油储备地下主体工程已转入收尾工序，稔平半岛供水工程开工建设，惠州LNG热电联产扩建项目和一批输变电工程稳步推进。

——开放创新更加活跃。以开放创新为引领，引进国际国内领先技术，助推产业优化升级。中海油惠州炼化“高酸重质原油全额高效加工的技术创新及工业应用”项目荣获国家科技进步二等奖；壳牌三大专有国际领先技术、科莱恩化工药用级聚乙二醇生产技术等在大亚湾区率先应用。大亚湾科创园升格为国家级科技企业孵化器；中山大学惠州研究院获认定为省首批新型研发机构，是全国唯一的专业服务石化产业的新型研发机构；北京化工大学惠州产学研基地落户，是北化工在珠三角设立的唯一的产学研基地。

——生态建设更加深入。扎实抓好淡澳河、坪山河等跨界河涌治理，完善交接断面水质共同监测和信息发布机制，推动建立淡澳河流域水污染物项目环评审批抄报制度。淡澳河省控虎爪断面综合污染指数在前两年分别下降18.4%、16.6%的基础上，2016年再下降39.0%。考洲洋综合整治三期工程扎实开展，水质持续改善。区域性绿地生态网建设稳步推进，在上年建成32宗公园绿地的基础上，推进了34宗公园绿地项目建设，27宗建成。

——合作对接更加紧密。加快推进“1桥8路”建设，其中，疏港大道与龙海一路连接段建成通车，龙海一路等4条道路在加紧施工。全市首条跨界高速公交——惠大公交快线正式运营，厦深铁路（高铁）深圳—惠州—汕尾段开行捷运化列车，覆盖高峰时段。新区道路与深圳南坪快速和外环高速对接等工作顺利推进；联合三县（区）举办新区（深圳）投资说明会、新区优势传统产业转型升级投资推介暨制鞋产业发展形势分析会，现场交换签约文本8项，6宗产业项目总投资647亿元；进一步完善招商项目互荐机制，县（区）间互荐项目累计达50宗。

5. 惠州潼湖生态智慧区建设进展情况。

——项目引进成效显著。强化创新驱动，先后引进思科潼湖科学城、碧桂园创新小镇、中关村科技金融小镇、华大基因惠州基地、万城智慧、仲恺高新区科技金融孵化器、TCL 集团智能互联网全球研发基地、德赛物联网创新应用研发基地、华阳集团研发总部基地、信利集团新型显示研发中心、胜宏科技总部及研发中心、天健国际物联网孵化器、赢合科技总部、华南网络空间安全总部基地共 14 宗引领性重点项目，总投资约 2 000 亿元。

——创新资源有效聚集。规划建设创新驱动发展服务新平台——智慧区创新园，加速集聚教育部高校（华南）科技成果转化中心、惠州中科新能源研究院、南方工程检测修复技术研究院、南方智能制造产业研究院、三航（惠州）无人机研究院及试飞中心、广东台商产业发展研究院、广东省“互联网+”研究院、广东省基础条件平台中心惠州分中心、太库（惠州）孵化器、华大基因惠州研究院 10 个高端研发机构。

——体制机制逐步完善。《广东惠州潼湖生态智慧区发展总体规划（2017—2030 年）》经省政府常务会议审议通过，已由省发展改革委印发实施。参照东莞松山湖优惠政策，制定支持智慧区加快建设发展的优惠政策措施。注重选商引智成果的应用，主动搭建院企融合发展新平台，组织市经信、科技等部门召开 3 次产研对接会，既充分展示引进研发机构的科技实力及成果转移转化的成功案例，又重点突出与惠州“2+2+N”现代产业体系的发展实际相结合，已签约合作项目超过 30 宗，合同金额约 5 亿元。

——投融资模式灵活规范。初步确定采用“政府投资基金+商业银行产业基金+PPP 模式+政策性贷款”组合融资模式，解决智慧区整体资金需求。全力推动智慧区建设专项资金筹建，整合政府和市场资源，统筹管理，封闭运作，解决智慧区长远建设资金问题。与国家开发银行、农业发展银行等政策性银行及工商银行、建设银行、广州银行、华润银行、中国平安等金融机构频繁对接，在传统融资方式的基础上积极探索“政府投资基金”和“商业银行产业基金”等模式的可行性。坚持 PPP 项目建设速度与建设质量的双保证。加快推进总投资约 53.36 亿元的智慧区首个 PPP 项目——创新与总部经济区首期市政道路、智慧大道建设，不断完善智慧区内区域路网结构，加强片区内部联系，促进沿线土地开发，投资环境逐步改善。

（七）东莞市

1. 概况。2016 年，东莞市地区生产总值 6 827. 69 亿元，增长 8. 1%；人均地区生产总值 82 682 元，增长 8. 6%。实现社会消费品零售总额 2 470. 78 亿元，增长 13. 1%。完成固定资产投资 1 557. 46 亿元，增长 7. 7%。三次产业结构调整为 0. 3：46. 5：53. 2。完成规模以上工业增加值 2 968. 16 亿元，增长 7. 0%，其中先进制造业增加值、高技术制造业增加值分别增长 15. 2%、17. 6%，占比提升至 50. 7%、37. 2%。地方一般公共预算收入 544. 75 亿元，增长 5. 2%。城镇、农村常住居民人均可支配收入分别增长 5. 8%、9. 5%。

2. 实施珠三角优化发展战略情况。

——着力抓好重大项目建设。全年完成重大项目投资 439. 40 亿元，超过计划的 18. 7 百分点，增长 10. 5%，完成情况历年最好。实现 47 个新项目开工建设，超额完成年初计划的 43 个项目开工的目标任务。市轨道交通 2 号线开通试运营，累计客流量 2 132 万人次，东宝河新安大桥东莞引桥及配套工程、东莞移动传送网建设项目、东莞电信光纤宽带基础网络建设项目、东莞联通宽带网建设项目等 24 个总投资共 300. 20 亿元的重大项目建成投入使用。

——着力强化创新驱动。以实施高企“育苗造林”行动计划、孵化载体“筑巢育凤”行动计划等为抓手，加快创新要素集聚。全市高新技术企业达到 2 028 家。新增省级新型研发机构 6 家，总数达 32 家。新增省级众创空间 7 家，国家级众创空间 9 家，总数分别达到 19 家和 15 家，均位列全省地级市首位。发明专利申请量、授权量分别为 17 024、3 682 件，分别增长 52. 5%、31. 7%。全年 R&D 支出占地区生产总值的比重达 2. 4%，实现连续 6 年快速提升。实施“机器换人”带动智能制造，深入推进“东莞制造 2025”战略。全市申报“机器换人”项目 2 698 个，总投资 386 亿元，其中莞产设备占 17. 5%。项目数和总投资额均居全省第一，带动全市工业技改投资增长 44.0%。

——着力优化对企服务。实施“亲企清政”工程，建成“千干扶千企”网络平台，开展“问暖企业总部”系列活动。民营规模以上工业增加值增长 18.3%，占全市比重达 38.6%。民间投资增长 13.0%，占固定资产投资总额的 70%。新登记非公经济市场主体 17.1 万户，增长 41.0%。开展大型骨干企业培育行动，新认定 31 家市大型骨干企业，2016 年实现主营业务收入超 1 000亿元企业 1 家、超 500 亿元企业 2 家。开展成长型中小企业培育，新认定 300 家成长型中小企业。实施小微企业上规模培育工程，向 131 家符合奖励条件的企业拨付资金合计 1 310 万元。

——着力推进供给侧结构性改革。积极贯彻落实国家和省关于开展供给侧结构性改革精神，出台“三去一降一补”行动计划，以改革促升级。全市出清国有“僵尸企业”36 家，继续推动水乡地区 101 家“两高一低”企业整治和退出。房地产库存面积减少 59 万平方米，超额完成商业房地产去库存任务。加强房地产市场调控，适时实行住房限购限贷政策，抑制投资投机购房行为，改善住房供需关系。地方法人银行机构杠杆率高于银监会规定的 4% 最低监管要求，达 6.7%。累计为企业减负超 200 亿元，有效减轻企业负担。推进补短板各项重大工程，全年完成投资 175 亿元，着力补齐天然气主干管网、信息基础设施、新能源汽车基础设施、城市地下管网等八大领域短板。

——着力促进区域协作。主动对接广东自贸区，“深莞惠 + 汕尾、河源”经济圈合作日益紧密，莞深产业合作不断强化。实施新一轮市内帮扶工作，落实帮扶专项资金 1.80 亿元，支持次发达村加快发展。对口帮扶韶关工作在全省考核中排名第三。推进韶关、揭阳精准扶贫精准脱贫工作，帮扶两市 323 个相对贫困村 7 149 户 16 801 人实现脱贫。启动对口帮扶云南昭通工作。援疆工作进展顺利，兵团草湖广东纺织产业园首期 30 万锭项目建成投产。援藏援川工作成效明显。

——着力构建开放型经济新体制。围绕打造重要节点城市，推动对接“一带一路”，全面推进中俄贸易产业园、广东（石龙）铁路国际物流基地建设。全年对“一带一路”沿线国家出口达 1 423.40 亿元。成功举办海丝博览会、加博会、台博会、智博会等展会。海丝博览会吸引23.8万人次进场参观采购，达成各类签约项目700个，涉及签约资金2 068亿元。大力实施“互联网+制造业”行动计划，积极对接阿里巴巴、淘宝、京东、苏宁等大型平台，推动虎门、厚街、大朗等镇街参与实力产业群、东莞馆、中国质造等项目建设，举办2016年制造业互联网峰会、2016东莞（全球）荔枝节发布会、跨境电商推进会等。

——着力优化城市环境。加强茅洲河、石马河污染整治。建成260公里截污管网，完成4家污水处理厂扩建，新增污水处理能力22万吨/日。完成厚街环保热电厂二期扩建工程，一批环保热电厂扩建工程扎实推进。继续推进国家节能减排财政政策综合示范城市工作，重点推进家具及制鞋行业VOC污染整治，完成淘汰、整治、提升1 382家。大力推动黄标车及老旧车淘汰工作，共淘汰黄标车及老旧车37 410辆。全年全市化学需氧量减排0.52万吨、氨氮减排0.07万吨、二氧化硫减排0.63万吨、氮氧化合物减排0.46万吨，分别下降5.4%、4.5%、7.3%、3.6%。全年单位GDP能耗下降4.65%。全市优良空气天数达319天，同比增加12天。

——着力加强民生保障。加大教育资源供给力度，向外来随迁子女提供学位数达3.5万个，同比增长23.8%。在22所学校实施托管改革，推进莞式“慕课”教学试点，高考各项指标位居全省前列，被认定为全国义务教育发展基本均衡市。全面推行非本市户籍职工子女参加社会基本医疗保险，基本医疗保险年度最高支付限额由20万元提高到30万元。全市新增就业8.33万人，城镇登记失业率2.26%，发放各项就业创业补贴2.08亿元。在2016中国地级市民生发展100强城市中，东莞名列第3位。

3. 推进“深莞惠+汕尾、河源”经济圈建设情况。

——推动交通对接，实现区域交通基础设施互联互通。加快建设穗莞深、莞惠城际轨道交通工程，推动项目征地拆迁工作及车站配套设施建设。2016年，穗莞深城际东莞段、莞惠城际东莞段分别完成投资14.90亿元、15.94亿元，莞惠城际常平东至小金口段开通初期运营。赣深客专前期工作顺利推进，完成东莞段规划选址、用地预审、环评、社会稳定风险评估、工可批复等前期工作。加强与深圳、广州城市轨道交通对接，加快东莞1号线与深圳6号线支线、东莞1号线与广州5号线、东莞2号线与深圳20号线、深圳13号线北延至松山湖地区等对接线路的规划研究。东莞列入深莞惠三市合作计划的24个对接路网项目、7个高速公路项目、17个地方主干路项目已全部启动，其中，莞惠高速等11个项目顺利完工。加强与深圳、惠州在道路运输应急机制、信息沟通、安全监管和班线互通的合作，进一步满足市民跨市出行需求，截至2016年已开通4条跨市公交线路。

——推动产业合作，提升区域内各市产业层次和水平。制订深圳驻点招商工作计划，重点对接深圳的行业协会、产业基地、金融机构、经济部门。莞深产业合作促进会共有来莞投资的深圳会员企业580家，全年引进187宗投资主体来自深圳的项目，实际投资额68.38亿元。支持东莞产业优先向惠州、汕尾、河源转移，共同促进区域内各市产业优化升级。贯彻落实与深交所签署的战略合作协议，成功推动1家企业登陆中小板，募集资金约9.57亿元。以深交所在莞设立的“东莞科技金融路演中心”为载体，通过“现场路演+网上直播”方式，为创投基金与本土科技企业搭建项目对接平台。深化与省内区域股权交易市场合作，年内近100家企业挂牌深圳前海股权交易中心，利用场外市场开展股权、债券融资。利用“中国旅游日”主题，大力开展古村文化游、水乡风情游、工业体验游、生态休闲游及“深莞惠+汕尾、河源”城际互游活动。联合举办“活力广东·缤纷深莞惠河汕”旅游（银川、西安）推介会及穗深莞惠汕（北美）推介会，五市联合参加广东国际旅游产业博览会。

——推动环境共保，进一步加强生态保护与污染防治。联合召开经济圈环保合作第六次会议，积极落实《深莞惠经济圈“3+2”跨界流域非法养殖场整治工作协议》《深莞惠环境保护联合执法工作机制协议》以及《深莞茅洲河流域污染源联合监管执法行动方案》。深莞茅洲河流域水环境综合整治工作成效显著，人民涌、三八河、长青渠、塘下涌等内河涌整治及沿线截污管网工程顺利推进，长安新区污水处理厂及配套管网工程已经完成工程量的92%，界河综合整治工程正式开工，试验段综合整治已经完工。石马河流域的谢岗、桥头污水处理扩建项目土建工程基本完工，200 公里截污次支管网已建 157 公里；君子布河—桥陇河河道综合整治工程已完成项目前期的招投标工作和可研阶段地质勘探工作。协调解决老虎坑垃圾焚烧发电厂三期项目和填埋场臭气污染整治问题，妥善做好深圳章阁垃圾填埋项目信访维稳工作。

——推动社会共管，共同破除公共服务行政区划壁垒。与深圳、惠州两市共同签署公共信用信息互查合作协议，完成公共信用信息管理系统接口开发和系统对接工作，实现三市公共信用信息互联互查。搭建跨地区劳动合作平台，组织企业参加 2016 年“南粤春暖”汕尾—深圳、东莞、惠州劳务对接企业用工招聘会，邀请四市 6 家职业院校参加 2016 年东莞校企合作洽谈会，促进各地劳动力转移就业。联合举行 2016 年联合医疗救援演练，进一步提高应对各类突发事件的现场医疗救援应急处置能力和专业技术水平。共同开展“共筑中国梦　同唱幸福歌——深莞惠汕河文化志愿流动大舞台巡回展演”活动。建立五市地方文献交换机制，推动五市文献数据库线上线下的联动、聚合、共享，实现文献资源的馆际互借。协助四市公安机关抓获犯罪嫌疑人 153 名，成功跨市追逃犯罪嫌疑人 62 名，全年完成深莞惠各类警卫任务 175 批次。与深圳、惠州两市加强涉恐案件联合侦办，配合惠州市成功侦破“2016—GD03 专案”。

4. 重大区域发展平台建设情况。

——松山湖高新技术产业开发区（东莞生态产业园）。一是主要经济指标实现“四个突破”。地区生产总值突破 300 亿元，达 303.00 亿元，增长 16.0%；税收总额突破 100 亿元，达 100.90 亿元，增长 24.3%；固定资产投资总额突破 100 亿元，达 118.50 亿元，增长 24.5%；规模以上工业总产值突破 2 000 亿元，达 2 119.20 亿元，增长 16.0%；在全国高新区的综合实力排名升至 29 位，在全省高新区中排名第三，地级市中排名第一。二是招商引资形势喜人。创新招商手段和机制，制定招商引资管理办法等系列产业政策。全年引进项目1 100宗，引进资金超 250 亿元，园区招商企业数量和质量实现双提升。三是招才引智效果显著。举办系列高层次人才推介会，全年引入“千人计划”专家 12 名，省、市领军人才 11 名，特色人才 17 名，高层次人才44名。开展校企对接活动，协助企业引才2 000余人。截至2016年年底，园区共有“千人计划”专家29名，省创新创业领军人才3名，市创新创业领军人才47名，市特色人才109名。四是自创区建设加快推进。印发自创区实施方案，制定“松湖40条”实施细则，建立“1+3+N”自创区发展专项资金并出台专项资金管理办法。加大创新主体培育力度，全年新增高企73家，新增东莞材料基因高等理工研究院等2家新型研发机构，累计达25家。

——水乡特色发展经济区。一是环境质量持续改善。整治或引导退出84家不符合城镇规划、产业规划和生态规划的重点污染企业。开展水环境综合治理，投资3.80亿元重点整治18条中小河流。推进污水处理设施建设，石碣沙腰污水处理厂建成并投入使用，麻涌华阳湖“印象水乡”分散式治理试点取得成功，为全市污水整治探索出新模式。以“一年一镇一河涌”为目标整治内河涌，完成9条内河涌整治任务。32个监测断面中27个断面的综合污染指数逐年下降，19个监测断面水质达到水质功能目标。二是发展新动力日渐增强。全年有46个产业项目纳入市重大建设项目，总投资632亿元。新签约投资1亿元以上产业项目22个，总投资额约93亿元。启动华科城·创新岛科技企业孵化器，入孵企业28家。加快发展休闲旅游产业，推动体验农业产业组织化、市场化、品牌化，引进云南城投、北大青鸟等龙头项目，新增一大批家庭农场，成功举办首届水乡新型旅游展和体验水乡采摘文化展。三是基础设施建设成效明显。沙田穗丰年水道示范片区、虎门港沙田港区综合客运码头项目基本完成，挂影洲中心涌水环境综合整治项目、洪梅洪屋涡水道西岸通岸工程、疏港大道、麻涌环保热电厂等一批项目如期推进，水乡大道延长线、沿海公路、水乡横向中通道、水乡横向南通道等项目启动前期工作。开展特色民俗客栈建设试点，在麻涌、沙田、道滘三镇建成民俗客栈16间。深入推动示范片区建设运营，麻涌华阳湖、龙湾滨江等示范片区取得明显经营效果，望牛墩赤滘口河西岸片区、洪梅洪屋涡水道西岸片区、沙田穗丰年水道片区等逐步建成。大力推进水乡新城开发，修改完善水乡新城概念性规划，开展水乡新城开发建设课题研究，启动望洪枢纽站场及TOD综合体开发建设。

——粤海银瓶合作创新区。一是开展产业项目招商引资。制定入园标准，明确项目评估、引进审定机制和后续服务管理方式。成功引入东环科宇等6个产业项目，计划总投资95亿元，在谈项目包括唯美陶瓷、大能环保设备、阿奇夏米尔精密数控、亚太表业增资扩产等。二是推动产业项目落地建设。大连机床智能制造项目完成一期地块70亩招拍挂工作并正式动工建设。普洛斯电商物流园项目完成办公楼主体工程。华能热电联产项目完成项目核准，土地基础工程以及主机设备采购。润星增资扩产项目完成立项、环评、初步设计、钻探、施工图设计等工作。东环科宇科技中心项目和安麦节能设备项目正在开展项目前期工作。三是完善新区基础设施。通过公开采购方式确定粤海投资有限公司作为银瓶合作创新区道路建设PPP项目的社会投资人，项目总投资47.54亿元，包括29号路等8个子项工程。在PPP项目基础上，选取粤海大道、谢岗大道、大黎路三条道路采用EPC设计施工一体化模式。

（八）中山市

1. 概况。2016年，中山市地区生产总值3 202.78亿元，增长7.8%。完成固定资产投资1 149.01亿元，增长8.9%。社会消费品零售总额1 205.84亿元，增长11.0%。进出口总额338.49亿美元，下降4.9%。第一、二、三产业实现增加值68.26亿元、1 677.26亿元、1 457.26亿元，三次产业结构调整为2.1：52.4：45.5。地方一般公共预算收入295.04亿元。居民人均可支配收入增长高于经济增速，城乡居民收入比缩至1.51：1。

2. 实施珠三角优化发展战略情况。

——结构调整成效初显。农业发展更加高效，休闲农业、观光农业等农业新业态快速发展。工业高端化、智能化趋势更加明显，先进制造业、高技术制造业增加值分别增长11.8%、13.9%。骨干企业成长加快，亿级企业达1 188家，十亿级企业超100家。规模以上工业全员劳动生产率16万元/人。41家装备制造龙头骨干企业纳入省重点培育库，居珠西之首。获评全国首批消费品工业“三品”战略示范试点城市。古镇灯饰获评国家首批产业集群区域品牌建设示范区，东凤小家电通过“全球采购基地”认证。

——创新能力稳步提升。珠三角国家自主创新示范区建设加快推进，火炬开发区“一区多园”模式启动实施，中德（中山）生物医药产业园成为国家重点对德合作园区，昂欣科技等一批优质项目入驻中瑞（欧）工业园。高新技术企业增至884家，科技孵化器与众创空间增至48个，其中国家和省级15家，市级以上新型研发机构增至46家。发明专利申请量、授权量分别增长73.4%、58.1%。全社会研发经费占生产总值比重提高到2.4%。人才创新生态不断完善，博士后工作平台增至42家，创新创业基地（园区）增至26家，省市创新创业团队增至27个。在中国创新创业大赛广东赛区中获奖数居全省第二。

——改革开放全面深化。供给侧结构性改革取得重大进展，淘汰印染行业落后产能3 500万平方米，减少商品房库存面积200多万平方米，降低企业各类成本92亿元。市属国有企业资产证券化取得突破，3家市属国有企业实现新三板挂牌。推进“一门式、一网式”政府服务模式改革，建成市、镇、村三级多功能综合服务平台。全面取消非行政许可审批事项，行政审批中介服务费用、时限分别压缩20%、50%。成为全省首批企业投资项目清单管理试点市。简政强镇事权改革有序推进，解决了南区、西区“一区两制”问题。深化商事制度改革，实施“五证合一”，在全省率先推出电子营业执照，新增市场主体6万家，注册资本（金）530多亿元。建立全省首个综合性网上“银税互动”平台，累计为小微企业发放贷款33亿元。农村集体经济“三资”监管走在全省前列。建成投资贸易双平台，设立“走出去”综合服务中心和采购服务中心。中山港口岸扩大开放通过国家验收，中山市成为全国首个与澳门实现游艇自由行的城市。粤澳全面合作示范区获国家支持，落实粤港、粤澳框架协议，考核居珠三角前列。

——基础设施建设快速推进。城市总规（2010—2020年）获国家部际联席会议通过，建立“三规合一”协调机制。翠亨新区开发建设进入快车道，环岛路、地下综合管廊等项目有序推进。交通建设全面提速，每百平方公里全市公路密度提高到180公里。深中通道动工。广珠西线、广中江高速一期、翠亨快线、三角快线、沙古公路、105国道北段、阜港公路、中山港新桥等建成通车，古神公路二期北段、城桂路中心城区段等完成改造。省道111、365线中山段升级为国道228线。群众出行“最后一公里”工程全面完成，累计改造和建设村级公路608公里。黄圃港开港运营。能源、信息、环保等基础设施加快推进。光纤入户率达90%，连续四年居全省第一。处置闲置土地1.3万亩，改造“三旧”项目52个。古镇入选国家住建部首批“中国特色小镇”。

——绿色发展成效显著。成为国家生态市。建成大尖山森林公园、彩虹绿洲湿地公园等11个森林公园和湿地公园，全市森林覆盖率达23.06%。全民绿化经验在全省推广。淘汰黄标车和老旧车超1.5万辆，完成率居全省第二。更新投放公共自行车3 000辆。改造完善中心城区垃圾屋700多间。空气质量保持在全国前列。完成中心城区雨污分流工程。南粤水更清行动综合得分连续三年居全省第一。单位生产总值能耗下降3.89%，主要污染物总量减排考核连续四年被评为优秀。

——民生福祉持续改善。财政民生支出逐年增长，平均占财政支出比重近七成。城乡居民收入比降至1.51∶1。城镇新增就业4.7万人，城镇登记失业率2.26%。城镇职工社会保险参保超千万人次，企业职工基本养老金提高到每人每月2 494元，低保、低收入标准分别提高到629元、943元。重特大疾病医疗救助实现户籍居民全覆盖。“关爱老人工程”反响良好，社会捐助善款超7 000万元。完成棚户区改造2 700多户，居全省第一，建成保障性住房近1 600套，新增发放租赁补贴近700户。公益普惠性幼儿园比例达79.4%，成为全国义务教育发展基本均衡市，高考本科、重点本科和总上线率均居全省第一，高中阶段学校实现市级统筹办学，中山职院、火炬职院进入省首批一流高职院校建设名录。成功举办“逸仙杯”国际马拉松赛等一批重要体育活动。2016年新增民营医疗机构98家。人均预期寿命提高到79.43岁。

3. 推进“珠中江＋阳江”经济圈建设情况。

——经济圈内外交通衔接进一步完善。一是港珠澳大桥和深中通道进展顺利。港珠澳大桥主体桥梁已全面贯通，岛隧工程东、西人工岛施工已接近尾声；深中通道开展前期工作，2016年年底即将开工建设。二是轨道网络不断完善。珠海市区至珠海机场城际轨道交通拱北至横琴段进展顺利；广佛江珠城际轨道交通工程项目建议书获得批准，正在开展工可报告的编制；深茂铁路阳江段加快推进。三是高速公路加快建设。香海大桥完成施工招标，中山段公路建设用地图已公示，进入实质动工；中开高速开展公路线位比选研究论证工作。四是一批跨界道路加快推进。开展了跨界道路专项行动，建立了珠海、中山两市交通建设联系会议工作制度，新增沙心涌桥及坦洲境内对接道路工程 2 个项目。五是港口机场合作深化。开通了珠海—阳江集装箱驳船班轮航线，累计航次达 120 次，集装箱吞吐量 12 407 标箱；改扩建阳江合山机场，打造通用航空标杆；西江港口联盟不断壮大发展；黄茅海跨海通道前期工作顺利推进。

——珠江西岸先进产业带加快聚集。强力推进产业共建，完善产业共建机制，深入实施创新驱动发展战略和珠江西岸先进装备制造产业带发展战略，使四市形成紧密协调的产业分工体系，为促进四市协调发展提供强有力支撑。一是携手参与国家科技产业创新中心建设，推动珠三角国家自主创新示范区和横琴自贸片区联动发展；共同发布产业公共服务平台，累计达到 34 个。二是携手参展第二届“装洽会”，经济圈四市签约项目 144 个，计划投资额 1 414.4亿元。在江门举办第七届珠中江进出口商品展销会，共有 358 家优秀企业参展，其中境外企业 171 家。在阳江召开第五次珠中江阳推进产业布局一体化工作会议。三是深入开展旅游交流合作。举办经济圈旅游产业区域合作与发展交流会，计划签订旅游合作共同宣言；联手港澳打造世界级旅游目的地，共同赴台湾参加了 2016 年台北两岸观光博览会，举办“纪念孙中山先生诞辰 150 周年”系列旅游推介会；横琴成功创建“国际休闲旅游岛”，孙中山故里旅游区荣获 5A 景区。

——生态都市区加快形成。一是加强规划布局和区域合作。发挥规划对城市建设管理的战略性、引领性和指导性作用，坚持以“创新、协调、绿色、共享、开放”五大发展理念为统领，充分考虑四市发展实际，从珠江口国际湾区甚至大珠三角和泛珠三角更大的范畴去着手，进一步加强城市规划布局的沟通对接。四市即将签署《推进珠中江阳区域紧密合作框架协议》《推进珠中江阳海洋经济区域合作协议书》，并在2016年实施了27个年度合作项目。二是加大环境共治力度。完成了珠中江供水水源同网实施方案修编，通过专家评审；继续推进前山河流域综合治理，珠海、中山建立治污保洁保障措施的六大机制，开展前期的水环境质量现状调查，共同编制前山河流域跨界防洪及河涌水污染综合整治规划，并每季度开展联合执法。制定实施四市2016年度大气污染防治方案，全面落实区域大气污染联防联治。在中山市举办了“珠中江 + 阳江”中学生变废为宝创意手工作品制作大赛，开展环保宣教活动。

——基本公共服务加快对接。积极推进医疗卫生、劳动社保、文体教育等基本公共服务对接互认。四市所有上线医院已互认纳入对方医保定点结算医院；在阳江召开四市公共法律服务合作联席会议，就四市公共法律服务体系建设与发展开展深入交流；珠海市、中山市两地政府与拱北海关签署战略合作协议，进一步加强两市各知识产权执法部门与海关的知识产权保护合作；在全国首创百家社会组织跨区域合作共建模式，组织珠海阳江100家社会组织对接；共建粤西首家社会组织培育发展孵化基地，成功开展国家民政部示范项目和省试点项目；四市共同开展了篮球、网球、乒乓球、武术、风筝、钓鱼、围棋、健身舞交流赛等丰富多彩的文体交流活动，以及“粤、台、港、澳”四地中华武术交流大会、第十二届珠澳智力运动友谊赛等。

——珠海对口帮扶阳江取得好成绩。珠海对口帮扶阳江取得实实在在的成效，在珠三角地区与粤东西北地区对口帮扶第一轮工作评估考核中获得第4名。一是坚持以项目引进建设为主抓手，促进产业园区扩能增效，使珠海（阳江）园、珠海（阳江万象）园成为阳江经济增长的重要引擎。二是积极提供规划、投资、项目、技术、人才等方面的支持，加快阳江中心城区扩容提质和新区建设。三是加强交通基础设施建设，开通运营阳江港集装箱货运业务，实施阳江合山通用机场改扩建项目，打通海上和空中交通运输通道。四是大力推进民生社会事业，打造百家学校医院对接、千名教师医生交流、万名干部人才培养等“百千万”帮扶工程，有力推动了民生社会事业加快发展。

4. 中山翠亨新区建设情况。新区累计引进广新海工、华讯方舟、大洋电机研究院等多个省市重点项目在内的产业项目超 90 个，总投资额近 700 亿元。一是哈工大机器人集团无人装备产业园项目，投资规模约 80 亿元，其首批 5 个产业化项目已签约，新区 4 000 万元扶持资金已于 2016 年 12 月 20 日到账。二是中科院生物物理所荧光检测技术项目及理化所大型低温制冷设备项目等，投资规模约 5.50 亿元。三是航天十二院、深圳科技园集团、天安数码城集团、省特种设备检测研究院及前海控股等机构合作项目在稳步推进。

——配合新区发展定位，编制产业发展规划。以创新驱动引领产业和区域经济转型升级，推动产城融合，按照绿色发展、智慧发展、包容发展、人本发展的要求，探索创新产业发展模式，促进城市发展、文化建设和产业升级相互融合，做大做强新兴产业，吸引高端产业、高端技术、高端人才集聚，建设粤港澳大湾区产业结构高级化、产业发展集聚化、产业竞争力高端化的转型升级高端平台。把新区起步区建设成为“创新中心、产业中心、高新技术企业集聚中心”。编制了《中山翠亨新区起步区国民经济和社会发展第十三个五年规划》和《中山翠亨新区健康医药产业发展规划》。制定《中山翠亨新区低碳城（镇）试点实施方案》，并申报国家低碳城市试点。出台《中山翠亨新区起步区工业项目准入管理办法》《中山翠亨新区起步区租赁类工业项目备案管理办法》等政策。以哈工大、中科院项目为样板，进一步优化产业发展导向。

——统筹推进重大平台建设，促进产业结构升级。加快专业园区建设，打造三个产业转化平台：一是哈工大智能装备产业园项目。建设哈工大机器人集团华南总部、国家重点实验室（国家智能机器人创新中心翠亨新区分中心），在美国硅谷设立中美技术转化创新中心，打造具有全球竞争力的机器人全产业链平台。二是中科院（翠亨）应用创新平台与科技园项目。引入中科院重大产业化项目、中科院各所重点培育项目、中外其他技术领先项目及中山产业规划重点科技领域项目。三是中国航天十二院军民融合项目。通过“钱学森智库”高端人才资源，开展战略咨询规划、推进智慧城市建设、建设航天航空体验园等，促进新区产业结构高端化。加强与欧美等先进经济体和港澳台地区的交流合作，在更高层面构筑新区发展平台，扩大新区在国内外的影响力。

（九）江门市

1. 概况。2016年，江门市地区生产总值2 418.78亿元，增长7.4%。人均地区生产总值53 374元，增长7.0%。规模以上工业增加值1 065.80亿元，增长7.0%；固定资产投资1 517.77亿元，增长16.0%；社会消费品零售总额1 159.06亿元，增长12.1%；外贸进出口总额190.90亿美元，其中出口150.31亿美元，下降2.2%；地方一般公共预算收入204.17亿元，增长2.6%。全市居民消费价格指数涨幅为2.2%。全市329项重点建设项目完成投资571亿元，占年度投资计划的107.3%。

2. 实施珠三角优化发展战略情况。

——构建完善创新体系。江门市成立实施创新驱动发展战略领导小组，落实"1+8"科技创新扶持政策，大力推动"五个倍增"，全市研发经费支出总量达到43亿元，占地区生产总值比重1.8%，发明专利拥有量4.4件/万人，国家级高新技术企业330家。成功申请试点建设全国博士后创新（江门）示范中心，新增15家单位设立博士后创新实践基地，新设基地数量居全省第一；袁隆平院士工作站、孙家栋院士领衔的北斗时空科技战略研究院落户江门。创建20家省级、77家市级企业工程研究中心，组织实施超过200项市级以上重点科技计划项目，新培育100家高新技术企业，国家级高新技术企业增长到330家，推广科技成果超600项。推动五邑大学开门办学，启动"环五邑大学创新经济圈"建设。

——擦亮小微双创品牌。围绕建设首批全国小微双创基地示范城市、省唯一的小微双创综合改革试点市，推动落实"雏鹰计划"及"1+15"扶持政策，全力打造"江门特色、广东标杆、全国示范、国际平台"的全国小微双创之都、全球华侨华人双创之城。推动"中国青创汇""侨梦苑"、南方教装城杯等“双引双创”平台落户，成功举办“中国青创汇”全国小微企业创业创新周活动，开启“北有中关村、南有青创汇”新格局。在全国率先制定科技型小微企业认定标准，培育科技型小微企业 1 311 家，首创小微双创指数评价体系，填补国内小微双创指标统计空白。出版全国地级市首个小微企业名录库，4.6 万多家小微企业入库。“全国小微企业信用体系试验区”建设持续推进，全年 566 家评级企业贷款利息减轻 8 330 万元，银行对小微企业融资达 278 亿元。

——发挥重大平台作用。珠三角（江门）国家自主创新示范区、广东（江门）大广海湾经济区、中欧（江门）中小企业国际合作区全部上升至国家战略层面，江门产业转移园连续五年获省考评优秀等次，江门高新区成为华夏幸福基金在华南地区布局的首个产业新城项目。

——打造大城格局。着力构建“一大枢纽、三大黄金通道、四大路网”。珠西综合交通枢纽（新江门站）已完成规划定位并纳入省“十三五”规划。江门大道北主道建成通车，江门大道中、台开快速路及广中江、江罗、中开、高恩等高快速路加快建设，新高高速、广佛江珠城轨开展前期工作；深茂铁路江门段完成投资 32.50 亿元；投资超 14 亿元的高新区公共码头工程正式开工。

3. 推进区域合作情况。

——积极推动“珠中江 + 阳江”经济圈建设。一是共同推进基础设施一体化，广中江高速一期建成通车，深茂铁路、广佛江珠城轨项目加快推进；珠西综合交通枢纽江门站实施方案已上报铁总轮候审批，配套设施项目开展招标工作；与深圳市、中山市、肇庆市和深茂铁路公司达成共识，共同推动深茂铁路江深段、江肇铁路加快规划建设，加快广佛江珠城际轨道交通项目前期工作。中开高速完成投资 8 亿元并做好沿线三江、双水、水步、百合等关键节点互通立交设计方案，开平至台山高速完成工可编制并被列入省高速公路中远期规划。二是民生事业合作深化，成功举办第七届珠中江进出口商品展销会，联合举办人才招聘、青少年书画大赛、档案区域合作、环保宣教等活动。三是在阳江举办珠中江阳区域紧密合作第十一次党政联席会议暨旅游产业区域合作与发展交流会，签署了《推进珠中江阳区域紧密合作框架协议》《推动珠中江阳海洋经济区域合作协作书》和《珠中江阳深化区域旅游合作共同宣言》。

——拓展与港澳合作。推动与澳门签署了《推动粤澳共建江门大广海湾经济区的框架协议》，达成共同规划建设产业合作示范区共识。在金融、医疗、旅游等领域的合作务实推进，粤港澳合作电镀产业升级示范区、粤港澳健康养老产业基地、江澳航天农业创业创新基地等一批项目加紧建设。成立江澳金融专责小组，成功举办2016年江澳金融合作工作会议。

——深化"东提西进、同城共融"。全市按照"东部一体、西部协同"区域错位发展的原则，以东西板块统筹制定发展政策，促进资源优化整合，推动区域交通一体、产业同兴、环境共治、民生共享，实现同城共融、产城振兴，构建"一主一副"大城格局。东部以江门大道为主轴，加速蓬江新鹤融合，推动中心城区扩容提质。滨江新城启动金融总部区建设，珠西智谷建设加快推进，江门会展中心顺利完工；江海区引入华夏幸福，整体开发珠西产业新城，江门高新区在全国高新区综合排名上升，高新区科技企业孵化器获国家级认定；新会区全面启动珠西枢纽新城规划编制，开展珠西枢纽江门站配套项目的立项、招标等前期工作；鹤山市加快建设中欧（江门）中小企业国际合作区（核心区）；打造"珠西新中心、深港澳基地"。西部以台开快速路建设为突破口，推动台开同城打造江门副中心、台开恩协同共进，开展《江门市西部台开恩协同发展规划》，推动台开恩在交通、产业、文旅、民生、环境等领域实现协同发展，联手打造"江门西门户、粤西桥头堡"。

4. 县域经济发展情况。江门市设立蓬江、江海、新会3个区，下辖台山、开平、鹤山、恩平4个县级市，"五邑"是江门地区的俗称。

表11　2016年江门市县域经济发展状况

地区	地区生产总值（亿元）	固定资产投资（亿元）	社会消费品零售总额（亿元）	地方一般公共预算收入（亿元）	三次产业结构
台山市	356.72	222.05	207.89	24.33	17.5∶52.1∶30.4
开平市	310.04	255.07	174.09	21.95	10.1∶48.9∶41.0
鹤山市	287.04	182.15	161.77	24.97	8.1∶52.1∶39.8
恩平市	165.18	126.32	88.96	10.03	12.1∶32.4∶55.5

——台山市。2016年，台山市地区生产总值356.72亿元，增长7.6%；规模以上工业增加值157.38亿元，增长8.1%；固定资产投资总额222.05亿元，增长7.1%；地方一般公共预算收入24.33亿元，下降1.8%。工业规模稳步壮大，全市规模以上企业191家，新增21家；产值超亿元企业110家，新增8家。平台建设提速，工业新城新引进项目21个，总投资超26亿元，新投产项目10个；广海湾填海工程累计堆填陆域面积超万亩。创新力度加大，完成技改投入20.60亿元，建成“小微双创”基地4个，新增国家高新技术企业13家、省市级工程技术研究中心25家、“博士后创新实践基地”4个。旅游业亮点纷呈，成为首批国家全域旅游示范区创建单位，全年接待游客与旅游收入实现15%以上的双增长。电子商务大力发展，荣获“广东电商十佳县”称号。

——开平市。2016年，开平市地区生产总值310.04亿元，增长7.1%；规模以上工业增加值121.00亿元，增长7.6%；地方一般公共预算收入21.95亿元，增长1.9%；固定资产投资255.07亿元，增长22.0%；社会消费品零售总额174.09亿元，增长10.7%；外贸进出口总额147.02亿元，增长1.9%；城乡居民人均收入21 376.9元，增长9.6%。纳入省重点项目4项，完成投资15.40亿元；纳入江门市重点项目45项，完成投资50.20亿元；市本级重点项目70项，完成投资69.30亿元。翠山湖科技产业园全年投入2.50亿元完善基础设施，翠山湖大道全线贯通，幼儿园等10个项目投入使用。开平纳入国家首批全域旅游示范创建单位，碉楼文化旅游区创5A工作顺利通过省验收，并上报国家旅游局。赤坎镇入选第一批中国特色小镇，马降龙村成为开平第2个国家级传统村落。全年接待游客598.85万人次，旅游收入63.00亿元，分别增长4.5%和20.9%。

——鹤山市。2016年，鹤山市地区生产总值287.04亿元，增长8.2%。地方一般公共预算收入24.97亿元，增长3.0%；固定资产投资182.15亿元，增长18.4%；社会消费品零售总额161.77亿元，增长10.7%；规模以上工业增加值137.99亿元，增长8.1%。全年完成技改投资15.30亿元，增长37.3%。电商、微商等新业态发展迅猛，2016年鹤山市荣登广东“电商十佳县”“大众电商创业十佳县”和“大众网购消费十佳县”榜单，有176家企业入驻阿里巴巴江门产业带；沙坪中东西村和址山东溪村入围2016年“淘宝村”。成功举办2016鹤山市投资环境推介会。新增规模以上工业企业26家，共和镇成为全市首个规模以上工业“百亿镇”。富华工业园、东鹏智造、得润电子等大项目动工，带动工业、装备制造业投资大幅增长41.8%、59.6%。

——恩平市。2016年，恩平市地区生产总值165.18亿元，增长7.1%；地方一般公共预算收入10.03亿元，增长1.5%；规模以上工业增加值35.00亿元，增长6.0%；固定资产投资126.32亿元，增长17.7%；外贸进出口总值32.50亿元，增长12.9%；社会消费品零售总额88.96亿元，增长10.4%。成功与中化岩土工程股份有限公司签订恩平市冯如通航产业基地投资项目框架协议。全市立项审批项目461个，投资总额49.74亿元。先进装备制造业增加值0.73亿元，装备制造业完成投资36.54亿元。市产业转移园区落户园区项目133个，总投资130亿元，其中机械组团项目44个，总投资50亿元。恩平园区实现规模以上工业增加值8.22亿元，增长3.5%；固定资产投资35.52亿元，占全市固定资产投资总额的28.1%。

5. 江门大广海湾经济区建设情况。

——加强顶层谋划和制度设计。大广海湾作为粤澳合作平台写入国务院印发的《关于深化泛珠三角区域合作发展的指导意见》中。强化规划引领作用，围绕大广海湾总体规划，编制完成了综合交通运输体系、供水保障等专项规划，为大广海湾的建设提供了科学指引和重要保障。进一步完善大广海湾管理架构，建立恩平镇海湾片区管委会，赋予银洲湖管委会部门市级经济管理权限，健全银洲湖管委会机构设置，增设银洲湖招商局，推进广海湾工业园区与赤溪镇管理体制改革。

——大力实施“大交通”战略。加快一批大型通道、港口码头、航道建设。中开高速完成投资 8 亿元，开平至台山高速完成工可编制并被列入省高速公路中远期规划。抓好江门大道（新会段）建设，五邑路至三江段年内完成投资约 13.90 亿元，基本建成龙湾立交—东甲立交段主道，江门大道南（东线）正在研究开展快速化方案，江门大道南（西线）动工建设。崖门出海航道维护疏浚工程完成二期、三期工程量的 70%，崖门万吨级航道整治工程完成工可编制工作，广海湾作业区防波堤工程和广海湾作业区进港航道工程被列入交通部水运“十三五”发展规划，鱼塘港物流区护岸工程已开展淤泥回填工作，那扶河及镇海湾出海航道工程完成投资 1.52 亿元。

——产业集聚逐渐加强。集中资源和力量推动轨道交通产业园、新会经济开发区、珠西化工集聚区、广海湾工业园等重点园区扩能增效，加快推动一批重大产业项目建设。一是银洲湖先导区龙头带动作用明显。成功引进投资超 1 000 万元工业项目 36 个，累计总投资 25.67 亿元。广东轨道交通产业园累计投资超 50 亿元，中车空调完成整体搬迁并正常运营。银洲湖纸业基地总产能五年增长近 2 倍，园区项目进展顺利。珠西化工集聚区已完成园区启动。二是广海湾发展区产业集聚功能增强。台山核电一期工程年度完成投资 64.50 亿元，累计完成投资 763.60 亿元。中国农业公园项目进展顺利，完成总体概念规划，省农产品加工示范区建设加快。三是镇海湾生态区绿色发展格局渐显，已形成超过 30 万亩沿海养殖区，广东镇海湾红树林湿地公园正式对外开放。

——江澳合作成绩显著。与澳门特区政府签署《关于推动粤澳共建江门大广海湾经济区的框架协议》，探索谋划共同开展粤澳产业合作示范区建设；与澳门科技大学签署战略合作协议，建立全面伙伴合作关系。截至 2016 年，全市累计批准设立澳门投资企业约 900 家，涉及合同利用澳门资金 16 亿美元，实际吸收澳门资金 9 亿美元。加快推动服务贸易自由化省级示范基地建设，制定专项工作方案，成功引进香港利苑安全食品可追溯体系示范园等项目。江澳金融合作成绩显著，成功举办 2016 年江澳金融工作会议，成立江澳金融专责小组，江门企业与澳门银行机构达成 43 亿元融资合作协议，为企业节省了 20% 左右的融资成本。

（十）肇庆市

1. 概况。2016 年，肇庆市地区生产总值 2 084. 02 亿元，增长 5. 0%；人均地区生产总值 51 178 元，增长 4. 4%。三次产业结构为 15. 2：48. 0：36. 8；规模以上工业增加值 921. 14 亿元，增长 3. 7%；高新技术产业增加值 82. 06 亿元，增长 5. 8%；先进制造业增加值 300. 52 亿元，增长 8. 2%。固定资产投资完成 1 373. 74 亿元，增长 3. 3%。社会消费品零售总额 731. 98 亿元，增长 12. 9%。外贸进出口总额 69. 38 亿美元，下降 15. 5%，其中，出口 46. 80 亿美元，下降 1. 8%；进口 22. 58 亿美元，下降 34. 4%。全体居民人均可支配收入 20 579. 8 元，增长 8. 4%。

2. 实施珠三角优化发展战略情况。

——全力推动重点项目建设。2016 年全市 100 项市重点建设项目完成投资 498. 78 亿元，为年度计划投资的 109. 8%，增长 21. 4%；51 项省重点建设项目完成投资 248. 09 亿元，为年度计划投资的 127. 6%，省市重点项目均超额完成年度投资任务。华润水泥第六条生产线、鼎丰公司增资扩产等项目建成投产，德庆大顶山风电场发电运营，海王健康产业园等项目开工建设，高要鸿图科技园、封开绿色环保骨料等一批产业项目落户。

——加快推进供给侧结构性改革。全面实施“三去一降一补”五大行动计划。2016 年，全市顺利完成省下达的 71 家国有“僵尸企业”出清重组任务。在全省率先启动专业化住房租赁平台试点，开展不动产统一登记，消化商品房库存 37. 34 万平方米。打好降低企业成本“组合拳”，为企业减负 49. 76 亿元。全面落实“营改增”扩围政策，新增试点四大行业税负只减不增，清理规范29项行政审批中介服务。常态化开展“暖企行动”，安排中小微企业贷款风险补偿基金（含县级）和应急转贷资金分别为1.8亿元、5 000万元。新增上市、新三板挂牌企业10家，新增区域股权交易市场注册挂牌企业8家。实际有效融资余额1 781亿元，比年初增长13.8%，新获批政府性投资项目融资666亿元，获得上级扶持资金323.62亿元，企业发行债券53亿元，分别增长6.6倍、0.9倍和4.9倍。

——创新能力不断增强。肇庆高新区制订实施创新创业“三年行动计划”，智能制造产业园和广东工业生物技术转移中心等项目加快建设。与环保部华南环境科学研究所开展环保战略合作，与暨南大学共建绿色发展研究院，肇梦空间成为国家级众创空间和省首批“互联网+小镇”培育单位，国家建筑五金产品质量监督检验中心正式运行。新增省级工程技术研究中心15家，高新技术企业数量、发明专利申请量和授权量分别增长35.3%、88.5%和27.3%，通过国家知识产权试点城市考核验收。大力实施“西江人才计划”，引进4名国家“千人计划”专家，建立全国包装饮用水行业首家企业院士工作站，建成首家省市共建人才驿站，启动建设高层次人才双创园，成功举办首届创新创业大赛。

——产业集聚创新加快。四大工业主导产业实现增加值234亿元，增长2.5%；完成“规下”转“规上”企业47家；完成工业投资734亿元，其中工业技改投资103.55亿元，增长46.5%。出台支持绿色环保产业发展政策措施，与丹麦共建环保产业园。新经济、新业态蓬勃发展，大旺跨境贸易电商平台试运行，唯品会二期等11个项目动工建设，新引进京东集团“一基地三中心”和阿里巴巴农村淘宝项目，肇庆大数据云服务产业园成为省首批大数据产业园，全市限额以上单位通过公共网络实现商品零售额89亿元，增长58%。全市实现旅游收入285.75亿元，增长18.3%。现代服务业增加值占服务业比重达45.2%，增长7.0%。

——重点领域改革不断深化。深入推进行政审批制度改革，重新公布市级285项行政许可事项，全面实行“一门式、一网式”服务模式。企业工商登记实现“五证合一”，实施“双随机、一公开”监管，新登记企业户数、注册资本（金）分别增长31.4%、95.7%。农村土地承包经营权确权登记颁证全面推进，完成省普惠金融“村村通”试点工作，德庆被确定为全国农村产业融合发展试点示范县，端州区获评全国第三批农村集体“三资”管理示范区。

——扎实推进绿色低碳发展。成功创建成为国家森林城市。新增森林公园22个、湿地公园3个，羚羊峡古栈道森林公园建成免费开放，绿化美化乡村176个。深入开展“环境法治年”活动，实施领导干部生态环境损害责任追究和环境空气质量排名公布制度。深化大气污染五大领域源头治理，城区空气质量优良天数320天，占比为87.4%，提高1.4百分点。成立肇庆西江保护管理和综合利用委员会，严厉打击西江河道非法采（运）砂和非法砂场经营行为。实施“河（涌）长制”，“一河（涌）一策”治理7条河涌和黑臭水体，实施羚山涌截污清淤等工程，星湖水质整治二期工程基本完成，新建污水处理厂12座，大江大河和饮用水源地水质稳定达标。推进土壤污染防治工作，关停取缔企业65家，行政拘留7人，问责91人次。

——全面发展社会民生事业。财政投入民生类支出182.10亿元，占一般公共预算支出比重达74.6%。全市111个贫困村、4.2万贫困户全部落实挂钩帮扶责任，3.2万贫困人口实现脱贫，圆满完成年度扶贫脱贫任务，发放各项就业创业补贴1.09亿元。端州区顺利通过国家义务教育发展基本均衡区复检，成功创建为全国中小学校责任督学挂牌督导创新区，高要、四会创建成为省推进教育现代化先进区（市）。肇庆被确定为第四批公立医院改革国家联系试点城市，启动实施了公立医院综合改革；德庆县创建成为省卫生县城。完成农村危房改造3 103户，开工棚户区改造6 310户，新增公租房（含租赁补贴）714套（户），建成保障性住房、棚户区改造住房6 370套（户），肇庆成为省租赁平台试点城市，率先在鼎湖区棚户区改造安置中推出“房票”制度，提高货币化安置率。实施古城墙抢修加固工程，市博物馆新馆、肇庆文化发展中心加快建设。成功举办首届肇庆国际半程马拉松赛。第十届市运会举办圆满成功，省运会场馆建设改造全面推进，城区新建社区体育公园10个。连续七届荣获“省双拥模范城”称号。

3. 推进区域合作情况。

——加快“广佛肇+清远、云浮、韶关”经济圈建设。积极参与经济圈建设，与广佛共同谋划推进新一轮交通对接，肇佛对接“两桥一路”（大旺至三水北江大桥、高要金利至三水白坭西江大桥、肇庆至高明高速公路）前期工作抓紧推进。广佛肇城轨通车运营，肇庆进入广州、佛山只需要1小时。广佛肇高速公路肇庆大旺至封开段建成通车，肇庆所有县（市、区）接入广佛高速公路网。积极开展总部在广佛、生产制造在肇庆的产业共建，深化零部件产业与广佛整车基地合作，广州市政府通过《广州国际汽车零部件产业基地建设实施方案》，提出将广州国际汽车零部件产业基地逐步拓展到肇庆辐射区，选址肇庆（高要）汽车零部件产业园，重点发展传统汽车零部件产业，承接珠三角汽车整车零部件配套项目转移。

——促进珠江—西江经济带建设。2016年10月，广东、广西推进珠江—西江经济带发展规划实施联席会议第三次会议暨项目建设现场会在肇庆举行，广东广西围绕携手推进珠江—西江经济带发展规划实施进行交流，协同加快合作项目建设步伐，共商经济带合作发展大计。12月，召开首届珠江—西江经济带沿线城市联合招商推介会暨西江绿色发展论坛，沿线15个城市以及珠三角城市参加本次会议，沿线城市筛选了150项招商项目，涉及基础设施、产业发展、文化旅游、现代农业等领域，并联合发布《保护西江　绿色发展——肇庆宣言》。不断深化与广西梧州等城市战略合作，召开了肇梧战略合作第六次市长联席会议，研究组建粤桂合作特别试验区联合管委会等重要事项，审议并原则通过《2016年肇梧战略合作工作计划》等内容。

——积极参与粤桂黔高铁经济带建设。参加第二届粤桂黔高铁经济带合作联席会议暨广西园建设工作现场会，与沿线12个兄弟城市共同签署了《粤桂黔十三市（州）人民政府共同建设粤桂黔高铁经济带行动计划》。携手打造粤桂黔黄金旅游圈，孕育“旅游+文化”“旅游+体育”“旅游+生态”等旅游新业态，提升粤桂黔黄金旅游圈综合竞争力，积极参与构建“两广六市高铁旅游联盟”。

4. 县域经济发展情况。肇庆市下辖端州、鼎湖、高要3区，广宁、德庆、封开、怀集4县，代管四会1个县级市，设立国家级的肇庆高新区、省级肇庆新区和两广合作的粤桂合作特别试验区。

表12　2016年肇庆市县域经济发展状况

地区	地区生产总值（亿元）	固定资产投资（亿元）	社会消费品零售总额（亿元）	地方一般公共预算收入（亿元）	三次产业结构
四会市	574.28	464.24	122.08	12.50	8.7：61.7：29.6
广宁县	140.00	65.37	45.96	4.25	23.7：38.1：38.2
德庆县	130.82	106.41	43.48	5.39	21.4：39.0：39.6
封开县	142.35	89.84	34.53	3.59	28.4：34.0：37.6
怀集县	230.08	92.68	61.55	4.94	32.0：25.5：42.5

——四会市。2016年，四会市实现地区生产总值574.28亿元，增长5.9%；人均地区生产总值为99 658元，增长5.3%。规模以上工业增加值179.36亿元，增长5.9%。固定资产投资总额464.24亿元，增长5.2%。社会消费品零售总额122.08亿元，下降5.1%。外贸出口总额45.58亿元，增长6.5%。地方一般公共预算收入12.50亿元，非税占比下降至27.2%。四会市成为全省唯一的国家新型城镇化综合试点县级市，入围“全国中小城市创新创业百强县市”，再次荣膺“中国中小城市新型城镇化质量百强县市”，十一次入选“中国最具投资潜力中小城市百强县市”，三度蝉联“中国中小城市综合实力百强县市”。

——广宁县。2016年，广宁县完成地区生产总值140.00亿元，增长6.0%；人均地区生产总值31 940元，增长5.3%。规模以上工业增加值46.92亿元，增长6.9%。外贸进出口总额8.83亿元，增长23.2%。社会消费品零售总额45.96亿元，增长7.6%。地方一般公共预算收入4.25亿元，下降45.2%；非税占比由55.2%下降到38.4%，成功申报成为省首批国家循环经济示范县，华南再生资源工业园被认定为“广东省循环化改造试点园区”。投资2.20亿元的康帝茶油深加工项目进入试投产阶段。投资2.30亿元的轻质复合材料生产项目已动工建设。“二广云谷”项目一期配套建设逐步完善。

——德庆县。2016年，德庆县完成地区生产总值130.82亿元，增长5.6%。规模以上工业增加值59.59亿元，增长6.3%。固定资产投资106.41亿元，增长4.6%。社会消费品零售总额43.48亿元，增长8.4%。外贸出口总额10.27亿元，增长9.7%。城镇居民、农村居民可支配收入21 120元、16 835元，分别增长9.5%、9.8%。德庆县成为全国土地承包经营权抵押贷款试点县、国家农村产业融合发展试点示范县、全市首个省卫生县城，创建全省推进基层公共服务平台建设试点县、省农村生活垃圾收运处理达标试点示范县，省推进教育现代化先进县通过省考核验收。打响“大红大紫”农产品品牌，推广种植紫淮山3万多亩，产值7.35亿元，德庆贡柑和德庆紫淮山“双轮”驱动助农增收。农村电子商务加速发展，建立村级电子商务服务点200多家、农家网店1 500多家。

——封开县。2016年，封开县地区生产总值142.35亿元，增长4.1%；人均地区生产总值34 622元，增长3.5%。规模以上工业增加值35.96亿元，增长6.0%。固定资产投资89.84亿元，增长4.2%。社会消费品零售总额34.53亿元，增长5.7%。外贸进出口总额45 518万元，增长1.0%。实际利用外资1 630万美元，下降82.0%。地方一般公共预算收入3.59亿元，下降48.7%。城乡居民人均可支配收入16 127元，增长9.5%。华润水泥第6线、华润骨料、劳特化工以及嘉诚纸业第3至5线已建成投产。封开县环境空气质量状况位居肇庆全市第一，空气质量优良天数比例达到97%以上。杏花鸡、油栗等现有特色农产品规模不断扩大，封开油栗获广东省“名牌产品（农业类）”称号。

——怀集县。2016年，怀集县完成地区生产总值230.08亿元，增长4.5%。规模以上工业增加值49.27亿元，增长3.3%。固定资产投资92.68亿元，增长1.7%。社会消费品零售总额61.55亿元，增长0.3%。地方一般公共预算收入4.94亿元，下降33.6%。广佛肇（怀集）经济合作区（A区、

B 区）完成征地 2 105 亩，完成投资 3.83 亿元。新引进规模以上工业企业 6 家，意向入园企业 10 个，累计入园项目 68 个。

5. 区域发展平台规划建设情况。

——肇庆新区。一是抓大项目带动大建设。2016 年 21 个项目纳入省、市重点项目笼子，总投资 310.35 亿元，累计完成年度投资 75.86 亿元，增长 66.2%。重点推动投资 81 亿元的城市地下综合管廊和投资 51 亿元的四大水系等龙头大项目，推进城市主干道、地下空间、城市防洪调蓄、旅游休闲、城市景观等城市基础功能覆盖核心区 65 平方公里，进而带动医院、学校、文化、体育、商务办公等一大批公共设施建设，促进城市框架加快形成。二是抓大融资促进大建设。2016 年新增融资 248 亿元，其中政策性银行新批融资 140 亿元，占新增融资的 57%，有效带动其他金融机构发挥各自金融产品优势，组成银团支持新区建设。三是抓大征地保障大建设。通过两级土地股份化改革和棚户区改造的创新模式，土地征收工作全面铺开。核心区 12 个行政村和 2 个自然村棚改搬迁工作全面启动。四是抓大招商推动大建设。围绕打造环保科技、高端电子、健康医疗、电商物流、商贸会展“五大产业组团”及发展高端科教服务业，加大招商力度，成功引进中国电子科技集团肇庆产业园、京东云华南总部等产业及关联配套项目 7 宗，投资总额近 100 亿元。新区商务中心建成投入使用；肇庆电商谷成功搭建超 30 个单品交易平台；中国优质农产品交易中心已调试运营；投资 13 亿元的中山大学肇庆附属医院顺利封顶，投资 5 亿元的北大医疗康复医院项目全面动工建设；被省经信委列为重点推进项目的肇庆大数据云服务产业园，已成功申报获得“广东省大数据产业园”牌子。

——粤桂合作特别试验区。2016 年，粤桂合作特别试验区基础设施加快建设，纳入省、市重点建设项目完成投资 4.53 亿元，增长 126.5%，广梧高速连接线拓宽工程、110 千伏变电站、污水处理厂、园区道路等工程正加快推进。产业项目加快落地，劳特化工、嘉诚纸业已投产运行，高清环保醇醚燃油及配套项目前期工作基本完成。招商引资取得成效，获评为 2016 年粤东西北地区招商引资示范平台，2016 年签下浙海新能源、华润燃气、环能德美基础设施共3宗项目，总投资6.70亿元。泰富重装集团计划投资20亿元参与试验区基础设施建设、先进装备制造及码头运营。重庆盈田置业标准厂房招商建设项目计划按照设计、建设、招商、运营一体化的模式，投资7.50亿元建设30万平方米标准厂房。融资渠道不断拓宽，加强“两广金融改革创新综合试验区”建设，引进深通村镇银行粤桂支行到平凤拓展区设立金融服务点，推进嘉诚纸业上新三板。

（十一）顺德区

1. 概况。2016年，顺德区实现地区生产总值2 793.23亿元，增长8.4%；规模以上工业总产值6 745.85亿元，增长7.9%；全社会固定资产投资764.85亿元，增长18.9%；社会消费品零售总额975.45亿元，增长11.2%；出口总额205.90亿美元，与上年大致持平；地方一般公共预算收入201.90亿元，增长7.7%。

2. 实施珠三角优化发展战略情况。

——基础设施建设实现突破。佛山轨道1号线二期建成运营，广州地铁7号线西延顺德段和佛山轨道3号线开工建设，佛山轨道2号线、广佛环线工程建设有序推进，佛山轨道9号线、11号线、13号线启动前期研究工作。佛江高速、红旗路快速化改造等工程全线动工，广中江高速一期、乐龙路、东平隧道、新基北路二期等多个节点工程顺利通车，交通路网内畅外通。了哥山港工程建设进入收尾阶段。奎福站配套线路工程等25宗110伏及以上输变电工程顺利开展，6宗水利工程项目建设基本完成，光纤入户率达到75.9%。

——区域经济发展加快。以三片区联动发展助推区域融合发展。按照“发展统筹向上、社会管理向下”的原则，三大片区管理机制初步建立，片区一体化发展格局基本奠定。北部片区科学制定发展规划，启动广州大学城卫星城规划建设，与华南理工大学等8所高校签订合作框架协议，高端人才加快聚集。东部片区启动城市综合开发项目建设，进一步提升区域集聚力和对外影响力。西南片区成立管委会，有效拓宽发展空间。以中德工业城市联盟掀起国际合作热潮，优化中德工业服务区等对外交流平台，发挥中德工业服务区、中欧城镇化合作示范区、中德工业城市联盟等国际合作平台的品牌效应，搭建对外合作渠道。

——自主创新更富活力。研发经费支出占地区生产总值的3.4%，新增发明专利授权1 434件，技改投入同比提升41.5%，高新技术企业达500家，增长115%。全面施行人才新政“30条”，共有“千人计划”专家5名、省级创新创业团队5个、博士超过1 000名。成立科创集团，发起总规模不少于10亿元的创新创业投资母基金，打造“金科产”融合操作“一站式”服务平台。推动企业股改63家，新增上市企业1家，新增新三板挂牌企业19家。

——产业升级不断加快。智能制造产业快速发展，引进工作母机类项目12个，全国首个机器人学院正式落户，为全市打造国家制造业创新中心提供有力支撑。北滘“智造小镇”入选全国首批特色小镇。会展业蓬勃发展，成功举办第二届“互联网+”博览会、“装洽会”等大型展会。生物医药产业加速聚集，依托中德工业服务区，大力建设广东省创新转化生物产业园，与南方医科大学共建生物医药创新基地。家电行业加快全产业链模式转型升级，工业设计、电子商务、现代农业等产业增势喜人。

——发展后劲持续增强。招商引资成效显著，成功引进云天抗体等亿元以上签约项目86个，投资总额超690亿元。“两德”合作区建设顺利推进，累计投资总额超203亿元。加速对外交流合作，成立“中德工业城市联盟”，开启“发现顺德全球路演”活动。美的、伊之密开展海外并购，碧桂园、联塑在海外市场抢滩布点。

——社会事业全面发展。登记失业率控制在2.48%的较低水平。低保标准同比增长6.8%。企业职工养老金、城乡居民养老金同比分别增长6.5%、5.0%。连续九届获省“双拥模范城市”称号。圆满完成对口英德、连南的扶贫“双到”任务，扎实推进对口帮扶雷州、徐闻的新时期精准扶贫工作。《寻味顺德》全国热播，进一步提升顺德知名度和美誉度。成功举办世界顺德联谊总会第十届恳亲大会。罗浮宫国际家具博览中心成为首批国家工业旅游创新单位。建成147个村居综合性文化服务中心，开展各类文化活动共7 200多场次。新增4个区级非物质文化遗产项目，全面推进5个古村落活化。平安村居100%全覆盖，全年刑事警情同比下降21.9%，社会治安防控体系等10项指标均排名全市第一。

——改革进程深入推进。完善大部制改革，调整中德工业服务区（佛山新城）管理构架。部署“一门式”改革，个人综合受理窗口全面对外服务，市民办事平均等候时间缩短一半。全市范围内率先成立国资全资的政策性融资担保公司，帮助企业融资超30亿元。清理区级政府部门行政审批中介服务29项，中介市场更加规范高效。以政府的供给侧结构性改革推动企业的供给侧结构性改革，减免税收66.70亿元，美的集团成为全国供给侧结构性改革先进典型。

3. 顺德清远（英德）经济合作区建设情况。2016年，顺德清远（英德）经济合作区根据省产业园区发展的新政策与英红园产业集聚区统筹发展。全年合作区入园项目企业（含集聚区）共71家，其中工业项目68个，合同投资总额约185亿元，主要覆盖新能源交通、家用电器、机械装备、新型建材、新材料等环境友好型先进制造业。全年在建项目（含集聚区）固定资产累计投入27.83亿元，完成年度考核任务的139.1%；设备累计投入20.64亿元，完成考核任务的344%；规模以上工业总产值9.81亿元，同比增加43.8%；规模以上工业增加值1.73亿元，同比增加53.5%。合作区基础设施固定资产投入10 695万元，累计投入9.50亿元；实现税收5 600万元，同比增加26.0%；实现财政总收入19 715万元，财政总支出15 181万元。

——强化规划引领作用，有效提升园区品质。优化完善规划体系。开展《合作区总体规划修编（2015—2025）》《合作区道路与竖向、道路综合管线规划修编（2015—2025年）》和《合作区天然气专项规划（2016—2025）》等规划编制工作。探索特色产业园发展新模式，创新提出合作区“特色产业+旅游小镇”的总体发展定位，指导奥园、长鹿两个项目企业实践特色小镇文旅综合体模块。探索试验并建成综合管理信息化平台。按照“互联网+”管理服务的要求，建成集规划、建设、管理等多部门职能“一体化”“一门式”的大数据信息管理服务平台，将全流程审批时间节省了38%。

——积极拓宽招商渠道，招商引资呈现新局面。聚焦新能源产业，打造广东省首个新能源电动车产业园。与广东省电动车协会顺利签署《共建广东首个新能源电动车产业园框架合作协议》，促成雅琴、朝源、车小秘、文忠等8家电动车企业签约落户园区，其中3家实现试投产。举办了8次电动车招商推介会，吸引雅迪、台铃、新日等国内知名电动车企业，涵盖整车、车架、电池、烤漆等产业链配套企业。

——完善基础配套，着力增强园区承载能力。多措并举，坚持推进园区骨干路网、供水、供电、供热、排水、防洪治涝等基础配套设施建设，着力增强园区承载能力。四路工程建设稳步推进。第一污水处理厂实现试运行。启动区市政工程，全力推进施工。

二、粤东地区

（一）发展概述

2016年，粤东地区生产总值5 893.19亿元，增长7.3%；人均地区生产总值34 036元，增长7.1%，高于全省平均水平0.9百分点；社会消费品零售总额3 522.33亿元，增长11.6%，高于全省平均水平1.4百分点；地方一般公共预算收入285.92亿元，增长2.6%，低于全省平均水平7.7百分点。

——产业结构进一步优化。2016年，粤东地区三次产业结构为8.4∶51.6∶40.0，第三产业比重比上年提高了2百分点。规模以上工业增加值2 471.32亿元，增长7.0%。汕头、潮州、揭阳、汕尾市规模以上工业增加值分别为785.21亿元、377.20亿元、1 062.21亿元、246.70亿元，增速分别为9.6%、6.6%、5.8%、6.8%。汕头市“互联网+”新业态蓬勃发展，电子商务交易量增长30.0%；A股上市企业达到27家，新三板挂牌企业47家，

“华侨板”挂牌企业432家，资本市场的“汕头板块”进一步得到发展壮大。潮州市大力推进制造业转型升级，积极组织企业申报省级财政技术创新与品牌建设项目库，共有23个技改项目、1个事后奖补项目获得省财政专项资金扶持。揭阳市推动大众创业，万众创新，加强科技企业孵化器和众创空间建设，全面实施“互联网+”计划，突出抓好“一基地、两大赛、三工程”，以电商带动形成“互联网+”发展优势。汕尾市深入实施创新驱动发展战略，积极培育新型研发机构，全市新型研发机构增至8家，加强培育高新技术企业和科技型企业，国家高新技术企业增至12家。

——“三大抓手”全面推进。一是交通基础设施建设方面。汕头火车站综合客运枢纽首期工程动工建设，城市轨道交通完成线网规划并启动近期建设规划编制及试验段建设；汕湛高速公路汕头段、潮汕环线高速公路一期开工建设，海湾隧道主体工程开工，泰山路北延、磊口大桥扩建工程建成通车。潮州市全年完成交通基础设施建设投资56.64亿元，增长75.3%；潮惠高速潮州段顺利通车运营，启动建设13条市政道路，梅汕客专揭阳段及一批地方公路改建工程等建设步伐加快；县乡公路和通村公路建设扎实推进，累计完成投资3.50亿元。揭阳市大力推进高速路网建设，全年累计完成投资10亿元，潮惠高速揭阳段二期建成通车，新增通车里程约25.65公里，汕湛高速和潮汕环线高速开工建设。汕尾市潮惠高速公路汕尾段建成通车，厦深铁路深圳至汕尾城际捷运化开通运营，兴汕高速、深汕高速公路改扩建工程全面启动，国道324线、省道241线等升级改造工程加快推进。二是产业园区扩能增效方面。汕头市省级工业园区产值超亿元企业达118家，澄海玩具礼品等4个产业集群被评为省级产业集群升级示范区，锆材料、可降解环保材料、循环经济等被列入省市共建产业基地。潮州市凤泉湖高新区先后有71个项目落户，中潮通用厂房等28个项目完成了主体工程建设，8个项目投产，工业厂房建设超过77.4万平方米，创造了“凤泉湖速度”。揭阳市集中资源加快园区基础设施建设，吸引关联企业进驻落户，承接珠三角地区产业梯度转移项目14家，计划投资62.36亿元。汕尾市5个产业园全年规模以上工业增加值121亿元、全口径税收21亿元；比亚迪新能源汽车上下游关联企业陆续落户，华为云服务区域总部落户深汕合作区并动工建设。三是中心城区扩容提质方面。汕头市东海岸新城累计完成投资130亿元，16.4公里长的滨海大道全线贯通，南滨新城完成年度投资约20亿元。潮州市韩东新城规划建设稳步推进，51个重点项目布点实施，累计完成投资17.62亿元，凤凰塔滨江公园、韩山书院等5个项目已竣工开放。揭阳新区全年固定资产完成年投资185.37亿元，起步区累计固定资产投资完成投资185.37亿元，起步区新开工项目55个。汕尾新区中央商务区火车站站前广场建成运营，周边配套道路加快建设，保利大都会、碧桂园时代城、农商行大厦及综合交通枢纽中心等落户并陆续动工。

——对外经济总体稳定。2016年，粤东地区全年出口总额172.28亿美元，下降3.2%，总量和增幅在四个区域中均排名第二。粤东四市中，出口增速最快的是揭阳市，增长1.1%，总量最大的同样是揭阳市，达67.80亿美元，占了整个粤东的39.4%。粤东地区全年进口总额46.26亿美元，下降5.0%。粤东地区实际利用外商直接投资2.00亿美元，下降46.9%，连续两年出现大幅度下滑。

——固定资产投资持续增长。2016年，粤东地区固定资产投资总额4 172.14亿元，增长15.5%，增速均高于珠三角、粤西、粤北地区。汕头、潮州、揭阳、汕尾市分别完成固定资产投资1 579.53亿元、454.62亿元、1 485.54亿元、652.45亿元，分别增长24.0%、16.0%、9.1%、11.5%。省重点项目年度完成投资487.7亿元，占全省完成投资的8.1%，为年度计划投资的98.4%。新开工建设引韩济饶等项目。

——民生保障水平稳步提高。2016年，汕头、潮州、揭阳、汕尾市全体常住居民人均可支配收入分别为20 713.0元、18 060.5元、17 654.1元、17 936.7元；城镇常住居民人均可支配收入分别为25 120.9元、21 787.1元、22 944.2元和22 389.2元；农村常住居民人均可支配收入分别为13 662.9元、12 558.5元、12 250.6元、12 441.8元。汕头市民生支出占公共财政支出比重超过70%，完成3.3万相对贫困人口脱贫；新增城镇就业人口5.3万人，农村劳动力转移就业4.1万人。潮州市全面改善贫困地区义务教育薄弱状况，被授予“广东省教育强市”称号，成为粤东首个教育强市。揭阳市城乡低保在2015年的标准的基础上各提高5%，为65岁以上老人购买人身意外伤害险，参保率达68%，居全省前列。汕尾市推进养老保险改革，完善城乡居民养老保险待遇动态调整机制，推动医保城乡并轨，全面实施医疗救助“一站式”即时结算服务。

表13　2016年广东省粤东四市主要经济指标

	地区生产总值		人均地区生产总值		第三产业增加值		地方一般公共预算收入	
	绝对数（亿元）	增长（%）	绝对数（元）	增长（%）	绝对数（亿元）	增长（%）	绝对数（亿元）	增长（%）
粤东	5 893.19	7.3	34 036	7.1	2 356.41	10.7	285.92	2.6
汕头	2 080.97	8.7	37 390	8.2	922.72	9.0	137.09	4.4
潮州	976.83	7.1	36 956	8.6	403.64	9.0	44.40	-5.9
揭阳	2 006.90	6.3	33 027	5.8	700.00	14.4	73.64	-4.9
汕尾	828.49	7.0	27 351	6.5	330.05	9.7	30.78	6.8

（二）汕头市

1. 概况。2016年，汕头市地区生产总值2 080.97亿元，增长8.7%；固定资产投资1 579.53亿元，增长24.0%；社会消费品零售总额1 515.19亿元，增长12.3%；工业增加值958.70亿元，增长8.9%，其中规模以上工业增加值785.21亿元，增长9.6%；地方一般公共预算收入137.09亿元，增长4.4%。民生支出占公共财政支出超过70%。新增城镇就业5.3万人、农村劳动力转移就业4.1万人。

2. 实施粤东西北振兴发展战略情况。

——有序、有力、有效推进各项改革创新，为经济发展注入新活力。出清重组国有“僵尸企业”155家。积极化解地方金融风险，处置涉众金融案件7宗、涉案金额1.25亿元。实施7方面35项措施为企业降成本60亿元。完成农村配电网改造升级项目624个，新建公众移动通信基站超过7 000座，光纤入户率超过60%。创新投融资机制，设立规模100亿元的城市发展基金和91个PPP项目，获国家专项建设基金支持项目8个、投资规模63.60亿元，获国家开发银行、农业发展银行融资批复超过47亿元。实施“五证合一、一照一码”等商事登记制度改革，新登记企业7 391户、注册资本382.87亿元，分别增长29.3%、110.6%。深化金融改革创新，建立全国首个以华侨为主题的广东华侨金融资产交易中心。推进价格机制改革，取消车辆通行费年票制。深化关检作业无纸化、通关一体化改革，大通关环境进一步优化。出台促进民营经济大发展大提升50条措施、支持上市公司做大做强15条措施、工业地产发展办法等一揽子政策，设立首期20亿元的股权投资基金、规模1亿元的中小微企业信贷风险补偿资金、规模1.3亿元的政策性担保资金。实施“1+10”人才政策、汕头引才计划，开通政企通APP平台，开展“三集中”服务活动，全力破解制约企业发展的土地、人才、资金等审批难题。

——全力推进各项重点建设，“三大抓手”取得显著成效。坚持以“三大抓手”为主阵地，扎实推进各项重点项目建设。37个省重点项目完成投资158.50亿元，完成年度计划的120.2%，连续四年超额完成省年度投资任务。243个市重点项目完成投资375亿元，完成年度计划的213.5%。129个计划新开工项目中有98个项目已顺利开工，开工率达到76%，为近年较好水平。交通基础设施建设方面，“头号工程”港口建设进展顺利，广澳港区2个10万吨级集装箱泊位完成投资量的25%，8.3公里防波堤工程完成6公里，航道二期工程开工建设，广澳港区三期工程启动项目前期工作。广梅汕铁路增建二线及厦深铁路联络线完成工程量的60.6%，汕头火车站综合客运枢纽首期工程动工建设，疏港铁路启动工程可行性报告编制，城市轨道交通完成线网规划并启动近期建设规划编制及试验段建设。潮惠高速公路汕头段建成通车，揭惠高速公路汕头段完成投资量的60%，汕湛高速公路汕头段、潮汕环线高速公路一期开工建设。海湾隧道主体工程开工，泰山路北延、磊口大桥扩建工程建成通车，国省道完成改造122公里，新建农村公路150公里。产业园区扩能增效方面，省级工业园区产值超亿元企业达118家，澄海玩具礼品等4个产业集群被评为省级产业集群升级示范区，锆材料、可降解环保材料、循环经济等被列入省市共建产业基地。鼓励发展标准厂房和楼宇产业园，中海信（汕头）创新产业园加快建设，孵化楼和规划馆主体工程封顶。中心城区扩容提质方面，东海岸新城累计完成投资130亿元，16.4公里长的滨海大道全线贯通，国际金融城、科技创新中心、国际潮商总部大厦动工建设。潮汕历史文化博览中心完成主体工程建设。全长3.1公里的南滨片岸线景观带加快建设。南滨新城完成年度投资约20亿元。珠港新城雅士利、太安堂总部大楼和国瑞会展酒店等项目加快建设。广东以色列理工学院获教育部批准正式设立，成为我省引进国外高水平大学、提高教育国际化水平的又一标志性成果，一期校区主体结构全面封顶；中以（汕头）科技创新合作区启动基础设施建设。临港经济区启动总体规划编制，汕头保税物流中心（B型）启动建设。

——运用新技术新业态促转型升级，产业发展增添新动能。全面实施工业转型升级三年行动计划，推进“十百千”工程，突出运用“互联网+”，促进产业智能化高端化。培育战略性新兴产业取得突破，比亚迪跨座式单轨、美中时空通用航空等项目开工建设，与三峡新能源公司开展海上风电产业合作。自主创新能力不断提升，进入“广东省小微企业创业创新基地城市示范”行列，新增省级工程技术工程中心10家、省级新型研发机构4家；培育高新技术企业取得丰硕成果，数量实现倍增，净增高新技术企业175家，总数达到325家；知识产权保护和应用得到加强，发明专利申请量、授权量分别增长34.9%、12.0%，中国汕头（玩具）知识产权快速维权中心揭牌；获批创建“全国质量强市示范城市”和“全国服装（内衣家居服）产业知名品牌示范区”，国家玩具质量监督检验中心大楼封顶。金融创新和发展加快，入选国家产融合作试点城市，新增金融主体4家，金融机构总数达90家，A股上市企业达到27家，新三板挂牌企业47家，华侨板挂牌企业432家，资本市场的“汕头板块”进一步得到发展壮大。“互联网+”新业态蓬勃发展，电子商务交易量增长30.0%，淘宝镇、淘宝村数量分别增至11、58个，分列全省第一位、第二位，连续两年进入全国“电商百佳城市”前30强。特色农业、海洋渔业和休闲旅游业加快发展，县级农业龙头企业、农民专业合作社分别达85家、983家；南澳县获评首批国家级海洋生态文明建设示范区，“蓝色海湾”整治项目获中央扶持资金3亿元；潮阳区海门镇获评全国特色景观旅游名镇，潮南区东华村获评中国最美休闲乡村。

——深入推进创文强管，城乡面貌呈现喜人新变化。开展全国文明城市创建活动，实施城市环境“九大提升行动”。拆除违章建筑物27.8万处，完成新兴路、中山西路、长平路等17.97万平方米破损道路以及离山路、衡山路、金新路等19.62万平方米步道改造，打通庐山北路、金环南路、金新北路等一批困扰多年的“断头路”，海滨长廊13个码头开口连接贯通。时代广场、西堤公园、中山公园、北郊公园等10个公园和新大华、新华坞、新海平等13个农贸市场完成升级改造。小公园开埠区全面启动保护性改造，基本完成小公园中山纪念亭等10个历史文物修复工程，改造提升首批15家知名“老字号”特色美食店。加强生态环境治理，组建环保警察队伍，出台奖励公众举报环境违法行为办法及系列追责措施，严厉打击各类环境违法行为。贵屿环境综合整治通过省验收，基本建成占地950亩的循环经济产业园区，基本实现规划、建设、运营、治污、监管“五统一”管理。练江流域综合整治艰难破题，关停取缔印染企业210家、造纸企业20家，关闭流域内零散养殖场（户）3 621家；已建和在建污水处理厂10座、管网83.6公里；潮南区纺织印染环保综合处理中心污水处理厂首期主体工程基本完成，练江水质指标得到明显改善。连续三年开展“百河千沟万渠大整治”行动，整治河沟717宗。推进森林进城、森林围城，建设生态景观林带36公里、碳汇林1.41万亩、森林公园和湿地公园7个，绿化美化村庄42个。

——切实保障和改善民生，群众获得感明显提升。全面完成十大民生实事，民生支出占公共财政支出比重超过70%。实施精准扶贫、精准脱贫攻坚工程，投入3.55亿元，完成3.3万相对贫困人口脱贫。新增城镇就业5.3万人，农村劳动力转移就业4.1万人。实现国家义务教育发展基本均衡县

（区）、省教育强县（区）全覆盖，荣获“广东省教育强市”称号。普通高考总上线率、中职学校毕业生就业率分别连续五年超过90%。全面启动“卫生强市”建设，新改扩建8个区县级医院、11个乡镇卫生院、7个社区卫生服务中心，新增三甲医院1家、三级医院6家、省级重点医学专科16个、床位3 539张，粤东医疗中心地位进一步增强。社会保障制度基本实现全覆盖，城乡居民医保人均补助标准、企业退休人员月人均养老金分别提高到420元、1 962元。优先发展公共交通，新增投放公交车250辆。深入开展“平安汕头”建设，大力开展“三类重点地区”整治，全市刑事、治安警情、交通事故死亡人数分别下降12.4%、13.6%、1.9%。狠抓安全生产事故隐患排查治理，全市未发生较大以上生产安全事故。

3. 汕潮揭同城化进展情况。

——加快重要交通基础设施建设。由省发展改革委、省交通运输厅牵头编制的《粤东港口群发展规划》经省政府常务会议审议通过并印发实施。汕头市已动工建设广澳港区二期工程2个10万吨级集装箱泊位和1个2万吨级石化码头，工程累计完成投资5.68亿元，占工程总投资的26.4%；广澳港区航道10万吨级航道工程前期工作已完成，并着手开展广澳港区三期工程前期工作。围绕打造汕潮揭“一小时生活圈”的目标，协同潮州、揭阳市加快推进跨市交通基础设施项目规划建设，全力促进三市交通网络互联互通。潮汕环线高速公路一期工程已全线开工建设，二期工程完成初步设计和施工图设计批复阶段。广梅汕铁路龙湖南至汕头段增建二线及厦深联络线项目汕头段主线征地拆迁工作已完成，已累计完成投资73 965万元，完成投资总额的63.0%。

——合作推进人力资源开发培养。稳步推进汕潮揭人力资源服务平台建设。增加现场集市管理板块等功能，以确保平台建设完成后能同时满足三市及各区县人力资源市场网上和现场招应聘业务需求。首期完成汕潮揭及三市人力资源市场网站建设，二期完成三市各县区人力资源市场建设，目前已完成首期招标工作。不断拓展卫生医疗合作，稳步推进居民健康档案建档工作，已为全市83.1%的居民建立电子健康档案，为将来实现三市居民健康信息共享奠定基础。

——加快水利基础设施建设。一是韩江粤东灌区续建配套与节水改造工程的澄海区新建蓬洞河闸和溪南灌区改造整治2个子项目顺利开工建设。重建塭嘴水闸项目，已委托设计单位编制完成塭嘴水闸重建工程可研报告。加强澄饶联围三百门和高沙水闸协调管理，确保在发生台风、暴雨等灾害性天气时及时启闭，最大限度发挥涵闸功能，及时排除内涝积水。二是积极推进跨界江河流域水资源保护。根据韩江潮州市—汕头市大衙交接断面全天候的自动连续监测子站的数据，及时发现和解决水质问题。做好跨市河流交接断面达标管理工作。执行每单月向省环保厅和潮州市、揭阳市、普宁市政府及环保局通报韩江潮州市—汕头市大衙交接断面、练江揭阳市—汕头市青洋山桥交接断面的水质监测结果，及时掌握水质情况，有效控制和消除污染。汕头市与揭阳市多次开展练江流域联合交叉执法。采取夜间“零点行动”方式、随机抽查、调用“无人机”配合检查等方式，对练江流域两岸的工业企业进行突击检查，汕头市区域共抽查关停取缔企业（场点）18处，检查工业企业45家（次），查处超标等违法排污企业9家。

4. 县域经济发展情况。2016年南澳县完成地区生产总值17.12亿元，增长6.0%，其中，第一产业增加值4.32亿元，增长2.0%；第二产业增加值5.43亿元，增长4.0%；第三产业增加值7.37亿元，增长9.9%。三次产业结构为25.2：31.7：43.1。地方一般公共预算收入2.19亿元，增长2.1%；农业总产值17.95亿元，增长2.5%；固定资产投资15.50亿元，增长8.7%；社会消费品零售总额22.04亿元，增长10.1%；外贸进口总额完成1 683万元，增长675.6%；外贸出口总额达到4 237万元，增长89.8%。

（三）潮州市

1. 概况。2016年，潮州市地区生产总值976.83亿元，增长7.1%；人均地区生产总值36 956元，增长8.6%；全体常住居民人均可支配收入为18 060.5元，增长7.4%。固定资产投资454.62亿元，增长16.0%；社会消费品零售总额完成495.61亿元，增长11.6%；外贸进出口总额30.31亿美元，下降3.5%。规模以上工业增加值377.20亿元，增长6.6%。三次产业结构为7.2：51.5：41.3。地方一般公共预算收入44.40亿元，下降5.9%。

2. 实施粤东西北振兴发展战略情况。

——重大项目建设进展顺利。以“八网+产业”建设为抓手，全面补齐基础设施短板，每季度动工一批“八网+产业”项目，2016年共计动工项目99个，计划总投资394.47亿元，全年累计完成投资86.60亿元。创新重点项目管理手段，打造全市重点项目可视化监管平台，全面加快项目建设步伐，掀起重点项目建设高潮。2016年，全市78个年度重点项目完成投资123.80亿元，加上“八网+产业”项目（剔除重复项目32个，投资48亿元）共完成投资162.40亿元，投资额为历年最高，约占全市固定资产投资总额的40%。

——交通扩网提速扎实推进。加快实施“八网”基础设施建设行动计划，重点开展交通建设大会战，大力推进37个交通重点项目建设，全年完成交通基础设施建设投资56.64亿元，同比增长75.3%。创造了10个月征拆贯通绿榕路的“绿榕模式”；潮惠高速潮州段顺利通车运营，结束市区没有高速出口的历史；潮州大桥、韩江东西溪大桥有望在2016年年底前建成通车。县乡公路和通村公路建设扎实推进，县乡公路已动工22公里、完成20.4公里，累计完成投资2.18亿元；通村公路已完成238.1公里，累计完成投资1.32亿元。内联外通的交通网络体系逐步完善，粤东综合交通枢纽中心雏形显现。

——产业园区实现扩能增效。围绕打造“一中心三片区”发展格局，结合对口帮扶的工作实际，多措并举推动产业园区实现扩能增效。与中山市“六个对接”深入开展，中山市累计投入帮扶资金8.70亿元，帮助引进投资额超过2 000万元的产业项目272个。凤泉湖高新区建设进展顺利，先后有71个项目落户，已有中潮通用厂房等28个项目完成了主体工程建设，8个项目投产，工业厂房建设超过77.4万平方米，创造了“凤泉湖速度”，在省产业园考评中获评“优秀”。市开发区实现投资27.50亿元，同比增长87.3%。

——中心城区加快扩容提质。紧紧围绕“拓东先拓中、重点在南部、北部自然成”的总体思路和将韩东新城打造成“人文荟萃、科教领先、配套完善、山水宜居”高品质城市新区的目标，全力协调好规划编制、土地征收、项目建设、招商融资等重点工作。韩东新城规划建设稳步推进，51 个重点项目布点实施，累计完成投资 17.62 亿元，恒大城、东方国际茶都等一批项目进展顺利，潮州大桥、如意大桥竣工在即，凤凰塔滨江公园、韩山书院等 5 个项目已竣工开放。

3. 推进汕潮揭同城化发展情况。

——第五次同城化联席会议顺利召开。潮州作为 2016 年汕潮揭同城化轮值城市，积极加强与汕头、揭阳两市的沟通衔接，于 6 月 24 日在潮州顺利召开推进汕潮揭同城化第五次联席会议，三市围绕“创建文明城市，提高发展环境”和“聚焦汕潮揭临港空铁经济合作区”两大主题，进行了热烈的交流讨论，取得了一系列成果。

——年度重大合作事项确立推进。确立了合作平台建设、交通基础设施建设、产业发展合作、基本公共服务、环境生态保护、完善合作机制 6 个方面共 39 项合作事项，由潮州市相关部门牵头汕头、揭阳市对口部门负责具体合作事项的落实。同时，按照 2015 年联席会建立“三市互提工作要求”的机制，明确了 2016 年度 6 项三市互提的工作要求事项，将由书记或市长直接抓督促落实，力争这一工作机制取得实实在在的效果。

——同城化发展平台加快规划编制。三市认真配合省发展改革委规划建设汕潮揭临港空铁经济合作区，在多次实地调研和沟通协调的基础上，形成了《汕潮揭临港空铁经济合作区发展总体规划（2017—2030）》报送省政府。

4. 县域经济发展情况。2016 年，饶平县全县实现地区生产总值 242.10 亿元，增长 6.8%。农业总产值完成 80.79 亿元，增长 6.7%，农业增加值 44.70 亿元，增长 6.6%。规模以上工业总产值 272.80 亿元，增长 3.1%；规模以上工业增加值完成 73.20 亿元，增长 1.1%。电力生产、陶瓷制品制造、食品制造加工、纺织服装、燃气生产和水族机电六大产业的产值为 242.90 亿元，下降 0.3%。全社会固定资产完成投资 75.87 亿元，增长 10.0%，其中全县 35 个重点项目完成投资 12.21 亿元。地方一般公共预算收入 8.02 亿元，增长5.3%。厦深铁路饶平站改扩建、国道324线改造、省道222线胜利一桥等项目完工投入使用，疏站北路改建等一批交通项目顺利推进。完成县道084线汕汾高速钱东出入口至樟溪段改建工程、饶平火车站站前广场建设项目以及县道081线仙春路段路面改造工程的前期工作。全县水利建设投入资金2.43亿元，加固江海堤围7.9公里，除险加固水库5宗，整治排灌渠系89.2公里，改善灌溉面积2.12万亩，清理河段和沟渠610公里，清理塘库421宗，村村通自来水覆盖率和水质合格率均达到90%以上。全面完成教育“创均”工作，累计投入资金7亿多元，完成基建工程项目308个。

5. 潮州新区建设情况。2016年，新区实现地区生产总值227.47亿元，增长6.9%；实现固定资产投资48.21亿元，财政收入4.70亿元；规模以上企业66家，规模以上工业增加值84.84亿元，增长4.1%；建成区面积91.56平方公里，常住人口79.05万人。

——新区规划体系逐步完善。在《潮州市韩东新城概念规划》的基础上，结合市中心城区控制性详细规划和“八网+产业”三年行动计划，重点开展意东三路、潮州东大道、砚峰路等片区修建性规划编制工作，并按照韩东新城北、中、南各片区的功能定位，科学布设重点建设项目。意东三路片区修建性规划编制工作已基本完成，潮州东大道及砚峰路两侧片区修建性规划编制前期准备工作正在进行。积极开展《潮州市城市总体规划2015—2030年》《凤泉湖高新区镇园合一规划》和《韩江新城半岛广场规划》编制工作。

——融资渠道不断拓宽。积极依托省振兴发展股权基金，撬动金融机构和社会资金参与，通过金融机构直接融资及社会各方PPP合作等方式，为韩东新城重点建设项目争取资金。重点谋划潮州东大道及周边配套设施工程、韩东新城中部片区路网及周边配套工程、砚峰路建设及两侧土地整理项目等项目与国家开发银行、农业发展银行等机构合作融资，解决韩东新城开发建设资金紧缺问题。潮州东大道及周边配套设施工程融资项目已通过省农业发展银行审批，贷款金额8亿元，已到位2亿元。

——公共服务和设施配套进一步完善。在新区起步区原有的教育医疗院校的基础上，坚持“拓东先拓中、拓中靠韩师、关键看配套”的工作思路，充分发挥百年学府韩山师院的教学资源优势，规划在韩东校区周边建设占地300亩的韩师附属中小学校及幼儿园和韩东新城体育馆。加快推进市中心医院易地新建项目、金山中学学生宿舍楼等项目建设，提升韩东新城综合服务功能。推动一江两岸文化生态提升工程，规划建设民营三甲医院、韩江新城半岛广场、韩师附属中小学及幼儿园等项目。积极引进、鼓励社会资本参与保障性住房建设，重点推进潮州恒大城、桥东东山保障房和中山（潮州）产业转移工业园径南产业分园公租房等房地产项目建设，为进城务工人员提供居住服务。结合全市“三治”工作部署，开展新区城乡环境综合治理，以创建宜居新城为目标，切实加快公共设施配套建设，加大环境卫生综合整治力度，大力实施“绿化、亮化、硬化、净化”四大工程，着力改善人居环境。

——招商引资开局良好。积极借助多方社会资源，主动邀请国内外知名企业和各方客商到新区考察洽谈，全力推介新区投资环境和优惠政策。截至2016年年底，已有北京潮人海外联谊会、深圳潮汕商会、深圳韩江文化研究会、饶平商会等在外潮商会及珠光控股集团、新城控股集团、碧桂园集团等多家国内知名企业先后莅潮考察潮州新区投资环境，并达成初步投资意向。同时，积极筹建潮州新区招商推介网站、微信公众平台等网络宣传媒介，充分利用网络平台全方位、多层面宣传推介新区和新城。

（四）揭阳市

1. 概况。2016年，揭阳市地区生产总值2 006.90亿元，增长6.3%；人均地区生产总值33 027元，增长5.8%。三次产业结构为9.4∶55.7∶34.9。规模以上工业增加值1 062.21亿元，增长5.8%。固定资产投资1 485.54亿元，增长9.1%。社会消费品零售总额978.42亿元，增长12.2%。地方一般公共预算收入73.64亿元，下降4.9%。全体常住居民人均可支配收入17 654.1元，增长8.3%，其中，农村居民人均可支配收入12 250.6元，增长8.1%。

2. 实施粤东西北振兴发展战略情况。

——全力加快“三大建设”。完成基础设施投资258.27亿元，启动建设10个市区公园和13条市政道路，潮惠高速全线开通，梅汕客专揭阳段及一批地方公路改建工程建设步伐加快。引入PPP模式开工建设9个污水处理厂。建成新能源汽车充电站6座、充电桩114个。全市行政村实现光纤全覆盖。新一轮农网改造、村村通自来水工程分别完成投资5.50亿元、3.30亿元。6个省产业园区（含普宁、揭西、惠来三个集聚地）累计实现投资额76.60亿元；累计实现增加值200.45亿元，增长7.6%。集中资源加快园区基础设施建设，吸引关联企业进驻落户。承接珠三角地区产业梯度转移项目14家，计划投资62.36亿元。推动揭阳新区起步区建设，起步区新开工项目55个，续建工程22个，新建成产业项目数40个，其中投资亿元以上在库项目10个，累计完成投资35.88亿元，2016年完成投资24.33亿元。城市棚户区改造开工2 972套，完成年度目标任务的100%。开展文明创建活动，环境卫生和交通秩序专项整治取得成效，市容市貌明显改观。

——持续推进产业强市建设。坚定不移去产能，积极化解过剩产能，处置国有“僵尸企业”182家，依法关停非法电镀加工企业232家、土轧钢企业55家，清理整治普宁电镀废物经营户942户。千方百计去库存，鼓励农业转移人口进城落户并在城镇购租住房，累计发放农民安家贷2.83亿元。科学合理去杠杆，累计清收处置不良贷款7.11亿元，占年初不良贷款的26.7%。多措并举降成本，全年共降低企业成本约18.45亿元。扎实推动81项补短板的重点基础设施项目建设，全年完成投资100.20亿元。组织开展首届泛珠地区（揭阳）电线电缆产业商贸洽谈会、大南海石化工业区展会推介暨高端产业项目对接活动等系列招商引资工作，实施产业引进工程，新引进项目109个。实施产业登高工程，出台《揭阳市工业企业技术改造事后奖补实施细则》，全市新增国家技术创新示范企业1家、省级以上智能制造试点示范项目4个、国家级企业技术中心1家、市级企业技术中心15个。

——拓展对外开放新局面。深化对德合作交流，承办“一带一路，匠心筑梦”第二届中德中小企业合作交流会。落实外贸扶持政策，大力培育外贸新业态，组织企业参加春秋两届广交会、海博会等境内外展会，支持鞋业、服装、玩具等传统产业转型升级。2016 年，揭阳外贸进出口总额 70.73 亿美元，与上年基本持平。加快口岸基础设施建设，中德金属生态城公用型保税仓顺利通过海关验收，实现公用型保税仓零突破，揭阳潮汕国际机场国际旅客中转厅投入试运。

——形成“互联网 +”发展优势。全面实施“互联网 +”计划，突出抓好“一基地、两大赛、三工程”，以电商带动形成“互联网 +”发展优势。全市淘宝村达 50 个，列全省第 3 位。设立中药材、油品两个大型电子交易平台，发布中国首个中药材价格指数。2016 年全市快递业务开通首条全货机航线，成为广东首个“国家快递示范城市”。

3. 推进汕潮揭同城化情况。

——推进交通网络互联互通。大力推进高速路网建设，全年累计完成投资 10 亿元。潮惠高速揭阳段二期建成通车，新增通车里程约 25.65 公里，汕湛高速和潮汕环线高速开工建设。大力推进铁路网建设，累计完成投资 11.40 亿元。梅州至潮汕铁路揭阳段全面开展征地拆迁工作，揭阳疏港铁路、广梅汕铁路揭阳段改线工程和漳州至汕尾段沿海高铁正在大力推进前期工作。大力推进港口建设，中委合资广东石化 2 000 万吨/年重质原油加工工程产品码头、原油码头工程建设顺利，累计完成投资约 2.80 亿元。揭阳港大南海东岸公共进港航道工程正在开展施工图设计工作。揭阳港前詹作业区通用码头一期工程正进行征地拆迁。榕江航道整治工程完成投资约 1.30 亿元。

——加强产业发展合作。加快推进金融同城，揭阳农村商业银行在汕头市澄海区发起设立广东澄海潮商村镇银行，2016 年，该行参股合计 4 950 万股，持股比例为 45%。联合举办粤东西北地区普惠金融发展指数发布会。推进经贸交流合作，成功承办闽粤赣十三市党政领导第二十次联席会议。推广区域旅游形象，联合开展旅游宣传，组织旅游企业参加“2016 潮州橡木花会”旅游周、赣州旅游博览会和第十二届海峡旅游博览会活动，打造三市“海西潮汕旅游走廊”品牌。

——提升基本公共服务水平。强化协作配合，共同推进“平安潮汕”建设，维护社会治安大局稳定。推进汕潮揭市级工艺美术大师资格互认。推进建立“粤东基础教育科群”，参加韩山师范学院广东省中小学教师发展中心的教师培训和学术交流活动。建设汕潮揭人力资源服务平台，合作推进人力资源开发和培养，已完成项目第一期建设招标（政府采购）工作。

——强化环境生态建设保护。在汕头、揭阳榕江交界设置地都（钱岗）交接断面。积极配合推进重建塭嘴水闸工程。开展韩江、练江、枫江流域环境综合整治，完成制订练江、榕江（含枫江）达标方案（初稿）。强化城市空气质量达标管理，开展一系列大气污染防治工作，大气污染物得到有效控制。

4. 县域经济发展情况。2016 年，揭阳市县域面积 4 209 平方公里，占全市 80. 3%。户籍人口 488. 15 万人，常住人口 412. 02 万人，分别占全市的 70. 0% 和 67. 6%。全市县域地区生产总值 1 136. 90 亿元，占全市地区生产总值的 56. 6%。地方一般公共预算收入 30. 24 亿元，下降 5. 1%。固定资产投资 762. 27 亿元，增长 7. 5%。普宁市入围 2016 年全国工业百强县，成功通过“中国纺织产业基地市”复评，家居服生产销售量占全国家居服生产销售总量的 73. 0%。全年新增规模以上企业 10 家；成功挂牌“新三板”企业 3 家；新增揭阳市市级企业技术中心 3 家；新认定高新技术企业 2 家，现有高新技术企业 19 家；新增限额以上商业企业 12 家。全市电子商务交易额 361. 50 亿元，增长 36. 9%。揭西县成功获批创建国家和省全域旅游示范区。大力实施产业引进和产业登高工程，广药集团白云山揭西生产基地正式投产。新增规模以上工业企业 5 家，限上商业企业 3 家，规模以上服务企业 1 家。惠来县临港工业产业集聚区成功申报为省级产业集聚区，神泉一级渔港成功申报为省示范性渔港，神泉港区通过国家一类口岸验收。被国家体育总局评为“全国农民体育健身工程先进县”，被省政府授予“广东省林业生态县”称号。

表14 2016年揭阳市县域经济发展状况

地区	地区生产总值（亿元）	固定资产投资（亿元）	社会消费品零售总额（亿元）	地方一般公共预算收入（亿元）	三次产业结构
普宁市	640. 28	422. 68	329. 03	20. 17	6. 5：64. 4：29. 1
揭西县	231. 99	111. 46	125. 75	4. 30	15. 7：54. 0：30. 3
惠来县	264. 63	228. 13	118. 90	5. 77	22. 1：54. 8：23. 1

——普宁市。2016年，普宁市地区生产总值640. 28亿元，增长6. 5%。人均地区生产总值30 214元，增长6. 2%。规模以上工业增加值403. 90亿元，增长5. 8%。固定资产投资422. 68亿元，增长10. 4%。社会消费品零售总额329. 03亿元，增长12. 2%。外贸出口总额78 070万美元，下降3. 4%。地方一般公共预算收入20. 17亿元，下降0. 7%。常住人口城镇化率47. 7%，提高0. 1百分点。

——揭西县。2016年，揭西县地区生产总值231. 99亿元，增长6. 4%。人均地区生产总值27 103元，增长5. 6%。规模以上工业增加值58. 20亿元，增长6. 2%。固定资产投资111. 46亿元，增长13. 2%。社会消费品零售总额125. 75亿元，增长12. 1%。外贸出口总额18 963万美元，增长48. 3%。地方一般公共预算收入4. 30亿元，下降16. 3%。常住人口城镇化率32. 7%，提高0. 1百分点。

——惠来县。2016年，惠来县地区生产总值264. 63亿元，增长5. 6%。人均地区生产总值23 282元，增长5. 2%。规模以上工业增加值121. 29亿元，增长4. 6%。固定资产投资228. 13亿元，与上年基本持平。社会消费品零售总额118. 90亿元，增长12. 0%。外贸出口总额12 405万美元，增长12. 7%。地方一般公共预算收入5. 77亿元，下降10. 0%。常住人口城镇化率42. 7%，提高0. 1百分点。

5. 揭阳新区规划建设情况。

——基础设施建设不断突破。加快推进“五位一体”交通基础设施和骨干路网建设。启动建设市政道路16条，其中10条市政道路开工建设，6条启动建设前期工作。总投资2.40亿元的空港大道已交付使用。揭阳空地换乘中心、新城大桥、京灶大桥前期工作加紧推进，梅汕客运专线空港段全面完成征地拆迁任务，实现无障碍施工，潮惠高速空港段建成顺利通车。

——新城建设框架基本形成。恒大集团投资32亿元建设恒大绿洲，南方（揭阳）潮汕文化创意产业园建设已投入资金11亿元，已竣工11.5万平方米。阳潮水寨新农村示范片区工作有序推进，新丰棚户区等农民公寓建设积极推进。公共配套设施日趋完善，空港一中二期工程启动建设，总投资2.18亿元，空港污水处理厂已完成总工程量的80%，绿源、市公交集团新能源汽车站已建成运行，空港虎山（狮山）休闲公园、空港水厂启动设计，各项前期工作有序推进。

——产业发展保持良好势头。推进机场片区规划优化、土规调整和申报省级工业转移园工作，成功获批为省高新技术产业开发区，快递物流示范园、中德科教园等一批平台项目稳步推进。产业引进有效推进，2016年，共引进大型产业项目13个，计划投资总额约128亿元。恒大地产、七喜集团、北控水务等一批项目落地并开工建设，碧桂园、华南城、丰树集团、中交集团、普洛斯等10多家在谈项目达成投资意向。

（五）汕尾市

1. 概况。2016年，汕尾市地区生产总值828.49亿元，增长7.0%。三次产业结构为15.7∶44.5∶39.8。人均地区生产总值达到27 351元，增长6.5%。实现全部工业增加值336.76亿元，增长6.1%，规模以上工业增加值246.70亿元，增长6.8%；固定资产投资652.45亿元，增长11.5%；社会消费品零售总额533.11亿元，增长8.9%；地方一般公共预算收入30.78亿元，增长6.8%。

2. 实施粤东西北振兴发展战略情况。

——重大项目建设顺利推进。2016年，汕尾列入省重点建设项目25项，总投资 1 242. 60 亿元，年度计划投资 135. 85 亿元，全年完成投资 142. 80 亿元，完成年度计划投资的 105. 1%；市重点建设项目 105 项，总投资 1 683. 70 亿元，年度计划投资 212. 38 亿元，全年完成投资 201. 80 亿元，完成年度计划投资的 95%。省道 20 线潮州至惠州高速公路汕尾段、汕尾华润集团新一代数据中心建设工程、华中师范大学海丰附属学校、汕尾比亚迪新能源汽车制造项目一期工程等一批重点项目相继建成投用。广汕铁路前期工作有序推进，兴汕高速、深汕高速公路改扩建工程全面启动，河惠汕高速公路选线基本确定，国道 324 线、省道 241 线等升级改造工程加快推进。

——产业园区扩能增效全面提速。制定出台一系列产业扶持和降低企业落户制度性交易成本的政策措施。引进产业项目 204 个，其中投资额 10 亿元以上的项目 23 个。比亚迪新能源汽车、信利 TFT5 代线、华为云服务、国信通科技、海王制药、上海莱士等一批产值超十亿、超百亿元项目顺利落户。全年 5 个产业园（集聚地）规模以上工业增加值 121 亿元、全口径税收 21 亿元。比亚迪新能源汽车上下游关联企业陆续落户，华为云服务区域总部落户深汕合作区并动工建设。

——中心城区扩容提质扎实推进。中央商务区火车站站前广场建成运营，周边配套道路加快建设，保利大都会、碧桂园时代城、农商行大厦及综合交通枢纽中心等落户并陆续动工；金町湾滨海旅游度假区保利一期、二期项目进展顺利；红草高新园区道路、供排水等配套设施逐步完善；实施市政道路贯通工程，打通 7 条市区断头路，中心城区发展框架进一步做大，全年投入市政基础设施建设资金 14. 80 亿元，实施环品清湖路升级工程，加快绿色公共交通体系建设，完善公共停车场等便民设施，中心城区绿化、亮化、美化、净化水平显著提升。

——创新能力不断增强。全面加强与深莞惠地区在专业镇转型升级、知识产权、科技平台等科技创新领域的交流合作，促进创新要素优势互补，共同构建区域创新体系。通过减免行政事业性收费等方式，降低初创成本，扶持初创企业发展。出台《关于汕尾市科技和金融结合促进创新创业的工作方案》，完善科技信贷风险补偿机制，加大科技企业信贷支持力度。制定实施创新驱动发展系列配套政策，加大科技企业孵化器扶持力度，积极培育新型研发机构，全市新型研发机构增至8家，其中省级3家。全市省级工程中心增至5家。国家高新技术企业增至12家，增长200%。

——推进重点领域改革。全面清理非行政许可审批事项，新取消和调整行政审批事项68项，累计354项。推进“一门式、一站式”政府服务模式改革，市级网上办事大厅纵向延伸到镇街，网上全流程办理率达94.35%，网上办结率达97.07%。工商注册实施“三证合一、一照一码”登记模式，全面开展“五证合一”登记改革。全市全年新登记市场主体13 539户，注册资本（金）135.70亿元。组建交通投资、水务投资2个投融资平台，成功发行企业债6亿元。农村土地承包经营权确权登记颁证、农村集体“三资”管理服务平台建设等工作稳步推进。

——强化环境保护和生态建设。加快新能源公交体系建设，制定新能源企业推广应用政策措施，推进充电基础设施建设；进行汕尾电厂超低排放改造工程，全面完成主要污染物减排、黄标车和老旧车淘汰任务；加强中小河流污染治理，水资源保护工作在全省“十二五”期末考评获优秀等次；加强空气质量和土壤监测，加强高污染燃料禁燃区管理，环境空气质量全省第一；推进陆河县污水处理示范县创建工作，加快7个中心镇污水处理厂建设；市生活垃圾无害化处理中心一期工程获评“广东十大智慧民生项目”。全市城镇生活污水集中处理率、生活垃圾无害化处理率分别达91.2%、93.8%；开展生态严控区修编，实行生态严控区“分级分类”管理；实施新一轮绿化广东大行动，推进林业重点生态工程，全年人工造林18.4万亩，森林覆盖率达55.27%；陆河县列为国家重点生态功能区县；成功创建“广东省园林城市”。

——加快补齐社会事业发展短板。落实精准扶贫、精准脱贫系列政策措施，派出帮扶工作组369个，实行驻队定点帮扶；举办“南粤春暖”“民营企业招聘周”“一企一岗·互济共赢”等系列招聘活动，加强企业用工供需对接；加强职业技能培训，促进农村劳动力转移就业；全年全市城镇新增就业4.86万人，转移农村劳动力2.6万人，城镇登记失业率为2.37%；成功创建义务教育基本均衡市和教育强市；实施“百名研究生引进计划”和“千名教师本科学历提升计划”，出台优惠政策吸引高层次教育人才；高考再创佳绩，一本上线人数首次突破1 000人大关，增幅53.6%，增幅全省第二，本科上线人数增幅高于全省平均水平；汕尾逸挥基金医院顺利通过省“三甲”医院评审专家组评审，填补全市“三甲”医院空白；加快构建现代公共文化服务体系，启动市民文化中心建设；开展“一县一品”文化品牌创建活动；成功举办第二届广东省（汕尾）“马思聪杯”小提琴邀请赛决赛；全面实施医疗救助“一站式”即时结算服务，医疗救助比例达到70%以上，人均救助水平、孤儿保障水平双双达标。

3. 融入“深莞惠+汕尾、河源”经济圈情况。

——深化产业共建，推动园区提质增效。全市五个产业园区完成征地1.8万亩，投入开发建设资金19.20亿元，加快推进园区路水电气讯等建设，园区承载能力不断提升。红草、海丰、陆河、陆丰四个共建产业园全部纳入省级管理并享受相关扶持政策。联合开展海洋经济协调发展战略研究，推进鲘门—马宫现代化示范性渔港及配套园区建设，共同打造深莞惠汕海洋产业经济协作示范区。

——聚焦合作区建设，加速推动与深圳同城化。新增动工项目73个，竣工或投产项目达12个。鹅埠和小漠组团规划建设全面推进，推出了11项与深圳同城化产业扶持政策，深圳市外溢发展产业加速向合作区布局，继腾讯、华润等云计算项目投产后，华为云服务区域总部基地动工建设，将成为深圳市大数据服务产业支撑基地。全面加强与深圳市在物流、旅游、教育、医疗、健康养老等领域的对接合作，主动承接深圳城市功能疏解转移。小漠国际物流港动工建设，成为小漠组团“港产城”一体化发展的先导项目，将全面承接深圳散杂货进出口业务，实现与深圳盐田港互补发展。深圳水务、燃气、电力、能源、交通等企业高标准参与合作区基础设施投资开发，一批公共设施项目加快规划建设，25条市政道路建设加快实施，合作区综合配套功能日趋完善。纳入深圳城市公共交通运输一体化体系，首家巴士综合运营公司注册成立，深汕巴士城际定制包车专线正式开通，合作区公交客运体系进一步完善。

——加强路网对接，推动区域交通运输一体化。广汕铁路、龙汕铁路建设前期各项工作有序推进。深汕高速公路改扩建工程加快推进，深汕高速深圳龙岗至陆丰谭西段改扩建前期工作全面启动。加强惠汕毗邻地区对接道路建设，加快推进国道324线、省道242线等途经路段升级改造。

——加强社会民生领域合作，推动公共服务体系共建共享。落实《区域社会信用体系建设合作框架协议》，加快公共信用信息管理系统建设，信用汕尾网正式上线运行。联合深圳市开展高技能人才招生培训，推荐300多名贫困家庭学生免费入读深圳第二高级技工学校。组织参与五市联合医疗救援演练，区域突发公共事件联合处置和应急救援水平进一步提高。加强生态环境共保共治，建立健全环境保护联合执法工作机制，开展跨界流域非法养殖场整治。加强涉水领域合作，加快推进稳平半岛引水工程建设，推动与深圳水务（集团）公司组建涉水行业运营主体，计划先行启动赤沙水厂建设，有效提升了汕尾涉水领域服务水平。

4. 县域经济发展情况。2016年，全市县域完成地区生产总值587.16亿元；农业生产总值为179.60亿元；规模以上工业增加值为154.34亿元；固定资产投资575.61亿元；社会消费品零售总额为420.68亿元；地方一般公共预算收入16.07亿元。

表15　2016年汕尾市县域经济发展状况

地区	地区生产总值（亿元）	固定资产投资（亿元）	社会消费品零售总额（亿元）	地方一般公共预算收入（亿元）	三次产业结构
海丰县	285.76	326.21	210.26	7.34	13.6∶44.8∶41.6
陆丰市	249.03	209.50	175.85	6.07	22.2∶42.4∶35.4
陆河县	52.37	39.90	34.57	2.66	22.2∶15.9∶61.9

——海丰县。2016年，海丰县地区生产总值285.76亿元，增长6.9%。三次产业结构由2015年的13.6∶46.0∶40.4调整为13.6∶44.8∶41.6。固

定资产投资 326.21 亿元，增长 8.5%。社会消费品零售总额 210.26 亿元，增长 9.4%。地方一般公共预算收入 7.34 亿元，下降 7.1%。海丰县加快公平服装、可塘珠宝、梅陇金银首饰等传统特色产业提档升级。全县现有电商企业（店铺）3 812 家，全年实现网上销售达 10 亿元；培育、新增 15 家限额以上商贸流通企业纳入国家商务部商贸流通行业统计信息系统。扶持引导海亮、海纳、润之泽等现代农业基地不断扩大规模，引入了三盛茶业、冠龙生物科技等省级以上农业龙头企业；加快梅陇省级现代粮食示范区及黄江两岸连片 10 万亩优质稻示范基地建设。全县累计拥有各类农业龙头企业 55 家，农民专业合作社 632 家，家庭农场 480 个；获得广东省农业类名牌总数 12 个、名特优新农产品 4 个，“皇斋虎噉金针菜”被评为“广东十大名菜”之一。

——陆丰市。2016 年，陆丰市地区生产总值 249.03 亿元，增长 6.3%。三次产业结构由 2015 年的 21.2：45.3：33.5 调整为 22.2：42.4：35.4。固定资产投资 209.50 亿元，增长 10.8%。社会消费品零售总额 175.85 亿元，增长 8.4%。地方一般公共预算收入 6.07 亿元，增长 3.1%。陆丰市加快农业产业化进程，发展省级龙头企业 1 家、汕尾市级龙头企业 18 家、农民专业合作社 485 家、家庭农场 527 家，建成高标准基本农田 6.10 万亩。成为首批“国家农产品质量安全县”。陆丰核电一期工程、宝丽华陆丰甲湖湾电厂新建工程 1、2 号机组项目以及 220 千伏陆丰华美输变电工程进展顺利。村村通自来水工程累计完成投资 2.30 亿元。陆丰产业园区建设完成投资 2.10 亿元，园区各项基础设施逐步完善。全年接待游客 457 万人次，旅游收入 21.31 亿元。大安镇石寨村获“中国乡村旅游模范村”称号。实现脱贫人口 1.88 万人。成功创建全国义务教育发展基本均衡县，获得“广东省教育强市”称号。

——陆河县。2016 年，陆河县地区生产总值 52.37 亿，增长 11.0%。三次产业结构由 2015 年的 21.6：18.5：59.9 调整为 22.2：15.9：61.9。固定资产投资 39.90 亿元，增长 38.9%。社会消费品零售总额 34.57 亿元，增长 7.4%。地方一般公共预算收入 2.66 亿元，增长 0.4%。陆河县新河工业园发展势头良好，比亚迪新能源客车制造一期落户投产，带动新型环保建筑装饰材料生产企业聚集入园落户；首创电子、伟泰建材竣工投产，维业、安星、广美、华南金属等项目动工建设。现代农业进一步做强做大，打造“一镇一业”和“一村一品”，依托“互联网+农业”模式，促进农产品流通；推进休闲旅游农业发展，培育农业主题公园、观光农庄、休闲农业特色村等农业景区。

5. 汕尾新区规划建设情况。汕尾新区范围包括市城区（凤山街道、香洲街道、新港街道、马宫街道、红草镇、东涌镇、捷胜镇）、红海湾经济开发区（田墘街道、东洲街道、遮浪街道）、海丰县鮜门镇和梅陇农场，规划总面积465.1平方公里，海岸线长195公里。汕尾新区三大起步区全年累计完成投资额30.39亿元。其中保利金町湾项目已全面启动，累计完成投资7.20亿元；中央商务区基础设施土地平整扎实推进，累计完成投资6.12亿元；红草园区基础设施、工业项目不断推进，累计完成全社会固定投资17.06亿元。

——红草园区建设进展顺利。落地红草园区项目累计28个，总投资158亿元。其中，产业项目17个，基础设施功能配套项目11个。2016年，汕尾高新区签约项目10个，计划总投资额107.40亿元，引进外资7 100万元。园区新动工项目8个，累计动工项目14个。包括比亚迪红草工业园项目、信利高端车载及智能终端显示屏工厂（TFT5代线）建设项目、国信通博翼科技产业园等项目。

——中央商务区建设加快推进。首期开发建设的火车站站前广场及周边配套道路等市政公用工程、省道242线汕尾市区至火车站公路改建工程及市政配套工程等5个项目继续加快推进。中央商务区基础设施项目广场人行天桥结构、站前横路隧道已完成，站前路、纵一路、广场西路已完成混凝土路面。

——金町湾滨海度假区项目全面启动。保利金町湾旅游度假区（一期项目）包括住宅、公寓、酒店等建设，总建筑面积70万平方米。保利金町湾旅游度假区（一期项目）海边体验区、创意情景房及海边会所展示区正式对外开放。

三、粤西地区

（一）发展概述

2016 年，粤西地区生产总值 6 491.93 亿元，增长 7.3%，占全省生产总值的 8.2%；人均地区生产总值 40 884 元，增长 6.8%；社会消费品零售总额 3 407.67 亿元，增长 9.6%，占全省的 9.8%；地方一般公共预算收入 292.35 亿元，下降 2.0%，占全省的 2.8%；进出口总额 82.81 亿美元，下降 14.1%。

——产业结构逐步优化。2016 年，粤西地区三次产业结构为 17.8：39.5：42.7。粤西规模以上工业增加值 2 047.02 亿元，增长 8.1%，占全省规模以上工业增加值的 6.5%。湛江市、茂名市、阳江市规模以上工业增加值分别为 780.75 亿元、857.82 亿元、408.44 亿元，增速分别为 11.5%、7.4%、5.2%。湛江市现代服务业升级发展，电子商务交易额 705 亿元，增长 43.0%，体育、家政、养老服务蓬勃兴起，形成新的消费增长点。茂名市金融服务能力增强，现代农业加快发展，国家级标准化示范区数量位居全省第一，新经济茁壮成长，建成电子商务园 4 个，县级农村淘宝服务中心 2 个，村级服务站 110 个。阳江市推进产业转型升级，着力发展先进制造业、高新技术产业，战略性新兴产业产值 191.10 亿元，占规模以上工业总产值的 10.0%，提高 4.5%。

——“三大抓手”成效明显。一是交通基础设施建设方面。湛江市完成交通基础设施投资 88.10 亿元，东海岛至雷州高速、湛徐高速徐闻港全线开工，港口货物吞吐量完成 2.56 亿吨，增长 16.2%，湛江机场实现民航旅客运量 155 万人次，增长 29.0%。茂名市深茂铁路茂名段进入铺轨和站后电气化建设阶段，茂名火车站站房改扩建项目加快推进，茂东快线建成通车。阳江市罗阳高速阳春段通车，深茂铁路阳江段已进入铺轨阶段，海陵岛大桥全线动工，合山机场改扩建一期工程完工。二是产业园区扩能增效方面。湛江市产业园区签订83个项目，动工35个，建成投产17个，完成投资额283.20亿元；引进珠三角城市转移项目29个，计划投资47.73亿元。茂名市全市工业园区完成固定资产投资137.60亿元，其中5个省级产业转移园完成投资122.00亿元，实现规模以上工业增加值145.00亿元，增长15.7%。阳江市4个省级产业园区完成规模以上工业总产值、增加值分别达1 072.76亿元、222.66亿元，分别增长7.3%、7.8%。三是中心城区扩容提质方面。湛江市新城区建设有序开展，海东新区建成东城西路等9条道路，25公里海东快线全线通车，西城新区编制完成教育城、高铁新城控制性详细规划。茂名市增强中心城区辐射带动力，滨海新区起步区和核心区建设提速，金平路一期、四围大道等项目加快建设。阳江市加快滨海新区建设，漠阳湖公园一期、阳江国际金融中心等项目建设稳步进行，滨海生态公园前期工作有序开展。

——重点项目建设成效明显。2016年，粤西地区固定资产投资总额3 298.27亿元，增长5.7%。湛江市、茂名市、阳江市固定资产投资分别为1 531.60亿元、1 262.76亿元、503.92亿元，分别增长16.6%、13.2%、-27.1%。粤西地区全年省重点项目完成投资687.10亿元，占全省完成投资的11.4%，为年度计划投资的110.1%；新开工建设阳江维达生活用纸项目和广东农林科技学院（高州农校西城校区）扩建工程等项目。

——民生保障水平进一步提高。2016年，湛江市、茂名市、阳江市全体常住居民人均可支配收入分别为17 934.4元、18 402.7元、19 513.2元；城镇常住居民人均可支配收入分别为24 887.2元、23 322.6元、25 281.0元；农村常住居民人均可支配收入分别为13 335.8元、14 519.9元、13 960.5元。湛江市全年财政社会民生投入335.22亿元，占公共财政预算支出的81.8%。茂名市全年拨付省十件民生实事市县级配套资金29.60亿元，社会保险覆盖率和缴费率实现“双提高”。阳江市全市公共财政民生支出120亿元，增长6.5%，2.25万贫困人口实现脱贫。

表 16　2016 年广东省粤西三市主要经济指标

	地区生产总值		人均地区生产总值		第三产业增加值		地方一般公共预算收入	
	绝对数（亿元）	增长（%）	绝对数（元）	增长（%）	绝对数（亿元）	增长（%）	绝对数（亿元）	增长（%）
粤西	6 491.93	7.3	40 884	6.8	2 773.99	9.3	292.35	-2.0
湛江	2 584.43	7.9	35 612	7.4	1 100.97	10.3	112.94	-7.3
茂名	2 636.74	7.1	43 211	6.4	1 142.12	7.8	121.43	6.6
阳江	1 270.76	6.7	50 431	6.0	530.90	10.7	57.99	-14.6

（二）湛江市

1. 概况。2016 年，湛江市地区生产总值 2 584.43 亿元，增长 7.9%。三次产业结构为 19.3：38.1：42.6；规模以上工业增加值 780.75 亿元，增长 11.5%。固定资产投资 1 531.60 亿元，增长 16.6%。地方一般公共预算收入 112.94 亿元。全体常住居民人均可支配收入 17 934.4 元，增长 7.8%。

2. 实施粤东西北振兴发展战略情况。

——固定资产投资创历史新高。2016 年，完成固定资产投资 1 531.60 亿元，增长 16.6%，总量创历史新高，工业投资 600 亿元，占全部投资总额的 38.7%。宝钢湛江钢铁、晨鸣湛江造纸、国投遂溪燃料乙醇一大批重大项目建成投产，东海岛产业园区、奋勇高新区、吴川羽绒基地、制药基地、廉江一品家具制造基地的建设加快，工业投资带动产业后劲增强。产业园区签订 83 个项目，动工 35 个，建成投产 17 个，完成投资额 283.20 亿元。民间投资大幅度增加，完成投资额 800 亿元，增长 30%。

——超额完成重点项目建设任务。重点项目完成投资额 366.70 亿元，为年度计划的 105%。其中，省重点项目完成投资 290.40 亿元，完成年度计划投资的 107%，年内新开工项目 23 个，建成投产项目 13 个。湛江市集中开工的重大项目包括中科炼化、湛江高铁西站枢纽配套工程项目和湛江国际机场项目等9个，总投资674.60亿元。

——交通基础设施建设稳步推进。全市完成交通基础设施投资88.10亿元。铁路方面，加快建设东海岛铁路、黎湛铁路电气化改造工程。动工建设合湛高铁、湛江西站枢纽配套工程项目；加快推动湛海高铁前期工作。公路方面，加快建设汕湛高速云浮至湛江段、东海岛至雷州高速、湛徐高速徐闻港支线，动工建设玉湛高速公路；海东快线全线建成通车，佛湛高速官渡立交出口工程完成建设；动工建设调顺跨海大桥，改造国省道61.8公里。港口方面，全市港口货物吞吐量完成2.56亿吨，增长16.2%，增速居全国沿海主要港口第2位。集装箱完成70万吨标箱，增长16.5%。机场方面，完成民航旅客客运量155万人次，增长29%。

——粤桂合作区建设取得新发展。环北部湾城市群合作加强，粤桂经济合作区规划编制已完成并在实施中，规划面积300平方公里，首期已启动30平方公里起步区建设。成功举办北部湾经济合作组织第九次成员大会，加强交通基础设施建设、产业布局、生态治理、环境保护、社会管理五个方面的合作。推动海口湛江琼州海峡一体化发展，启动琼州海峡经济带建设前期工作，召开第一次联席会议，建立联动机制，推动规划编制、港航一体化发展、强化旅游建设等工作。

——深入实施创新驱动战略。湛江市作为广东省唯一入选由财政部、国家海洋渔业局评选的“十三五”期间海洋经济创新发展示范城市，获得中央财政奖补资金3亿元。湛江申报国家级高新区通过科技部专家评审。成功举办湛江市“双创”活动周，举办首届湛江国际创意设计大会活动、第二届“南方海谷杯”海洋科技创新创业大赛，“南方海谷”一期投资7.80亿元的总部和科技创新大厦基本建成，首批11个单位签约入驻。加强产学研合作，湛江企业与中国海洋大学、中山大学、北京科技大学等24所高校院所建立了紧密的产学研合作关系，科技特派员达到164人。推进知识产权发展，全年专利申请量5 500件，增长70%；授权量2 735件，增长10%。

——工业生产高速发展。2016年，规模以上工业总产值2 564.56亿元，增长14.6%；规模以上工业增加值780.75亿元，增长11.5%。湛江钢铁基地一期已全面建成投产，全年完成钢产量545万吨，产值155亿元，2号高炉建成投产，成功跨入1 000万吨钢铁产能行列。湛江晨鸣纸业累计投资近200亿元，形成产浆100万吨、造纸超200万吨，实现工业总产值150.80亿元，增长22.6%。传统的家电、农海产品加工、家具制造等产业园区扩能增效取得新进展，建成4个产值超100亿元的园区，全年开工建设项目35个，建成投产17个。园区实现工业总产值1 378.30亿元，增长16.7%。廉江产业转移园区连续5年全省考核优秀。

——服务业支撑力增强。霞山水产品批发市场、南方水海产品交易中心和商贸物流城实现转型升级，万达广场、金沙湾广场、喜来登酒店等一批大型商业网点陆续建成营业，广东北部湾农产品流通综合示范园区、湛江霞山渔人码头、湛江义乌小商品城、湛江粤西国际车城等一批重点商贸流通项目正在建设中。湛江保税物流中心（B型）封关运行。全年接待游客3 782万人次，旅游接待增长13.7%，旅游总收入349.92亿元，增长28.9%。金融服务业发展迅速，年末有中资金融机构数目达805个，各类金融机构贷款余额1 633.77亿元，增长4.1%。存款余额2 847.29亿元，增长6.1%。

——社会消费稳步增长。2016年，社会消费品零售总额1 432.96亿元，增长9.5%。四大消费行业均保持较快增速，批发业增长8.2%，零售业增长9.8%，住宿业增长0.1%，餐饮业增长7.0%。汽车、商品房消费成为热点，其中，汽车零售总额增长14.7%，商品房销售面积达到446.1万平方米，销售额达到264亿元。居民消费价格总水平（CPI）温和上涨，全年总体在可控的3%以内。

——重点领域改革加快推进。完成71家国有关停企业市场出清，12家国有特困企业重组。淘汰落后小造纸产能1.82万吨。全市商品房去库存49.51万平方米，为企业降低成本51.18亿元。28项农村电网、交通、供水等补短板重大工程启动实施。推动行政审批制度改革，公布市直单位权责清单，取消、降低159项行政事业性和小微企业项目收费，赋予海东新区24项市级行政许可事项，向市直和区属工业园区下放6类行政审批事项。推动价格体制改革，完成居民阶梯水价、电价、天然气价改革，推进污水处理收费改革。

制定新版基本医疗服务项目目录标准，理顺医疗服务价格。涉企收费由175项减少为82项，减幅达53%。推动投融资体制改革，探索“先建后验”的经验做法，实施《湛江市企业项目投资建设直接落地改革试点工作实施方案》，实行企业依法承诺制、备案制和事后监管制。

——社会保障稳步提升。2016年，市财政社会民生投入335.22亿元，占地方一般公共预算支出的81.8%。10件民生实事基本完成，十大民心工程推进实施。新增城镇就业7.6万人，城镇失业人员再就业3.7万人，城镇登记失业率控制在2.4%以内。城乡居民医保参保覆盖率达98.68%，超额完成省下达的任务。实现省教育强县、强镇（街道）全覆盖，成功创建“广东省教育强市”，县（市、区）全部被国家认定为“全国义务教育发展基本均衡县（市、区）”。县镇医疗一体化改革在全市5个县（市）全面推开。10间县级公立医院试点单位取消药品加成。

3. 县域经济发展情况。湛江市辖吴川市、雷州市、廉江市、遂溪县和徐闻县，以及赤坎区、霞山区、坡头区、麻章区。主要岛屿有东海岛、南三岛、硇洲岛、特呈岛、调顺岛、东头山岛、南屏岛等。全市土地总面积13 225平方公里，常住人口727.3万人。

表17　2016年湛江市县域经济发展状况

地区	地区生产总值（亿元）	固定资产投资（亿元）	社会消费品零售总额（亿元）	地方一般公共预算收入（亿元）	三次产业结构
雷州市	276.21	75.85	143.88	5.03	38.4：11.9：49.7
廉江市	472.77	470.51	174.61	11.30	22.2：44.3：33.5
吴川市	247.72	192.94	112.57	6.69	12.0：43.7：44.3
遂溪县	283.68	179.46	103.39	6.73	37.3：27.8：34.9
徐闻县	158.43	37.01	81.70	4.53	48.6：6.9：44.5

——雷州市。2016年，雷州市完成地区生产总值276.21亿元，增速

7.0%。其中，第一产业增加值105.98亿元，增速4.8%；第二产业增加值32.94亿元，与上年大致持平；第三产业增加值137.28亿元，增速10.9%。三次产业结构为38.4∶11.9∶49.7，工业增加值占生产总值的比重为10.4%；地方一般公共预算收入5.03亿元，增速下降14.4%；完成固定资产投资75.85亿元，增长21.1%。城乡居民人均可支配收入13 249.8元，增长7.7%。

——廉江市。2016年，廉江市实现地区生产总值472.77亿元，增长10.8%，其中，第一产业增加值104.86亿元，增长3.0%，第二产业增加值209.42亿元，增长15.0%，第三产业增加值158.50亿元，增长10.7%，三次产业结构为22.2∶44.3∶33.5。县域产业结构趋向工业化，所有制结构趋向民营化，就业结构趋向非农化，人口结构趋向城镇化。

——吴川市。2016年，吴川市实现地区生产总值247.72亿元，增长9.3%；其中第一产业增加值29.81亿元，增长4.3%，第二产业增加值108.31亿元，增长14.1%，第三产业增加值109.60亿元，增长5.9%，三次产业结构为12.0∶43.7∶44.3。全市完成工业总产值224.70亿元，增长16.6%；完成固定资产投资192.94亿元，增长14.1%；完成农业总产值49.72亿元，增长4.3%；地方一般公共预算收入6.69亿元，下降3.0%；外贸进出口总额9.14亿元，增长8.0%，实际利用外资116万美元，增长0.9%。

——遂溪县。2016年，遂溪县完成地区生产总值283.68亿元，增长6.7%，其中第一、二、三产业分别增长4.1%、4.7%、11.5%。地方一般公共预算收入6.73亿元，下降3.2%。完成固定资产投资179.46亿元，增长27.3%。实际利用外资2 171万美元，增长68%；外贸进出口总额18.20亿元，下降2.0%。城镇在岗职工人均工资51 418元，增长15.0%。农村居民人均可支配收入13 578.9元，增长6.9%。

——徐闻县。2016年，徐闻县实现地区生产总值158.43亿元，增长6.1%；第一产业增加值77.07亿元，增长3.9%，第二产业增加值10.92亿元，下降6.4%，第三产业增加值70.44亿元，增长11.3%；工业增加值8.43亿元，下降8.3%；三次产业结构为48.6∶6.9∶44.5；社会消费品零售总额81.70亿元，增长4.6%；外贸进出口总额8 728万元，下降79.2%；农村常住居民人均可支配收入13 469.4元，增长8.6%；港口货物吞吐量1.30亿吨，增长7.6%；地方一般公共预算收入4.53亿元，增长1.5%。

4. 海东新区建设情况。

——项目建设稳步推进。全年在建项目28个，总投资125.20亿元，其中新建项目12个，总投资19.90亿元。中国移动通信调度中心、生殖医学专科医院、南调片区污水管道、军港大道、东旺大道、南调路升级改造、黄乾公路改造等项目动工建设；湛江市实验小学主体工程、海东快线绿化亮化工程基本完成；汕湛高速（坡头段）率先在全市完成征地拆迁任务；湛江一中新校区、市妇幼保健院落实选址并启动征地拆迁；湛江三十一中、湛江三十二中办理土地使用手续；乾塘至龙头（省道081线—官滘段）道路工程PPP项目完成招投标；调顺跨海大桥及连接线、湛江市环城高速南三岛大桥及连接线完成前期工作；桥头变电站、污水处理厂、自来水厂一期工程开展前期工作。

——招商融资效果明显。首创龙头产业园“标准厂房产业招商”模式，开启“互联网招商”方式为企业提供“线上线下”一站式的优质服务。招商引资签约项目10个，签约金额达24.50亿元。有效利用省振兴粤东西北地区发展股权式基金9.30亿元及国开行、农发行等各大银行融资授信资金，解决基础设施建设资金难题。

——产业园区发展壮大。区科技产业园基本形成“一园两区”发展格局。官渡园区三期1 000亩加快建设，污水处理厂一期、雨污分流管道等项目建成使用，利用“三旧”改造政策解决一批企业用地历史遗留问题。完成龙头园区首期3 500亩控制性详细规划方案，6 000亩控规抓紧编制，征收土地2 100亩；园区基础设施及26万平方米标准厂房PPP项目完成社会投资人招标工作，欢乐家食品、恒光电器等10个项目落户建设。产业园累计引进项目82个，建成投产企业62家。全年完成工业总产值73.60亿元，固定资产投资6.56亿元，实现税收收入8 790万元。

——城乡环境持续改善。生态文明区镇村建设成效显著，官渡镇以全市第一名的成绩通过验收，坡头镇成功创建省卫生镇，乾塘镇启动创建工作；194 个自然村庄通过验收，其中 20 个被评为市先进村。官渡笔架岭森林公园完成 1 500 亩的规划和景观设计，海东文化休闲公园、南油四区公园开展前期工作。成立区数字化城市管理中心，城市数字化考核全年全市第一。继续实行全区环卫作业市场化运作，建成官渡镇、乾塘镇、龙头镇垃圾中转站，环卫考核全年全市第一。

——民生保障有效加强。精准扶贫工作扎实推进，省级资金 2 220 万元全部落实到位，2 538 名贫困人口如期实现脱贫。370 户贫困户危房改造全部开工，竣工 361 户。三柏西、力竹兜村农民公寓工程基本完成，黄伍村搬迁工作加快推进。城镇新增就业 3 049 人，失业人员再就业 708 人。城乡居民养老参保率达 100%。区特殊学校主体工程顺利完工，区残疾人康复中心建设进展顺利。

（三）茂名市

1. 概况。2016 年，茂名市地区生产总值 2 636. 74 亿元，增长 7. 1%；人均地区生产总值达 43 211 元，增长 6. 4%。三次产业结构为 16. 5 ∶ 40. 2 ∶ 43. 3。规模以上工业增加值 857. 82 亿元，增长 7. 4%。完成固定资产投资 1 262. 76亿元，增长 13. 2%。社会消费品零售总额 1 339. 88 亿元，增长 10. 3%。外贸进出口总额 15. 84 亿美元。地方一般公共预算收入 121. 43 亿元，增长 6. 6%。全市常住居民人均可支配收入 18 402. 7 元，增长 9. 2%。

2. 实施粤东西北振兴发展战略情况。

——交通建设高歌猛进，基础设施不断夯实。深茂铁路茂名段进入铺轨和站后电气化建设阶段，项目累计完成投资 37. 70 亿元。与深茂铁路公司研究确定了茂名大道、省道 372 线等重要道路与铁路相交方案。博贺疏港铁路取得突破性进展，纳入国家《中长期铁路网规划》。河茂铁路电气化改造如期推进，累计完成投资 1. 47 亿元。西粤路下穿茂湛铁路立交桥建成通车。洛湛铁路遗留问题得到妥善解决。茂名站站房改扩建加快推进。

——园区扩能增效提速，产业集聚活力迸发。2016 年，全市工业园完成固定资产投资 137.60 亿元，其中 5 个省级产业转移园完成投资 122 亿元，占全年目标的 122%。实现规模以上工业增加值 145 亿元，增长 15.7%，比全市工业增速高 8 百分点，占全市比重为 19%。实现工业税收（全口径）8.50 亿元，增长 21.8%。茂名园完成固定资产投资 42.80 亿元，实现规模以上工业增加值 47.00 亿元。

——城市扩容提质步伐加快，人居环境明显改善。大力推进公共服务配套设施和市政基础设施建设，新区特别是起步区项目建设步伐加快。博贺湾海洋经济综合试验区、高新技术产业开发区和水东湾新城三大发展平台通过“港、业、城”联动发展，推动实现茂名市中心城区扩容提质目标，不断推动项目增强中心城区辐射带动能力。中心城区提质力度大幅增强，继续大力推进公共服务配套设施和市政基础设施建设，加强历史文化保护，不断增强中心城区提质力度。

——办实事、惠民生，增强人民群众获得感和认同感。实施城乡居民大病保险制度，城乡低保、五保救助和孤儿、残疾人基本生活保障水平大幅提高。建成广东教育强市，各区（市）高标准通过国家义务教育发展基本均衡县（区）认定。群众性文艺创作走在全省前列，基层公共文化设施实现全覆盖。群众体育活动蓬勃开展。医药卫生体制改革继续深化，公共卫生服务能力持续增强，中医药强市工作扎实推进；聚焦创建“平安茂名”，依法治市步伐加快，率先在全省开展“一村（居）一律师”工作。

3. 区域合作情况。

——推进湛茂阳沿海经济带建设。支持湛江粤西机场迁建工程推进前期工作。汕湛高速茂名段进入路面施工阶段。加强全市光伏发电项目规划建设，协调推进粤西天然气主管网湛江至茂名段建设。湛茂两地深入实施水污染防治行动计划，签订了《湛江茂名两市跨界流域水污染联防联治合作框架协议》，出台了《茂名市湛江市小东江流域突发环境污染应急预案》。支持六韬珠宝创意产业园加快发展，邀请阳江、梧州、玉林等地企业参加由该园主办的第二届粤西珠宝钟表婚庆博览会。

——加强与北部湾经济区合作。参加北部湾经济合作组织第九次成员大会暨北部湾城市合作组织成立大会。大会围绕“互联互通、协同发展”展开密切合作和深入交流。同时，大会通过成立北部湾城市合作组织的决议，茂名与相关城市签署社会保障、卫计医疗、住房公积金、旅游、体育五个方面一体化合作协议，开启北部湾城市由过去单一的经济合作转向全方位、多领域合作的新篇章。

4. 县域经济发展情况。2016 年，信宜市、高州市、化州市 3 个县级市实现地区生产总值 1 341.58 亿元。完成固定资产投资 609.80 亿元，增长 8.3%。实现规模以上工业增加值 276.00 亿元，增长 15.2%。实现社会消费品零售总额 597.19 亿元，增长 11.1%。地方一般公共预算收入 37.81 亿元，增长 5.3%。

表 18　2016 年茂名市县域经济发展状况

地区	地区生产总值（亿元）	固定资产投资（亿元）	社会消费品零售总额（亿元）	地方一般公共预算收入（亿元）	三次产业结构
信宜市	403.29	228.58	204.51	9.32	22.2：31.8：46.0
高州市	501.78	226.89	204.23	17.21	22.5：31.7：45.8
化州市	436.51	154.33	188.45	11.28	21.0：31.2：47.8

——信宜市。信宜市全年完成地区生产总值 403.29 亿元，增长 8.0%。完成固定资产投资 228.58 亿元，增长 17.9%。实现规模以上工业增加值 88.60 亿元，增长 10.1%。实现社会消费品零售总额 204.51 亿元，增长 10.5%。地方一般公共预算收入 9.32 亿元，下降 2.3%。城乡居民收入实现较快增长。

——高州市。高州市全年完成地区生产总值 501.78 亿元，增长 9.0%。完成固定资产投资 226.89 亿元，增长 20.4%。实现规模以上工业增加值 95.50 亿元，增长 12.3%。实现社会消费品零售总额 204.23 亿元，增长 12.2%。地方一般公共预算收入 17.21 亿元，增长 14.6%。城镇常住居民人均可支配收入、农村常住居民人均可支配收入分别为22 450元、14 640元。

——化州市。化州市全年完成地区生产总值436.51亿元，增长6.9%。完成固定资产投资154.33亿元。实现规模以上工业增加值91.90亿元，增长7.1%。实现社会消费品零售总额188.45亿元，增长10.5%。地方一般公共预算收入11.28亿元，下降0.9%。城镇常住居民人均可支配收入、农村常住居民人均可支配收入分别为21 577元、14 427元。

5. 茂名滨海新区规划建设情况。2016年，茂名滨海新区常住人口149.50万人，建成区面积210.83平方公里，实现地区生产总值554.14亿元，增长7.3%；固定资产投资总额365.62亿元，增长16.7%；规模以上工业增加值增长9.9%；签约项目59个，开工项目83个，完成项目15个；累计吸引企业落户数量158家；吸纳就业人口2.56万人。新区起步区建成区面积73.21平方公里，地区生产总值294.88亿元，增长7.3%；固定资产投资总额203.03亿元，增长18.6%。规模以上工业增加值增长9.8%；签约项目47个，开工项目78个，完成项目12个；累计吸引企业落户数量146家；吸纳就业人口2.36万人。

——交通基础设施不断完善。茂名港博贺新港区东、西防波堤工程主体基本完工并顺利合龙。粤电煤炭码头基本建成。广州港通用码头工程开工建设。深茂铁路茂名段铺轨基本完成，博贺疏港铁路建设进入勘察设计招标阶段，河茂铁路、茂湛铁路电气化改造顺利推进。茂名港大道南段改线工程主车道已达到通车条件。博贺湾大道一期、冼太路改造工程已完工。工业大道高新段、高新大道一期、市民大道二期已建成通车。水东湾大桥建设全面进入主体建设阶段。高地智慧城土地一级开发项目智城五路已全线拉通；智城大道南北全线贯通，南段已基本完工；海宁街（一期）已基本完工。

——公共配套逐步完善，生态环境持续优化。滨海新区起步区供水工程已开工建设，博贺湾大道（一期）、污水处理厂（首期）主体工程基本完成。高新技术产业开发区已实现了原料隔墙供应，区内道路、自来水、工业水、高压消防水等公用工程基本全覆盖。水东湾新城中国第一滩东侧及主次干路两侧绿道慢行系统有序推进，游客驿站、沙滩改造等工程相继启动。水东湾水域清淤整治项目一期已完工。广州科技职业技术学院滨海校区项目加快建设。歌美海公园施工全面铺开。茂名市中心人民医院加快推进桩基施工。水东湾海洋公园（一期）已完成全部主体工程。南海旅游岛主要道路改造已基本完成。博贺镇新农村建设踏上快车道，扩建“绿色长城”和打造“黄花梨村”等活动成效显著。滨海新区山兜村、港口村分别夺得茂名十大魅力乡村评比冠军和季军。滨海新区海丝遗迹已列入“广东十大海上丝绸之路文化地理坐标”。

——产业实现新发展。冼太故里景区第一期核心景区 300 多亩建设初显规模。浪漫海岸二期工程项目温德姆酒店已正式营业。放鸡岛公园正在全面升级改造。高新区西南片区管廊已全部建成并投入使用，北片区环氧乙烷输送管廊正在完善。茂名长青热电联产项目已纳入省“十三五”能源规划，项目的各项前期工作已获得批复，环评等手续已完善。高新区积极推进国家新型城镇化综合试点建设，打造茂名市未来商贸物流中心。大力支持粤西农批、亿丰家居、华南商贸城三大商贸物流基地建设。完成滨海新区旅游规划。冼太故里景区申报国家 4A 景区，放鸡岛和浪漫海岸景区申报国家 5A 景区。引入海昌集团联合浪漫海岸景区建设海洋公园。滨海新区海丝遗迹列入“广东十大海上丝绸之路文化地理坐标”。高新区以石油化工衍生物为主线，大力发展石化后加工产业，园区石化产业占比超过 93%，集聚石化中下游企业 130 多家，产业关联度较高，形成具有国际竞争力的五大特色高端产业集群：环氧乙烷产业集群、碳四五九产业集群、油品精深加工产业集群、精细化工产业集群和塑料加工产业集群。

——招商引资有新进展。充分利用茂名港集团作为支撑新区建设的载体，加快新区土地储备、基础设施和临港产业建设。水东湾新城谋划歌美海东侧五星级酒店、一滩中心轴区域地下综合管廊、南海旅游岛五大公园、民俗村、风情街、海鲜街、游艇码头等文化旅游配套项目，正在进行项目的前期洽谈。高新区紧抓珠三角产业转移契机，积极调整产业结构，开展针对性招商活动。与中国能源集团签署战略合作协议，60 万吨/年甲醇制烯烃系列项目正在开展前期工作。加入中德经济顾问委员会和中德工业城市联盟。广东三环药业、绿恒制药等医药企业陆续入驻园区。重力装备高新公司于年内正常生产。顺丰、圆通分拨中心已投入使用，市交投物流园、华南商贸城、高新区客运站等项目正在加快建设。

（四）阳江市

1. 概况。2016 年，阳江市地区生产总值 1 270. 76 亿元，增长 6. 7%；人均地区生产总值 50 431 元，增长 6. 0%。三次产业结构从 2015 年的16. 4：45. 1：38. 5 调整为 2016 年的 17. 2：41. 0：41. 8。规模以上工业总产值、规模以上工业增加值分别为 2 050. 58 亿元、408. 44 亿元，分别增长 4. 3%、5. 2%。社会消费品零售总额 634. 83 亿元，增长 8. 6%。全体居民人均可支配收入19 513. 2元，增长 9. 8%。地方一般公共预算收入 57. 99 亿元。固定资产投资 503. 92 亿元。外贸进出口总额 20. 93 亿元。民营经济增加值为 892. 88 亿元，占全市地区生产总值的比重为 67. 7%。

2. 实施粤东西北地区振兴发展战略情况。

——产业转型升级稳步推进。临港工业和主导产业平稳发展，广青科技合金热送设备技改项目、新兴铸管项目等建成试产。引进亿元以上的装备制造业项目 13 个。海陵岛被评为中国“十大美丽海岛”，入选国家全域旅游示范区。全年接待游客 1 824. 58 万人次，增长 10. 0%；旅游收入 214. 06 亿元，增长 18. 1%。新增新三板、新四板挂牌企业 13 家。积极发展现代农业，新增南药、花卉等特色经济作物 5. 07 万亩，春砂仁成为全省首批被立法保护的中药材。新增国家级农民合作社示范社 2 家、市级农业龙头企业 11 家和现代农业园区 6 个。获批全国首家五金刀剪知识产权快速维权中心，新增国家级高新技术企业 6 家、省级科技企业孵化器 2 个，创建首个省级众创空间。

——重点项目和能源基地建设有新成效。83 个市重点项目累计完成投资 273 亿元，完成年度计划投资的 111. 5%；27 个省属重点项目累计完成投资 190. 86 亿元，完成年度计划投资的 102. 7%。建成三威汽配首期、中水建阳东鸡山风电场等 10 个项目；新开工建设金平公路一期等 19 个项目；维达纸业、厨邦食品等工业项目加快建设。有序推进阳江核电站建设，3 号机组于 2016 年 1 月投入商业运营，4～6 号机组建设按计划推进。加快建设阳江抽水蓄能电站。阳东鸡山农场风电场 9 月建成投产。积极打造风电产业基地，南鹏岛 26 万千瓦海上风电场 1 月获省批复同意开展前期工作并启动可行性研究，引入中国三峡新能源公司主导开发 70 万千瓦海上风电资源和建设风电装备制造基地。

——“三大抓手”建设稳步推进。交通基础设施建设加快推进，罗阳高速阳春段通车，深茂铁路阳江段已进入铺轨阶段，海陵岛大桥全线动工，沈海高速阳江段扩建工程等项目前期工作有序推进。全年 4 个省级产业园区完成规模以上工业总产值、增加值分别达 1 072.76 亿元、222.66 亿元，分别增长 7.3%、7.8%。滨海新区起步区和核心区建设提速，金平路一期、四围大道等项目加快建设，漠阳湖公园一期、阳江国际金融中心等项目建设稳步进行，滨海生态公园前期工作有序开展。新增森林公园 9 个，湿地公园 3 个。创建国家卫生城市取得阶段性成果。

——全面对接珠海帮扶。加强产业园区合作共建，累计投入 11 亿元完善园区基础配套设施，新建和改扩建道路 17.6 公里。全年引进产业项目 58 个，总投资 163 亿元；新投产项目 29 个。加强海港、空港对接，阳江合山机场改扩建一期完成，阳江港货物吞吐量突破 2 000 万吨。推进社会事业领域合作，百家学校医院对接成效明显。珠海对口帮扶阳江在省第一轮评估考核中获优秀等次。

——体制改革继续深化。供给侧结构性改革取得积极成效，推进分类处置“僵尸企业”，经省国资委核定的市属国有关停企业已全部按国企改革政策完成改制和职工安置。净化解商品房面积为 30.21 万平方米。辖内法人银行机构杠杆率总体控制在合理水平。严格落实国家、省和市全面清理规范涉企收费措施，推动电力直接交易和售电侧改革试点，为企业减负 6 000 多万元。完成补短板重点项目投资约 100 亿元。出台实施《关于进一步加快民营经济发展的意见》等政策。落实“放管服”，市、县、镇三级权力清单编制工作基本完成，行政审批标准化工作有序开展，推动“一门式、一网式”政府服务模式改革。深入实施“三单”管理。深化商事制度改革，实施“五证合一、一照一码”登记制度改革和个体工商户“两证整合”。

——社会民生继续改善。省、市十件民生实事全面完成。新增城镇就业4.19万人，城镇登记失业率控制在2.44%。社会保险待遇、城乡居民基本养老保险基础养老金、城乡医疗救助标准、城乡最低生活保障标准进一步提高。全面完成教育创强工作，国家义务教育发展基本均衡县实现全覆盖。市人民医院新住院大楼已进行装修施工及设备安装，11间镇卫生院标准化建设扎实推进。开展文化惠民活动，建成基层公共文化体育综合服务中心22个。实现2.55万贫困人口脱贫。

3. 推进区域合作情况。

——加强交流沟通。参加北部湾经济合作组织第九次成员大会暨北部湾城市合作组织成立大会，加入北部湾城市合作组织。与各成员城市在城市人力资源、旅游、医疗卫生、住房公积金业务、举办城市运动会五大领域签订了合作框架协议，开展区域合作。

——推进区域交通基础设施互联互通。加快港口、公路、铁路、航空等多层次、开放型综合交通网络的规划建设。港口方面，把阳江港纳入粤西—北部湾经济区港口群进行规划建设。公路方面，加快汕湛高速公路建设，并积极谋划粤西沿海高速公路等项目，推进国道、省道干线路网改造，构建两省通道尤其是粤西到北部湾核心区的高速通道。铁路方面，加快推进深茂铁路建设，拉近阳江与北部湾经济区的时空距离，并积极谋划广州至湛江客运专线、张家界至三亚旅游高铁途经阳江等项目。航空方面，加快推进阳江合山机场改扩建，加强与北部湾各城市机场的合作，努力建设成为中南地区通用航空标杆。

——积极研究落实促进双赢的区域互融合作政策。结合国家推进“一带一路”建设、泛珠三角区域合作和粤桂两省合作的新形势新情况，以及双方互融合作发展的需要和诉求，围绕产业发展、项目布局、港口开发、对外开放、招商引资、新型城镇化、深化改革等领域，积极研究和创新互融合作政策措施，积极参与股权基金、投资开发公司及投融资平台等的研究和筹建工作，促进资金、技术、人才等重要生产要素在区域内部有序流动，为双方互融合作提供支持和动力。

4. 县域经济发展情况。阳江市辖江城、阳东两区和阳西县，代管阳春市（县级市），设海陵岛经济开发试验区和阳江高新技术产业开发区，9 个街道办事处，38 个镇。阳西县和阳春市总土地面积 5 473 平方公里，占全市的 68.8%。2016 年，全市县域地区生产总值 599.66 亿元，占全市的 47.2%。

表 19　2016 年阳江市县域经济发展状况

地区	地区生产总值（亿元）	固定资产投资（亿元）	社会消费品零售总额（亿元）	地方一般公共预算收入（亿元）	三次产业结构
阳西县	219.47	84.24	59.46	6.62	26.6：34.8：38.6
阳春市	380.19	107.71	221.83	10.38	19.5：31.0：49.5

——阳西县。2016 年，阳西县地区生产总值 219.47 亿元，增长 6.8%。三次产业结构由 2015 年的 26.1：36.5：37.4 调整为 26.6：34.8：38.6。固定资产投资 84.24 亿元，增长 16.5%。地方一般公共预算收入 6.62 亿元，下降 10.0%。社会消费品零售总额 59.46 亿元，增长 10.1%。园区经济稳步发展，中山火炬（阳西）产业转移工业园连续四年获得“省优秀园区”称号。以广东厨邦为龙头及与之配套的一批上下游项目陆续建成投产，推进食品调味品产业集群建设。新能源产业加快发展，火电、风电和太阳能发电齐头并进，华厦阳西电厂 1、2、3、4 号机组已投产，阳江印山南药基地光伏发电项目、阳江思瑞特光伏发电项目、广东织贡农场 21 队农业光伏综合开发项目已并网发电。累计投资 7 000 多万元打造沙扒渔家风情小镇。积极培育创新型企业，2016 年共有厨邦、美味源、丰源生物 3 家企业申报国家高新技术企业，2 家企业申报高新技术培育入库，厨邦公司成功创建省级工程技术研发中心。

——阳春市。2016 年，阳春市地区生产总值 380.19 亿元，增长 6.5%。三次产业结构由 2015 年的 17.7：38.0：44.3 调整为 19.5：31.0：49.5。固定资产投资 107.71 亿元，下降 26.4%。地方一般公共预算收入 10.38 亿元，下降 17.6%。社会消费品零售总额 221.83 亿元，增长 9.3%。工业大项目取得突破，兴业太阳能农光互补项目一期建成投产，阳春新兴铸管项目进入试生产，有色金属循环、双兴水晶玻璃项目即将竣工投产，阳江抽水蓄能电站项目全面加快建设。加强与珠海市香洲区合作共建，新吉园区基础配套设施不断完善，新建成投产项目 4 个，引进项目 5 个，在建项目 17 个，园区实现规模以上工业总产值 238. 20 亿元。春砂仁成为全省第一批立法保护的岭南中药材，八甲唛被评为广东省第二届“十大名牌”系列农产品。推进鸡笼顶景区等旅游项目建设。

5. 阳江滨海新区规划建设情况。2016 年，阳江滨海新区完成地区生产总值 244. 80 亿元，增长 4. 9%；规模以上工业总产值 608. 03 亿元，增长 4. 8%；规模以上工业增加值 126. 54 亿元，增长 3. 6%；农业总产值 76. 02 亿元，增长 2. 6%；社会消费品零售总额 114. 77 亿元，增长 8. 9%；固定资产投资 86. 41 亿元。

——强化规划编制。坚持高端定位，谋求科学发展，加快编制实施新区各项规划，重点抓好核心区、重要功能片区和项目规划，不断提升新区规划建设水平。编制和优化深茂铁路站场片区及沿河绿道的详细控制性规划、漠阳湖公园控制性详细规划、滨海生态公园设计规划、金朗岛片区和蓝色海岸带概念性规划、城南新区景观带规划、城南东路沿河景观带规划等，严格按规划组织项目实施。

——推进重大项目建设。107 个近期重点建设项目总投资 1 489 亿元，项目涵盖基础设施、现代产业、城市建设及社会民生等领域，已建成项目 15 项，在建项目 45 项，开展前期工作项目 47 项，其中 45 个在建项目 2016 年完成年度投资 68. 24 亿元，占年度计划投资的 109. 7%，有力拉动了新区经济增长。其中，已列入市重点项目的金平路一期工程、阳江国际金融中心、漠阳湖公园一期工程、城南新城商品住宅建设项目、阳江滨海生态公园一期项目、阳江市连围河整治工程项目、阳江市滨海新区市政道路建设项目，2016 年计划投资 14 亿元，实际完成投资 14. 40 亿元，占年度计划的 102. 8%。

——完善基础设施建设。加快推进公共服务配套设施建设，岗列中心小学、江城一小城南分校、城南污水处理厂等项目已建成使用，市妇幼保健院新院全面建成，三廉公园建成投入使用，漠阳湖公园一期、连围河整治、新阳河治污和城南污水厂扩建等工程全面推进，做好阳江职业技术学院升级搬迁、滨海生态公园一期前期工作。推进市政基础设施建设，落实“七纵五横”道路网规划，全力加快 BT 项目一、二期“六路”的建设，重点推进金平路、城南东路、城南西路等主干道路工程和深茂铁路阳江站综合交通枢纽工程，建设新阳路和郦阳路等地下综合管廊，构建便捷的交通路网。

——招商引资取得积极成果。引进恒大名都、富鑫华府、碧桂园十里江湾、世纪城等一批优质商住地产项目。在广州召开滨海新区蓝色海岸战略合作洽谈会，重点围绕蓝色海岸综合开发、滨海生态公园、蓝色智慧岛（金朗岛）、虎头山文化产业、江心岛超五星级酒店和海洋乐园等项目开展招商推介，中交第一公路局珠海公司、中国交建华南区域珠海粤西总部等高层领导相继到新区现场考察蓝色海岸综合开发项目、五星级度假酒店、文化旅游产业等项目。

四、粤北地区

（一）发展概述

2016 年，粤北地区生产总值 5 328.69 亿元，增长 7.5%，占全省生产总值 6.7%；人均地区生产总值 31 941 元，增长 7.0%；社会消费品零售总额 2 767.44亿元，增长 10.7%，占全省的 8.0%；地方一般公共预算收入 412.47 亿元，增长 0.6%，占全省的 4.0%。

——产业发展特色明显。2016 年，粤北地区三次产业结构为 15.9 ∶ 38.2 ∶ 45.9；规模以上工业增加值 1 582.30 亿元，增长 7.7%，其中，韶关、河源、梅州、清远、云浮市规模以上工业增加值分别为 334.24 亿元、351.00

亿元、221.58亿元、439.85亿元、235.63亿元，增速分别为5.0%、10.1%、4.6%、10.0%、8.6%。云浮飞驰新能源汽车有限公司生产基地项目竣工，整装客车实现量产，氢能源公交车在佛山、云浮两市示范运营。粤北地区旅游业保持良好发展态势。年内旅游总收入达1 416.84亿元，规模继续位列粤东、粤西、粤北三区之首，增长13.2%。其中，韶关、梅州、清远、河源、云浮市旅游总收入分别为324.94亿元、376.76亿元、269.72亿元、237.76亿元、233.29亿元，分别增长19.5%、20.2%、11.9%、12.7%、8.7%。

——“三大抓手”全面推进。一是交通基础设施建设方面。韶关市芙蓉北路改扩建工程、芙蓉新城南华路和二十二号路工程建成通车，地方公路建设完成投资2.80亿元。河源市境内汕湛高速、大广高速建成通车，改造国省道和县乡公路1 000公里。梅州、清远、云浮市完成交通固定资产投资分别为120.70亿元、88.31亿元、79.32亿元。二是产业园区扩能增效方面。韶关市省级产业园完成固定资产投资161.70亿元，增长10.1%；规模以上工业增加值124.03亿元，增长9.2%。河源市实现园区开发面积达83平方公里，落户项目1 041个，其中建成投产826个，新增规模以上工业企业300个。梅州市全市产业园区（集聚地）完成固定资产投资152.48亿元，规模以上工业增加值为83.38亿元，增长20.8%。清远市高新区新增国家火炬高性能结构材料特色产业基地、国家科技服务业区域试点等多块“国字号”牌子。云浮市实现园区规模以上工业总产值81.34亿元，增长12.3%。三是中心城区扩容提质方面。韶关市芙蓉新城共安排建设项目44个，全年完成投资51亿元。河源市江东新区入选第三批国家智慧城市试点。梅州嘉应新区起步区完成投资133.69亿元，增长37.5%。清远燕湖新区在建市政道路基本实现清远国家高新区、燕湖新城、省级职教基地、长隆主题公园等新区内重大平台及起步区互联互通。云浮新区实现规模以上工业增加值30.51亿元，增长16.7%。

——重点项目进展顺利。2016年，粤北地区固定资产投资3 217.21亿元，增长0.1%。韶关、河源、梅州、清远、云浮市固定资产投资分别为702.09亿元、652.29亿元、650.36亿元、620.95亿元、591.51亿元，分别增长0.1%、15.6%、14.5%、0.1%、-25.5%。粤北地区全年省重点投资项目完成投资 825.80 亿元，占全省完成投资的 13.7%，为年度计划投资的 113.7%。新开工建设梅州大埔电厂“上大压小”工程等项目。

——民生福祉持续改善。2016 年，韶关、河源、梅州、清远、云浮市全体常住居民人均可支配收入分别为 19 977.5 元、16 077.4 元、17 986.6 元、18 859.3 元、16 517.6 元；城镇常住居民人均可支配收入分别为 25 854.6 元、21 817.3 元、23 642.4 元、25 266.9 元、21 887.5 元；农村常住居民人均可支配收入分别为 12 790.3 元、12 045.6 元、12 991.2 元、12 873.0 元、13 016.1元。韶关市实现 3 万贫困人口脱贫，义务教育标准化学校覆盖率达 99.76%。河源市建成 1 426 个村（社区）人力资源社会保障公共服务平台。梅州市 31 个公共体育场馆实行免费或低消费对外开放。清远市全市民生投入 237.50 亿元，占一般公共预算支出的 78.3%。云浮市全年安排用于市十件民生实事的资金达 33.54 亿元。

表 20　2016 年广东省粤北五市主要经济指标

	地区生产总值		人均地区生产总值		第三产业增加值		地方一般公共预算收入	
	绝对数（亿元）	增长（%）	绝对数（元）	增长（%）	绝对数（亿元）	增长（%）	绝对数（亿元）	增长（%）
粤北	5 328.69	7.5	31 941	7.0	2 445.39	9.8	412.47	0.6
韶关	1 218.39	6.3	41 388	5.4	604.38	9.0	85.05	-0.2
河源	898.72	8.6	29 205	8.3	406.49	10.5	68.89	2.1
梅州	1 045.57	7.5	24 032	7.0	469.43	9.7	105.46	1.8
清远	1 387.71	7.9	36 136	7.5	665.75	9.6	95.64	-11.8
云浮	778.31	7.9	31 502	7.1	299.36	11.7	57.42	-2.2

（二）韶关市

1. 概况。2016 年，韶关市地区生产总值 1 218.39 亿元，增长 6.3%；人均地区生产总值41 388元，增长5.4%。三次产业结构为13.8：36.6：49.6。规模以上工业增加值334.24亿元，增长5.0%。固定资产投资702.09亿元，增长0.1%。社会消费品零售总额638.21亿元，增长9.9%。地方一般公共预算收入85.05亿元，下降0.2%；地方一般公共预算支出266.95亿元，下降7.0%。全体常住居民人均可支配收入19 977.5元，增长10.1%。城镇常住居民人均可支配收入25 854.6元，增长10.0%；农村常住居民人均可支配收入12 790.3元，增长10.2%。

2. 实施粤东西北振兴发展战略情况。

——交通基础设施建设继续加强。武深、汕昆高速公路项目韶关段共完成投资51.50亿元，为年度计划的119.9%。韶新高速公路和曲江大道项目通过PPP模式融资130.90亿元。京广高铁乐昌东站项目完成投资1.88亿元，为年度计划的104.2%。韶柳铁路项目被列入国家中长期铁路网规划和广东省“十三五”规划。北江航道扩能升级工程韶关段全年完成投资3.50亿元。全市地方公路建设完成投资2.80亿元，其中建成通自然村公路409公里，完成投资1.43亿元；改造县乡公路71公里，完成投资1.17亿元；桥梁完工6座。

——产业园区扩能增效扎实推进。全市实现了省级产业转移工业园县域全覆盖。曲江食品工业园、华南先进装备园、武江甘棠工业园等产业集聚区纳入莞韶产业园管理，始兴东湖坪工业园纳入始兴产业园管理。黄沙坪创新园进驻企业68家，成功入围省首批“互联网+”小镇。2016年，全市省级产业园完成固定资产投资161.70亿元，同比增长10.1%，其中完成工业投资149.84亿元，增长15.3%；全市省级产业园实现规模以上工业增加值124.03亿元，增长9.2%，高于全市规模以上工业增速4.2百分点。狠抓融入珠三角工作落实，加强与珠三角产业共建，建立承接珠三角地区产业梯度转移目标任务完成情况动态监测机制，2016年全市承接产业转移项目47个，投资额81.98亿元。

——中心城区扩容提质全面推进。启动《韶关市城市近期建设规划(2016—2020)》和《韶关市市区“三规合一”》的规划编制工作。开展“三江六岸”建筑立面整治规划的编制工作。启动城市整体提升三年行动计划，实施交通顺畅、城市功能、环境与景观、新城建设、城市管理五大提升工程，计划实施133个项目、投资300亿元，力争“年年见成效，三年换新貌”。政府投资项目审批时限压减至92天以内，压减了三分之二，平均供地率提高到73.03%。2016年完成城市提升项目投资52.60亿元，开工项目47个，竣工项目24个。

3. 区域合作情况。

——大力实施主动融入珠三角总战略。加快实施《韶关市主动融入珠三角实现加快发展行动计划（2015—2018年）》，不断完善融入珠三角的体制机制。加快建设珠江西岸先进装备制造产业带韶关配套区。积极参与“广佛肇+清远、云浮、韶关”经济圈建设。推动建立交流合作机制，制定实施《广佛肇清云韶经济圈建设2016年度重点工作计划》，推动韶关全面融入经济圈。加快建设莞韶园先进装备配套区。以建设珠江西岸先进装备制造产业带韶关配套区为契机，启动杭萧钢构、韶铸集团及园区标准厂房等项目建设，培育壮大装备制造产业群，加快装备制造骨干企业转型升级。深化东莞韶关对口帮扶。全年新签项目95个，计划投资额203.08亿元，其中亿元项目49个，计划投资额175.14亿元。黄沙坪创新园成功入围广东省首批“互联网+”小镇，目前已引进了浪潮集团、铜道电子、快捷键电子商务、华盈富通基金等多家电商和产业服务项目，商务楼使用率超过60%，累计进驻企业68家，形成产业加速集聚势头。在全省第一轮对口帮扶工作成效和考核评估中，韶关以总分92.57分取得全省第三名的好成绩。

——继续加强“红三角”地区交流与合作。一是举办“英东杯”文艺竞赛、“红三角杯”桥牌联谊赛、“红三角”体育舞蹈公开赛。二是认真抓好“红三角”交通对接规划。《韶关市综合交通运输“十三五”发展规划》围绕促进“红三角”经济发展的目标，将武深高速公路（对接湖南郴州汝城）、雄乐高速公路等重大项目纳入规划。武深高速公路韶关段长156公里，投资估算226亿元，已进入全面建设阶段。2016年完成投资1.50亿元，努力推进雄乐高速、黄长高速等互联互通大通道项目前期工作。三是着力加强旅游合作。三地积极合作，收集了三地旅游产业概况介绍、旅游简介和景区图片的宣传资料。整合网络资源，实现三地旅游官方网站的互通链接，三地网络相互宣传推介旅游资源和旅游线路产品。建立旅游投诉、安全应急协调机制，三地旅游质量监督科室实行游客联动投诉机制，事发地旅游政府部门及时协助处理并告知客源地。推进无障碍旅游绿色通道，促成三地旅游企业成立“红三角”旅游联盟。四是不断推进“红三角”食品药品保障体系建设。加强相互学习交流，开展三地食品药品监管部门稽查打假信息通报和稽查打假协助。三地不断拓宽合作领域，积极推进食品药品监管经验交流、信息沟通、协作查案的合作机制，强化三方协作，初步建立起了一个资源共享、信息互通、协作密切、优势互补、长期有效的“红三角”食品药品合作协作机制。

4. 县域经济发展情况。2016 年，韶关市 7 个县（市）生产总值 688.93 亿元，增长 8.1%，占全市生产总值 61.8%；地方一般公共预算收入完成 33.56 亿元；固定资产投资 457.37 亿元，增长 3.5%；规模以上工业增加值 181.40 亿元，增长 9.3%。县域特色工业逐步成形，形成了铝箔、精细化工等特色产业。农业招商引资在建项目 11 个，投资总额 102 500 万元。

表 21　2016 年韶关市县域经济发展状况

地区	地区生产总值（亿元）	固定资产投资（亿元）	社会消费品零售总额（亿元）	地方一般公共预算收入（亿元）	三次产业结构
乐昌市	114.67	37.16	61.27	5.30	20.4∶23.1∶56.5
南雄市	138.52	115.53	50.73	5.82	20.6∶39.4∶40.0
仁化县	102.21	63.75	30.48	6.28	19.7∶34.9∶45.4
始兴县	82.91	66.71	18.97	3.87	23.0∶39.3∶37.7
翁源县	96.57	69.47	34.36	3.98	24.4∶29.9∶45.7
新丰县	80.29	37.78	24.30	3.10	15.8∶44.4∶39.8
乳源县	73.76	66.97	22.47	5.21	10.9∶46.9∶42.2

——乐昌市。2016 年，乐昌市地区生产总值 114.67 亿元，增长 5.6%。人均地区生产总值 27 766 元，增长 4.8%。三次产业结构为 20.4∶23.1∶56.5。规模以上工业增加值 15.40 亿元，下降 0.5%。固定资产投资完成 37.16 亿元，增长 15.2%。地方一般公共预算收入 5.30 亿元，下降 11.2%。社会消费品零售总

额61.27亿元，增长9.0%。城乡居民人均可支配收入18 438元，增长9.4%。

——南雄市。2016年，南雄市地区生产总值138.52亿元，增长8.2%；人均地区生产总值41 780元，增长7.4%。三次产业结构为20.6：39.4：40.0。规模以上工业增加值40.42亿元，增长13.0%。固定资产投资完成115.53亿元，增长8.1%。地方一般公共预算收入5.82亿元，下降3.0%。社会消费品零售总额50.73亿元，增长11.2%。城乡居民人均可支配收入18 258元，增长10.4%。

——仁化县。2016年，仁化县地区生产总值102.21亿元，增长7.8%，人均生产总值49 082元，增长6.9%。三次产业结构为19.7：34.9：45.4。规模以上工业增加值29.20亿元，增长10.3%。固定资产投资完成63.75亿元，增长5.3%。地方一般公共预算收入6.28亿元，增长2.9%。社会消费品零售总额30.48亿元，增长10.3%。城乡居民人均可支配收入19 000元，增长10.5%。

——始兴县。2016年，始兴县地区生产总值82.91亿元，增长8.2%，人均地区生产总值38 844元，增长7.4%。三次产业结构为23.0：39.3：37.7。规模以上工业增加值24.64亿元，增长12.2%。固定资产投资完成66.71亿元，增长9.8%。地方一般公共预算收入3.87亿元，增长0.6%。社会消费品零售总额18.97亿元，增长11.7%。城乡居民人均可支配收入17 292元，增长10.5%。

——翁源县。2016年，翁源县地区生产总值96.57亿元，增长6.8%，人均地区生产总值27 982元，增长6.0%。三次产业结构为24.4：29.9：45.7。规模以上工业增加值21.20亿元，增长6.1%。固定资产投资完成69.47亿元，增长9.1%。地方一般公共预算收入3.98亿元，下降3.5%。社会消费品零售总额34.36亿元，增长9.8%。城乡居民人均可支配收入18 438元，增长9.4%。全年接待游客178.50万人次，旅游总收入13.10亿元，分别增长22.3%和21.3%。

——新丰县。2016年，新丰县地区生产总值80.29亿元，增长7.1%，人均地区生产总值37 416元，增长6.2%。三次产业结构为15.8：44.4：39.8。规模以上工业增加值26.74亿元，增长7.2%。固定资产投资完成37.78亿元，下降28.1%。地方一般公共预算收入3.10亿元，下降17.9%。社会消费品零售总额24.30亿元，增长13.0%。城乡居民人均可支配收入16 486元，增长6.0%。

——乳源县。2016年，乳源县地区生产总值73.76亿元，增长9.7%，人均地区生产总值39 893元，增长8.8%。三次产业结构为10.9∶46.9∶42.2；规模以上工业增加值23.80亿元，增长11.4%。固定资产投资完成66.97亿元，增长2.7%。地方一般公共预算收入5.21亿元，下降0.6%。社会消费品零售总额22.47亿元，增长10.1%。城乡居民人均可支配收入1 7100元，增长10.0%。

5. 芙蓉新区规划建设情况。2016年，芙蓉新区完成投资115.40亿元（占全市固定资产投资16.4%），其中基础设施投资16.90亿元，工业投资53.30亿元，房地产开发投资30.80亿元。分片区看：武江区完成投资64亿元（其中核心区63.40亿元，核心区中的起步区42.50亿元），浈江片区31.80亿元，曲江片区16.30亿元，乳源片区3.30亿元。

——项目用地得到较好保障。芙蓉、西联安置新村建成交付、完成房屋分配402套，车头新村主体完工，下胡新村启动建设。芙蓉村、西联村整村签订拆迁协议238户、面积约4万平方米。完成270亩土地调规和1 555亩用地报批；制定新城路网整体调规方案，加快推进路网用地打包办证工作。积极协调武江区开展征拆交地工作。年度32项征拆交地任务中，有12项完成并满足施工需求，9项基本完成，实际交地共约3 000亩。

——市政及公建项目加快配套。骨干路网建设加快，曲江大道、5号路、8条次干道项目顺利开工建设，南华路建成验收，滨江路、百旺路基本完成路面施工，芙蓉隧道主体工程完成80%、实现单边贯通，综合管廊一标段（5号路）开工建设，主干道路绿化升级工程启动实施；综合客运枢纽站一期主体基本完工；盆景山公园北面基本完工并对外开放，滨江公园及市民文化活动中心等城市场馆类项目开展设计优化。

——产业项目有序推进。农信社、人保财险、中海投等总部型项目开展地块围蔽，前海人寿金融中心、三甲医院地块具备招拍挂条件，高铁站前广场片区完成概念规划设计优化。

——融资工作成效较为明显。通过发行企业债券、设立基金、争取银行贷款等方式，全年共融资90.73亿元，提用15.84亿元。成功申请中央棚户区改造配套设施补助资金3.50亿元。

（三）河源市

1. 概况。2016年，河源市实现地区生产总值898.72亿元，增长8.6%；人均地区生产总值为29 205元。三次产业结构调整为11.2：43.6：45.2。全年完成固定资产投资652.29亿元，增长15.6%。全年社会消费品零售总额537.44亿元，增长11.3%。外贸进出口总额39.37亿美元，下降2.3%，其中出口总额28.52亿美元，增长0.7%。地方一般公共预算收入68.89亿元，增长2.1%。

2. 实施粤东西北振兴发展战略情况。

——把园区建设作为振兴发展第一要务，促进园区平台集聚效应凸显。推动工业园区扩能增效。2016年投入开发资金36.89亿元，扩园10.14平方公里，实现园区开发面积达83平方公里，落户项目1 041个，其中建成投产826个，新增规模以上工业企业300个。市高新区成为粤东西北首个国家级高新区。实现“五县三区”省级产业园（产业集聚区）认定“全覆盖”。电子信息、模具制造、新型材料等主导产业不断壮大，其中电子信息产业产值450亿元，增长15.0%。加快万绿生态旅游产业园建设，建成巴伐利亚庄园等景区景点34个，新增国家4A级景区3家，引进“客天下”等一批高端旅游文化项目。电子商务快速发展，互联网交易额年均增长30.0%。市高新区物流园、龙川铁路编组站物流园加快建设。河源成为省农村金融推广示范市和改革创新综合试验区，设立了前海股权交易（河源）中心、广州股权交易中心河源运营中心。加快发展现代农业，新增10个省级农业标准化示范区，灯塔盆地国家现代农业示范区成为国家农业创新与集成示范基地和国家农业科技园区。

——抢抓交通基础设施建设，促进交通区位优势显著提升。完成交通建设投资315.20亿元。汕湛高速（河源段）、大广高速建成通车，汕昆高速、武深高速、河惠莞高速等加快推进，赣深高铁动工建设，河惠汕高速、广河高铁、杭广高铁、龙汕铁路等前期工作有序推进，改造国省道和县乡公路1 000公里。河源进出境货运车辆检查场建成使用。大力发展民生水利，投入4.24亿元建设农村饮水安全工程148宗，解决了90余万农村居民饮水不安全问题；投入26.56亿元建设84宗中小河流治理项目，治理河长1 240.51公里；投入10.10亿元完成水利示范县建设工程188宗。市区水源工程建设进展顺利。

——科学规划城乡建设，促进现代山水新城初具规模。积极推进“全域规划、多规合一”，编制了城市总体规划、中心镇总体规划等一系列规划。中心城区进一步扩容提质，改造市政道路26条，贯通“断头路”11条，完成背街小巷改造工程100多项；建设提升一批城市公园和绿道，建成全民健身广场等休闲广场；新建、改建、扩建农贸市场12个；建成迎客大桥。积极创建国家园林城市，扎实推进海绵城市试点建设。江东新区城市起步区全面动工建设。加强城市管理，打击“三违四抢”、整治“六乱”效果明显，城市“五化”水平提升。新农村建设加快推进。完成农村集体土地所有权确权登记发证工作，农村土地承包经营权确权颁证工作顺利开展。“特色小镇、美丽乡村”建设和宜居村镇“六个一”工程试点进展顺利。

——加快改革创新，形成新的发展动能。推进协同创新，建立河源广工大协同创新研究院、省科学院河源研究院，实施产学研项目161项。全市拥有省级工程技术中心43家、省级产业技术创新联盟1家、国家级孵化器培育单位1家。市高新区成为首批省级“双创”示范基地。安排技改资金8.70亿元，推动167家规模以上企业投资112.40亿元开展技术改造。质量强市成效明显，11个产品获广东省名牌产品称号、474家企业通过质量管理体系认证；举办了首届“政府质量奖”评选活动。着力推进供给侧结构性改革，“三去一降一补”效果初显，为企业减负33.50亿元，清退4家“僵尸企业”，化解商品房库存面积165万平方米。深化行政审批制度改革，合并调整压减行政审批事项464项，社会投资项目审批时限从180天缩短至37天，政府投资项目审批时限从210天缩短至45天。推进“一门式、一网式”政务服务创新平台建设。基层公共服务综合平台全面建成。扎实推进国企改革，完成市直4家国企改制。“营改增”纵深推开，助推企业降本增效。在全省率先实施村（居）资金“双重”公示制度。

——坚持环境治理，巩固绿色优势。深入实施新一轮绿化河源大行动，全市完成森林重点生态工程造林任务9.46万亩，建设生态景观林带390.7公里，建成森林公园22个、自然保护区18个、湿地公园7个，森林覆盖率提高2.5百分点。新丰江水库入选国家重点支持保护湖泊，47个环保项目扎实推进。新建污水处理设施17座，完善配套管网88公里，全市污水日处理能力达32.6万吨。各县城建成生活垃圾填埋场，垃圾处理实现“一县一场、一镇一站、一村一点”。大力推进东江水环境综合整治，实施南粤水更清行动计划，东江河源段主要河流水质持续改善。实施“五大治污工程”，空气质量保持优良。完成省下达的节能减排任务。

——稳步推进民生福祉，增强群众获得感。全市基本实现“一村一卫生站”，群众就医环境得到改善。城镇新增就业每年超过4万人次，城镇登记失业率控制在2.42%以内。建成1 426个村（社区）人力资源社会保障公共服务平台。城乡居民养老、医疗保险一体化，城乡居民基础养老金、居民医保财政补助标准、企业退休人员基本养老金水平分别提高到110元、420元、1 701元。城镇、农村居民低保补贴水平分别提高到每人每月421元以上、197元以上，农村“五保”供养标准达到当地上年度农村人均纯收入的60%。因灾全倒户重建3 146户。全面实施殡葬基本服务免费政策。获评“全国法治宣传教育先进城市”。坚持每年办好“十件实事”，着力解决群众的住房、就业、就医、教育、出行等问题。

3. 融入“深莞惠+汕尾、河源”经济圈建设情况。

——“深莞惠+汕尾、河源”经济圈合作机制更加紧密。深度对接深圳“东进战略”，积极实施河源“南融行动”，加快推进与深莞惠一体化建设，使河源成为珠三角连接长三角、辐射大内陆的重要枢纽。深圳与河源实现全面对口帮扶，在发展规划、产业共建、长期结对、区域创新、基础设施建设、环境治理、生态保护、社会公共事务管理等方面紧密合作，促进要素合理流动，优化资源配置，共建“深莞惠+汕尾、河源”经济圈。河源逐步参与经济圈各市部门层面的联席会议，特别是交通、旅游、文化等部门已建立联席会议制度，具体合作事项由对口部门提出并进行磋商对接，逐步将深莞惠三市原有合作延伸至汕尾、河源两市。

——铁路项目和高速公路等交通基础设施建设取得新进展。深圳、东莞、惠州、汕尾与河源共同推进规划中的赣深高铁（赣深客专）、河惠莞高速、惠河城际轻轨、河（源）汕（尾）高速、龙（川）汕（尾）铁路等重大交通基础设施加快立项建设。新建铁路赣深客专确定在年底开工，龙川至龙岩客运专线，预可设计工作基本完成。龙川至汕尾铁路，已纳入国家中长期普速铁路网。河惠莞高速龙川至紫金段，已完成年度投资14.50亿元，占年度计划的67.4%。河惠莞高速河源紫金至惠州惠阳段，已获省发展改革委批复立项。汕昆高速公路龙川至怀集段，已完成年度投资32.30亿元，占年度计划投资的107.6%。武深高速公路，已完成年度投资3.35亿元，占年度计划投资的74.4%。河（源）惠（州）汕（尾）高速公路，已完成可行性研究。河源交通瓶颈加快破解，“五纵四横”高速公路网正在形成，“一纵一横”高铁网正在加快规划，河源将成为连接珠三角与长三角的“黄金通道”，与广州、深圳、东莞、香港的车程均在2小时内，高铁建成后更是缩短至1小时内，是环珠三角最接近这四个大城市的地区。

——产业共建基础逐步夯实。河源在粤东西北唯一同时拥有国家级的高新技术开发区和现代农业示范区，省级产业转移园（产业集聚区）实现县区全覆盖，高新技术产业持续增长，高端旅游业开始破题，现代生态农业蓬勃发展。从产业发展来看，推进新兴产业发展一体化，积极谋划与珠三角产业共建，引导和推动同一产业、同一企业在珠三角与河源的总体布局及一体化发展，共同打造区域产业链，形成同一水平下优势互补的区域产业分工合作格局，争当深莞惠产业发展的“大腹地”。在发展现代生态农业方面，引进酷派集团弘稼现代生态农业园，引进华大基因建设国家基因库活体库，在发展健康休闲产业方面，投资40亿元的巴伐利亚庄园二期正加快建设，保利集团开发响水国际生态旅游度假区。

——社会民生事业合作取得新成效。加强与深圳市合作，深化教育、社会保障、公共文化、体育事业、医疗卫生、民政事业、住房保障等方面的合作发展，推动各类社会资源无障碍自由流动与使用，共建共享优质生活圈。深圳河源人社部门签订《深圳河源人力资源社会保障全面合作推进五个一体化目标框架协议》，在干部交流培训方面，人力资源合作方面，招收智力扶贫生方面，社会保险方面等进行全面对接。与深圳市签订《深圳市文体旅游局—河源市体育局对口帮扶框架协议》，明确帮扶目标、帮扶时间、帮扶项目等内容，助力两地体育事业交流融合以及共同发展。深莞惠经济圈公积金缴存职工异地互认互贷制度取得实质性工作成效，深圳市协助河源市建立健全城乡社会福利体系建设；引导有关服务机构在河源市范围内设立服务站点并开展工作；探索发展深圳到河源地域范围内的异地养老模式，在河源开展“银龄行动”等老龄服务。

4. 县域经济发展情况。河源市辖源城区、东源县、龙川县、紫金县、连平县、和平县共五县一区，设有一个国家级高新区和河源江东新区。全市现设有99个乡镇，4个街道办事处。2016年，全市县域地区生产总值561.61亿元，占全市的62.5%。

表22　2016年河源市县域经济发展状况

地区	地区生产总值（亿元）	固定资产投资（亿元）	社会消费品零售总额（亿元）	地方一般公共预算收入（亿元）	三次产业结构
东源县	104.38	91.76	69.82	8.31	15.7：41.4：42.9
龙川县	136.47	97.80	103.36	6.33	19.1：27.5：53.4
和平县	102.02	72.01	59.16	5.22	16.0：42.3：41.7
连平县	90.23	66.21	56.86	6.68	12.4：46.2：41.4
紫金县	128.51	81.91	92.74	6.53	21.8：32.4：45.8

——东源县。2016 年，东源县完成地区生产总值 104.38 亿元，增长 9.2%；实现规模以上工业增加值 43.93 亿元，增长 11.6%；地方一般公共预算收入 8.31 亿元，增长 4.1%；固定资产投资 91.76 亿元，增长 22.0%；外贸进出口总额 33.50 亿元，增长 5.6%；社会消费品零售总额 69.82 亿元，增长 11.1%；城镇居民人均可支配收入 21 569 元，增长 7.9%；农村居民人均可支配收入12 290元，增长 11.7%。税收超千万元乡镇达 13 个。推进深圳盐田（东源）产业转移工业园建设，投入 3.30 亿元，完成扩园 1.3 平方公里，打造“一镇一特色”“一村一品”，创建特色农产品专业镇 9 个，特色农业生态园区 4 个，十大特色农产品基地巩固扩大。万绿湖创建国家 5A 级景区和省知名品牌示范区工作扎实推进，叶园温泉通过国家 4A 级景区质量复核，黄龙岩成功创建国家 3A 级景区。

——龙川县。2016 年，龙川县实现地区生产总值 136.47 亿元，增长 7.9%；农业总产值 44.80 亿元，增长 4.2%；全社会工业总产值 129.00 亿元，增长 9.9%；固定资产投资 97.80 亿元，增长 29.8%；地方一般公共预算收入 6.33 亿元，增长 4.0%；外贸进出口总额 22.80 亿元，增长 20.1%；社会消费品零售总额 103.36 亿元，增长 11.7%；城镇居民、农村居民人均可支配收入为20 657元、11 816 元，分别增长 11.0%、10.7%。发展基础日臻完善，完成交通公路建设投资 23.24 亿元；赣深高铁经过龙川并设立 4 台 10 线站场，宝龙东江大桥建成通车；汕昆高速龙川段完成总工程量 79%，河惠莞高速龙川段全线动工建设，迎宾大道完成投资额的 40%；园区建设步伐加快，深圳宝安（龙川）产业转移园扩园 1.21 平方公里，逐步形成电子电器、空气能、现代建筑工业化三大主导产业，景旺电子成功上市，耀宇科技登陆前海股权交易中心，世界级钢结构企业迈诺公司建成投产，广东省空气能检测中心建成。城区扩容提质加快。县城建成区面积新增 0.51 平方公里。

——和平县。2016 年，和平县生产总值突破百亿大关，完成 102.02 亿元，增长 8.4%；地方一般公共预算收入 5.22 亿元，增长 6.2%；税收总收入 7.50 亿元，增长 10.5%；工业增加值 46.20 亿元，增长 10.7%；规模以上工业增加值 42.90 亿元，增长 11.5%。全县固定资产投资达 72.01 亿元，增长

18.8%，电子商务、信息消费、旅游休闲等成为消费新增长点。实现社会消费品零售总额59.16亿元，增长16.7%。夯实园区发展基础，投入资金3.27亿元，新增“三通一平”面积1.2平方公里，基础设施不断完善，园区承载能力进一步增强。投入技改资金10亿元，实施技改工业企业15家、机器换人企业3家。旅游产业不断做大做强，知名度进一步提高。林寨古村成为中国第一个登上美国邮票的古村落，彭寨墩头村成功入选省级非遗名录和省级古村落。发展高效特色农业，品牌建设初具成效，新认证无公害农产品11个，省名牌产品2个，市金牌产品2个。

——连平县。2016年，连平县实现地区生产总值90.23亿元，增长6.6%；人均生产总值25 685元，增长6.3%；三大产业结构调整为12.4：46.2：41.4。完成固定资产投资66.21亿元，其中完成工业投资29.20亿元。完成税收收入、地方一般公共预算收入分别为7.66亿元、6.68亿元。启动了“国家农产品质量安全示范县”创建工作，增创全国首家铁皮石斛基地、“广东绿茶王”“广东最美茶园”等一批绿色、有机品牌。实现农业总产值17.96亿元，增长4.0%。推动忠信丰华生态源顺利落地建设，进一步升级完善现有景区景点，“桃花节”“蜜桃节”“花灯节”等节庆游、乡村游广受青睐。全年接待游客292万人次，实现旅游收入22.65亿元，增长11.7%。

——紫金县。2016年，紫金县完成地区生产总值128.51亿元，增长7.1%；农村居民人均可支配收入11 961元，增长11.0%；地方一般公共预算收入、税收总收入分别为6.53亿元、9.99亿元，增长3.2%、20.2%；外贸进出口总额7.50亿元，增长70.5%；三大产业结构由2015年的22.3：36.2：41.5调整为21.8：32.4：45.8。实现工业总产值148.44亿元、增加值40.00亿元，分别增长7.1%、9.1%。突出特色，现代农业稳步发展。完成农业总产值44.11亿元，增长4.3%。做强旅游业第三产业活力显现，全年接待游客272万人次、旅游总收入24.10亿元，分别增长10.1%、9.4%。

5. 河源江东新区规划建设情况。

——经济平稳较快增长。2016年，新区实现地区生产总值49.70亿元，增长8.5%；规模以上工业增加值22.63亿元，增长9.4%；地方一般公共预算收入 1.27 亿元；完成固定资产投资 32.54 亿元，增长 181.2%；社会消费品零售总额 24.82 亿元，增长 19.3%；国地税总收入 1.22 亿元；外贸进出口总额 1 034.40 万美元，合同利用外商直接投资 3 598 万美元。

——项目建设顺利推进。新区列入省、市重点的项目有 11 个（其中新开工项目 5 个），投资总额 56.82 亿元，年度计划投资 25.43 亿元，完成投资 22.53 亿元。交通基础设施建设全面提速，赣深高铁河源段正式动工建设，国道 205 线东移工程新区段有关征拆调查摸底工作正在开展，县道 168 线临江至古竹路面改造工程完成了前期相关准备工作。

——发展瓶颈逐步破解。科学合理开展土地报批工作，提前筹备新区土地利用总体规划中期修改工作，完成编制核实举证说明、前期调研和基础资料收集等相关工作。资金瓶颈逐步破解，2016 年新区共筹集到位资金 10.09 亿元。

——城乡建设步伐加快。大力推进“特色小镇”“美丽乡村”建设。古竹镇成功入选首批中国特色小镇，新区以此作为全面建成小康社会、推动产业转型升级、促进现代农业发展的一个重要抓手，扎实推进各项工作。全面整治城乡环境，建立健全城乡环境卫生整治体制机制，形成全民参与的良好氛围，群众环保意识不断增强，人居环境明显改善。

（四）梅州市

1. 概况。2016 年，梅州市地区生产总值 1 045.57 亿元，增长 7.5%；人均地区生产总值 24 032 元，增长 7.0%。三次产业结构为 19.8∶35.3∶44.9。工业增加值 303.26 亿元，增长 6.3%；规模以上工业增加值 221.58 亿元，增长 4.6%，新增规模以上工业企业 18 家。固定资产投资 650.36 亿元，增长 14.5%。社会消费品零售总额 619.77 亿元，增长 10.8%。外贸进出口总额 23.23 亿美元，下降 5.3%。地方一般公共预算收入 105.46 亿元，增长 1.8%。全体常住居民人均可支配收入 17 986.6 元，增长 9.6%。

2. 实施粤东西北振兴发展战略情况。

——重大产业发展平台建设扎实推进。全力推进广东梅兴华丰产业集聚带建设，制定出台《关于推进梅兴华丰产业集聚带近期重点发展区域规划建设工作实施方案（2016—2020 年）》等一系列文件。以省先行安排的 5 亿元为启动资金，整体推进集聚带环保基础设施建设，加快推进交通、通信、水电等配套设施和学校、医院等公共服务设施建设，规划建设一批重点产业项目。22 项基础设施建设项目全年完成投资 46.50 亿元，梅畲快速干线、现代铁路物流园、创新创业孵化园等项目加快建设。改造提升梅江韩江两岸景点景区基础设施，培育发展文化旅游、生态休闲、健康养生等新业态和旅游新品，总投资 569.25 亿元的 46 项休闲旅游重点项目稳步推进。

——交通水利等基础设施建设加快推进。2016 年，全市完成交通固定资产投资 120.70 亿元，增长 20.6%。其中，高速公路、铁路分别完成投资 42.0 亿元、19.7 亿元；梅汕高铁全线动工，龙岩至梅州至龙川、瑞金至梅州铁路和梅县机场迁建前期工作有序推进。完成 34 宗省山区中小河流治理项目共 660.4 公里的河道治理任务总投资达 13.50 亿元；韩江高陂水利枢纽工程一期一段上游围堰合龙，全年完成投资 11.97 亿元；五华抽水蓄能电站加快建设，完成投资 2.80 亿元。

——产业园区扩能增效不断提升。2016 年，全市产业园区（集聚地）水、电、路及污水处理等基础设施建设共投入 26.23 亿元。广梅产业园二期基础设施建设全面启动，总投资 8.55 亿元的 24 个项目陆续开工。全市产业园区（集聚地）完成固定资产投资 152.48 亿元，实现工业总产值 431.36 亿元，增长 13.3%；规模以上工业增加值 83.38 亿元，增长 20.8%；税收 20.15 亿元，增长 26.1%。其中，广梅园实现工业总产值 106.53 亿元，规模以上工业增加值 20.70 亿元，分别增长 1.6%、4.7%。进园企业数达到 650 家，累计建成项目 544 个，在建项目 106 个。

——中心城区扩容提质步伐加快。2016 年，嘉应新区实现生产总值 150.26 亿元，增长 7.8%；完成固定资产投资 222.97 亿元，增长 57.4%，其中，起步区完成投资 133.69 亿元，增长 37.5%。江南新城全年共引进产业项目 19 个，完成投资 42.35 亿元。积极引导金融资本、社会资本参与城市开发建设，全年将筹集各类资金的167.92亿元投入江南新城征地拆迁和项目建设。加快各县县城和中心镇建设，打造一批美丽乡村示范点，全市常住人口城镇化率48.59%。

——重点领域改革稳步推进。44项中央和省设立的涉企行政事业性收费实现“零收费”，全年共为全市企业减负约31.48亿元；净化解非住宅商品房2.6万平方米，超额完成了年度去库存任务；255个补短板重大项目动工建设，完成投资419.65亿元。推进行政审批制度改革，市级行政审批事项压减53.7%，审批时限缩减64%。实施企业登记“五证合一”和个体户“两证整合”登记制度改革，开通“同城通办，一窗通办”服务，市场主体总数达19.6万家。全面铺开营业税改增值税试点工作。

——生态文明建设不断巩固提升。完成碳汇造林18.1万亩，封山育林面积12.97万亩。完成生态景观林带提升工程317公里，规划新建森林公园21个、湿地公园2个。全年共投入森林公园建设资金9 713万元，其中市财政投入“以奖代补”资金550万元，县财政投入资金9 163万元。全市参加义务植树254万人次，植树1 012万株，社会造林面积达6万亩。全面完成省下达的节能减排任务，以创建节能减排财政政策综合示范城市为契机，对2016年经省以上环保部门认定的减排项目实行奖励，对提前淘汰的黄标车给予0.5万～2.4万元补贴，对高污染燃料锅炉改造项目给予每蒸吨3万元的补贴，扎实有效地推动节能减排工作。最严格水资源管理考核连续2年被省评定为优秀等级。深入开展城乡环境综合整治测评，进一步完善城乡环境整治长效工作机制，全市生活污水处理率96.6%，城镇生活垃圾无害化处理率100%，农村生活垃圾有效处理率82.8%，村庄保洁覆盖率99.1%。

——积极推进原中央苏区振兴发展。认真抓好原中央苏区和革命老区政策落实，结合贯彻落实粤东西北地区振兴发展政策，全力推动梅州苏区加快振兴发展。认真贯彻落实中央和省关于革命老区开发建设的文件精神，结合自身实际，研究制定了对接落实工作方案，全面对接落实各项任务举措。省对包括梅汕高铁在内的原中央苏区县境内在建和新建国铁干线项目的市级资本金出资减半；梅州纳入国家“十三五”交通扶贫规划，普通公路（桥梁）、公路客运站国家投资补助标准大幅提高，省级补助享受省内最高标准；城市公共基础设施和文教卫体等社会民生项目中央预算内投资补助标准提高；农村危房改造省补助标准提高。水利、保障性安居工程配套基础设施、环保、医疗卫生、教育等领域33个项目共争取中央和省预算内投资资金15.39亿元。原中央苏区农村超高速无线局域网应用试点工作启动实施。

3. 县域经济发展情况。梅州市下辖兴宁市、五华县、平远县、蕉岭县、丰顺县、大埔县六个县（市）。2016年，全市县域经济持续稳定发展，县域地区生产总值实现640.61亿元，占全市的61.3%，增长7.5%，与全市发展速度持平；县域人均地区生产总值18 853元，是全市的78.4%，增长7.0%；地区生产总值超150亿元的有兴宁市，100亿~150亿元的有五华县和丰顺县，50亿~100亿元的有大埔县、平远县和蕉岭县。县域财力持续增长，2016年全市县域一般公共预算收入51.36亿元，是全市的48.7%，增长14.8%，超10亿元的有兴宁市；固定资产投资319.36亿元，是全市的49.1%，增长10.1%。

表23　2016年梅州市县域经济发展状况

地区	地区生产总值（亿元）	固定资产投资（亿元）	社会消费品零售总额（亿元）	地方一般公共预算收入（亿元）	三次产业结构
兴宁市	166.37	54.41	49.10	11.04	27.5：23.7：48.8
五华县	140.55	74.59	95.62	6.90	22.9：26.2：50.9
平远县	76.23	39.57	49.27	7.38	15.9：35.6：48.5
蕉岭县	73.06	38.82	90.47	8.00	17.0：29.7：53.3
丰顺县	103.21	53.17	37.19	8.44	22.9：41.1：36.0
大埔县	81.19	58.80	25.16	9.60	26.7：29.7：43.6

——兴宁市。2016年，兴宁市实现生产总值166.37亿元，增长6.0%；人均生产总值16 845元，增长5.5%；地方一般公共预算收入11.04亿元，增

长 10.3%；固定资产投资 54.41 亿元，下降 19.9%；城镇居民人均可支配收入 22 262 元，农村居民人均可支配收入 14 621 元。全市 19 个省市重点项目完成投资 37.38 亿元，占年度计划投资的 118.5%。完成工业增加值 33.95 亿元，增长 6.5%。全市新增 2 家规模以上企业，鸿源机电在新三板上市；全市新引进家安消防、大兴眼镜基地等合同项目 31 个，计划投资总额 82.16 亿元。兴汕高速兴华段实现无障碍施工；袁隆平团队的“华南双季超级稻”产量创世界纪录；中国工程院饶芳权院士与鸿源机电合作共建了梅州市首个院士工作站。

——五华县。2016 年，五华县实现生产总值 140.55 亿元，增长 9.0%；人均生产总值 12 968 元，增长 8.4%；地方一般公共预算收入 6.90 亿元，增长 24.3%；固定资产投资 74.59 亿元，增长 67.6%；城镇居民人均可支配收入 18 780.0 元，农村居民人均可支配收入 11 145.4 元。全县 32 个省市重点项目完成投资 72.27 亿元，占年度投资计划的 142.6%。广州番禺（五华）产业转移工业园区共有企业 86 家，实现工业产值 59.20 亿元、规模以上工业增加值 11.50 亿元、税收 1.40 亿元，分别增长 11.3%、30.7%、27.3%。积极参与梅兴华丰产业集聚带建设，粤台（梅州）自行车产业园规划建设有序推进。梅州（五华）抽水蓄能电站完成投资 2.80 亿元，“三洞两路”前期工程和两个移民安置区建设有序推进。

——平远县。2016 年，平远县实现生产总值 76.23 亿元，增长 8.6%；地方一般公共预算收入 7.38 亿元，增长 12.5%；固定资产投资 39.57 亿元，增长 42.5%；规模以上工业总产值 53.50 亿元，增长 5.0%。全县 37 个省市重点项目完成投资 54.68 亿元，占年度计划的 117.6%。家居建材、机械制造、电子信息等产业规模不断扩大，新增 10 家规模以上企业，实现新增产值 8.65 亿元。完成签约项目 30 个，其中合同项目 20 个，合同投资总额 82.40 亿元，当年实际投入 9.40 亿元。新增 4 家培育入库企业，元芯科技被认定为国家高新技术企业；获赛尔成功在新三板挂牌上市。

——蕉岭县。2016 年，蕉岭县实现生产总值 73.06 亿元，增长 6.1%；人均生产总值 34 734 元，增长 5.6%；地方一般公共预算收入 8.00 亿元，增长

13.2%；固定资产投资38.82亿元，增长38.6%；城镇居民人均可支配收入21 815.9元，农村居民人均可支配收入13 823.1元。全县16个省市重点项目完成投资46.83亿元，占年度投资计划的109.9%。塔牌600万吨水泥生产线建设进展顺利，第一条300万吨水泥生产线已基本完工；金鹏精化增资扩产项目第一条年产6万吨生产线已建成投产；国家水泥及制品质量监督检验中心主体工程已完成；广福建材、淦源新型建材增资扩产项目扎实推进；皇马公司150万吨旋窑水泥生产线项目重组核准工作有序开展。

——丰顺县。2016年，丰顺县实现生产总值103.21亿元，增长6.9%；地方一般公共预算收入8.44亿元，增长14.6%；固定资产投资53.17亿元，下降4.6%；城镇居民人均可支配收入20 738元，农村居民人均可支配收入11 418元。全县42个省市重点项目完成投资63.73亿元，占年度投资计划的116.9%。省级经济开发区扩区获省政府审批；海珠（丰顺）产业园纳入省级循环化改造示范试点园区。实施“乡贤回乡投资兴业工程”，引进合同项目15个，计划投资91.30亿元。宇星新材、青蒿药业获准新三板上市。投资5亿元的中国（丰顺）电声产品国际采购中心加快建设，省级质量监督电声产品检验站建成试运营。2016年实现电声产值92.00亿元，增长16.0%。

——大埔县。2016年，大埔县实现生产总值81.19亿元，增长9.3%；人均生产总值21 232元，增长8.8%；地方一般公共预算收入9.60亿元，增长17.3%；固定资产投资58.80亿元，下降10.9%。全县36个省市重点项目完成投资61.96亿元，占年度计划的120.4%。广州海珠（大埔）产业集聚区共有企业20家，其中已投产18家、在建2家。2016年全县共引进项目43个，计划投资96.62亿元，已投入资金16.23亿元。三河电力能源产业园区大埔电厂首期两台机组建成发电，累计投资53.00亿元；总投资61.54亿元的韩江高陂水利枢纽工程动工建设，一期一段上游围堰合龙，全年完成投资11.97亿元；大潮高速（含大漳支线）动工建设。

4. 重大区域发展平台规划建设情况。

——梅州嘉应新区。2016年，嘉应新区（含高新区、梅江区、梅县区和兴宁市范围）生产总值150.26亿元，增长7.8%。其中，第一产业增加值23.39亿元，增长4.0%；第二产业增加值58.25亿元，增长5.9%；第三产业增加值68.62亿元，增长10.9%。人均生产总值33 000元，增长7.3%；固定资产投资222.97亿元，增长57.4%；亿元以上重点项目共有60个，计划总投资917亿元，2016年完成投资142.98亿元，增长20.1%。一是优化新区规划。先后完成了嘉应新区城市总体规划、嘉应新区发展规划和实施方案、基础设施、低碳生态、市政专项规划、产业发展等有关规划和起步区控制性详细规划。二是加快基础设施建设。完成市政道路基础设施投资21.06亿元，增长1.98倍。至2016年年底，江南新城已完成管廊主体结构施工4.8公里，万达广场、东汇城周边道路基本建成。芹洋半岛启动建设19条道路，包括内环路和18条市政道路，总投资12亿元。起步区范围内，2016年建成骨干道路13.8公里，建成绿道10.9公里。芹洋半岛芹洋跨江输污工程正进行岸上施工。梅县新城剑英大道南续建工程和汽车文化城道路工程已基本建成，剑英大道延长线及客都大桥连接线2016年年底建成通车；客都大桥、环城一级公路梅县段等市政道路项目正全力推进。三是强化新区功能。加快建设梅州城市展览馆、青少年科技馆、剑英湖老公园改造、客家风情街、时光梅州、梅州市中心枢纽汽车站、游客服务中心等项目。梅县新城亲水公园生态休闲带首期项目全面对外开放，水质净化厂竣工投入使用，芹洋湿地公园、马鞍山公园基本建成。已建成田家炳医院、梅县区中医院、中山大学粤东医院（三甲医院）3家医院，已建成梅县外国语学校、梅县新城中学等4所中学，已建成梅县中心小学、梅江区三角镇中心小学等8所小学。规划建设安置区12 378套，其中，芹洋半岛安置区3 070套，已全部建成，正在进行小区内配套基础设施建设；江南新城8 290套，梅县新城1 018套，正在有序推进中。四是加大力度招商引资。2016年，新签约项目50个，计划投资总额250.74亿元，新动工落地企业33家，新建成投产企业18家。江南新城两年来共引进项目35个，计划投资总额463亿元，累计完成投资111亿元。落户梅县新城项目有30个，计划总投资180亿元，其中10亿元以上项目6个。五是积极争取资金支持。通过争取专项资金、政策性贷款，用好用活股权基金，吸引社会资本等方式，2016 年筹措到位资金 167.92 亿元，投入 82.07 亿元，保障了江南新城征地拆迁和建设资金需求。发挥在全省首批获得粤东西北振兴发展股权基金 7.79 亿元的作用，撬动金融机构授信额度 13.40 亿元。

——梅兴华丰产业集聚带。2016 年，广东梅兴华丰产业集聚带园区（集聚地）共投入基础设施建设资金 22.05 亿元，争取省产业园区扩能增效专项资金 5.61 亿元，新签约项目 54 个，总投资额 100.56 亿元，新动工落地企业 43 家，新建成投产企业 40 家。实现工业总产值 356.98 亿元，规模以上工业增加值 65.30 亿元，增长 21.5%；完成税收 14.50 亿元，增长 25.7%。一是强力推进建设。确定了以广梅产业园为核心，包含梅县畲江片区、兴宁水口片区、五华河东片区、丰顺埔寨片区面积约 23.8 平方公里的工业发展用地作为产业集聚带近期重点发展区域。积极推进产业集聚带融资开发机制建设，完成了协商统一的融资平台市级国有投资公司的组建和整合工作，设立 100 亿元的交通银行梅州市原中央苏区振兴发展扶贫基金，首期 50 亿基金将以股权投资方式开展投资。二是注重规划引领。制定了《广东梅兴华丰产业集聚带环保基础设施规划建设方案》等一批政策措施文件。各园区围绕总体规划积极加强园区的规划修订。三是突出项目建设。全年 21 项市重点项目、9 项省重点项目基本完成年度计划投资。分别在广州和东莞举办了广东梅兴华丰产业集聚带新闻发布暨招商推介会等招商活动，全力推动产业集聚带招商引资工作。加强项目建设管理，积极推动集聚带园区 70 个工业项目建设。四是推动产业建设。积极落实共建合作框架协议，不断优化产业集聚带各园区基础建设，推动产业集聚发展。园区以广梅投资公司为融资主体，启动两年融资 30 亿元的相关工作，同时启动了总投资 8.55 亿元含 24 个项目的基础设施建设，积极推进广汽零部件产业园、广药王老吉大健康产业园、食品产业园和新能源新材料及先进制造业产业园四个“园中园”建设。

（五）清远市

1. 概况。2016 年，清远市完成生产总值 1 387. 71 亿元，增长 7. 9%。社会消费品零售总额 626. 80 亿元，增长 9. 7%。外贸进出口总额 44. 11 亿美元，下降 1. 9%。规模以上工业增加值 439. 85 亿元，增长 10. 0%。固定资产投资 620. 95 亿元，增长 0. 1%。地方一般公共预算收入 95. 64 亿元，下降 11. 8%。金融机构本外币存款、贷款余额分别增长 13. 3%、8. 6%。接待游客 3 493. 7 万人次，实现旅游收入 269. 72 亿元，分别增长 5. 3%、11. 9%。

2. 实施粤东西北振兴发展战略情况。

——基础设施建设全面提速。省、市重点项目年度完成投资 390. 30 亿元，占年度投资计划的 104. 8%。其中，省重点项目完成年度投资 210. 40 亿元，占年度投资计划的 110. 9%。完成交通基础设施建设投资 88. 31 亿元，完成投资计划的 100. 4%，其中轨道交通计划投资 7. 13 亿元，高速公路 64. 20 亿元，国省道 3. 30 亿元，市重点项目及县乡农村公路 13. 10 亿元，航道、码头及其他项目 0. 58 亿元。伦洲大桥及引道工程、龙怀公路清远段、清西大桥及接线工程、北江四桥、汕湛高速惠州至清远段、汕湛高速公路清云段、佛清从高速等加快推进。

——产业园区创新出实效。清远高新区新增国家火炬高性能结构材料特色产业基地、国家科技服务业区域试点等多块“国字号”牌子。华炬科技企业孵化器成为粤东西北首个国家级孵化器，天安智谷智汇空间成为国家级众创空间。乌克兰新材料产品展示中心落户清远。成功承办全国新材料高峰论坛、广东年度经济风云榜颁奖典礼、广佛莞清港澳台七地经济论坛等重要经济活动。天安智谷园区及广东天农集团荣登本届广东年度经济风云榜。推进质量强市建设，清远企业参与制定 22 项国家标准、3 项行业标准。高新技术企业达 112 家。专利申请量、发明专利申请量分别增长 123. 2%、100. 3%，专利增长连续两年全省第一。工业技改投资增长 50%。全省首个新能源电动车产业项目落户英德。富强、雅迪等一批投资超亿元的项目建成投产。

——广清对口帮扶更加精准高效。省正式印发广清一体化“十三五”发展规划。20亿元的穗清基金正式落地。广清产业园清城片区累计签约项目104个，44家企业动工，10家企业投产；佛冈片区开发正式启动。完成广清一体化交通专项规划编制，省道114线广清产业园至花都段改造完成。185所学校、15家县级以上医院与广州建立帮扶关系。广清两地实现异地就医医保即时结算、社保关系无障碍转移接续、住房公积金互贷稳步实施，金融、农业、旅游对接不断深入。

——综合改革全面推进亮点突出。加快推进供给侧结构性改革，商品房销售面积831.2万平方米，增长42%，消化库存236.8万平方米，去化周期缩短11.5个月；为企业减负40.28亿元；化解落后钢铁产能62万吨；出清国有“僵尸企业”14家，农网、水利等补短板工作加快。农村综合改革不断深化，共成立村民理事会16 464个、经济合作社19 569个，累计整合耕地面积106.5万亩，整合涉农资金16.90亿元，建成涉农平台260个、信用合作部49家。成为全国涉农资金整合优化唯一地级试点市，“三个重心下移”模式入选“2016年全国十佳创新社会治理案例”。连续两年获评“全国社会治理创新优秀城市”。相对集中行政许可权试点、“一门式、一网式”改革有序推进。在粤东西北率先推进企业登记“七证合一”。

——增创生态环保新优势。扎实推进主体功能区建设，建立健全绿色发展指标体系、资源环境承载能力监测预警指标体系和绩效考核评价体系，构建绿色金融生态圈。加强城市修补、生态修复，更新城市发展模式和治理方式，促进城市与自然和谐发展。加强大气污染综合防治，加快现有工业企业燃煤设施清洁能源替代，全面整治燃煤小锅炉，积极推行清洁生产，加快黄标车及老旧车淘汰进程。加强北江流域保护治理。全面落实“河长制”。加大污水处理厂及管网配套建设力度，确保全市城镇生活污水集中处理率达到90%以上。加强船舶污染控制，做好农业面源污染治理。加强饮用水源保护，确保城市和县级集中饮用水源水质全部达到Ⅲ类以上。加大造林绿化力度，稳步提升森林覆盖率。加强土壤重金属污染修复。建立碳排放权交易制度。

——社会事业快速发展。全市民生投入 237.50 亿元，占地方一般公共预算支出的 78.3%。新增城镇就业 4.6 万人。建设保障性安居房 5 937 套（户）。建设开放运动场馆 109 个。改造建设农村危房 12 151 套。完成内街小巷改造 100 条。新建绿道 19 公里。解决 10 万名农村居民自来水供应问题。完成 14 间乡镇卫生院业务用房扩建任务。为全市全科医生配备一体式巡诊箱。启动卫生强市、教育现代化先进市创建工作。成功举办第十届中国民间艺术节、2016 全国广电公益广告论坛等重大文化活动。全国广电公益广告研创基地落户清远。新建美丽乡村 142 个。新时期精准扶贫三年攻坚扎实推进，完成 4.5 万相对贫困人口脱贫任务。

3. 县域经济发展情况。清远县域共计 6 个县（市），包括 2 个县级市、4 个县，县域面积达 1.533 万平方公里，占全市总面积 1.9 万平方公里的 80.7%。

表 24　2016 年清远市县域经济发展状况

地区	地区生产总值（亿元）	固定资产投资（亿元）	社会消费品零售总额（亿元）	地方一般公共预算收入（亿元）	三次产业结构
英德市	255.00	138.33	121.49	15.68	21.4 : 32.9 : 45.7
连州市	136.67	39.96	48.40	6.23	26.2 : 22.2 : 51.6
佛冈县	114.92	35.23	40.69	8.44	9.9 : 46.7 : 43.4
连山县	30.97	5.14	6.24	1.23	23.9 : 29.7 : 46.4
连南县	40.04	10.10	8.41	1.48	15.9 : 27.6 : 56.5
阳山县	93.18	20.97	36.96	4.11	33.4 : 20.7 : 45.9

——英德市。2016 年，英德市实现地区生产总值 255.00 亿元，增长 7.9%。规模以上工业增加值 72.70 亿元，增长 13.6%。固定资产投资 138.33 亿元，增长 17.3%。城乡居民人均可支配收入 17 070 元，增长 10.1%。地方

一般公共预算收入15.68亿元，下降7.7%。实现社会消费品零售总额121.49亿元，增长9.7%。成功引进投资金额达10亿元的渔光互补光伏电站、科恒新能源科技等科技含量高、经济效益好的大型项目，全省首个新能源电动车产业园落户英德。全年接待游客1 069.70万人次，旅游总收入61.70亿元，分别增长6.3%和7.1%。市级及以上农业龙头企业发展到45家。农村经济总收入102.32亿元，农民人均可支配收入10 076元，分别增长8.0%和9.0%。

——连州市。2016年，连州市实现地区生产总值136.67亿元，增长6.1%；人均地区生产总值35 807元，增长5.7%。规模以上工业增加值11.45亿元，增长7.0%。固定资产投资39.96亿元，增长15.1%。社会消费品零售总额48.40亿元，增长11.3%。地方一般公共预算收入6.23亿元，下降13.6%。全体居民人均可支配收入为16 484元，增长11.0%。成功举办第十二届连州国际摄影年展、第六届连州菜心节。接待游客877.99万人次，实现旅游综合总收入43.62亿元，分别增长10.6%和11.3%。电子商务交易总额7 067万元。园区实现生产总值53.88亿元，增长5.2%。实现九陂园、城西家具园、新塘园、建滔信息科技产业园四园整合，四个园区签订投资协议项目92个，投资金额达92.44亿元。

——佛冈县。2016年，佛冈县实现地区生产总值114.92亿元，增长8.8%。规模以上工业增加值50.50亿元，增长18.6%；固定资产投资35.23亿元，下降9.5%。地方一般公共预算收入8.44亿元，下降13.8%。社会消费品零售总额40.69亿元，增长9.4%。城乡居民可支配收入增长9.5%。新引进东泽塑胶、欧亚空调制冷等项目8个，计划总投资18.50亿元。华润风电、恒益包装等项目顺利推进，雅迪机车、涞嵘办公椅业等顺利投产。广清产业园佛冈开发区正式揭牌，1亿元启动资金已到位。龙潭小寨、楼下生态农业观光园、龙南美丽大田、洛洞南国大寨等一批乡村旅游项目建成并正式运营。逐步形成广州北“冬泡泉、夏游村”的健康养生旅游格局，跻身2016年度广东省县域旅游综合竞争力十强县和广东省县域旅游创新发展十强县。全县全年共接待游客508万人次，实现旅游总收入34.30亿元。

——连山县。2016年，连山县实现地区生产总值30.97亿元，增长

3.4%。固定资产投资5.14亿元，下降2.3%。社会消费品零售总额6.24亿元，增长10.2%。地方一般公共预算收入1.23亿元，下降11.8%。城镇居民人均可支配收入19 813元，增长10.0%；农村居民人均可支配收入11 636元，增长17.0%。成功列为首批“省级全域旅游示范区”创建单位。举办了广东（连山）“七月香”壮家戏水节、牛王诞、盘王节等民族节庆活动。全年接待游客59.76万人次，增长13.8%；带动旅游消费3.14亿元，增长14.6%。“国家有机稻种植综合标准化示范区”通过验收。积极推行“龙头企业+基地+专业合作社+农户”的经营模式，全县市级农业龙头企业7家。省级以上生态公益林面积新增3.40万亩，达74.61万亩；全县森林覆盖率提高0.2百分点，达86.4%，位居全省首位。成功列入国家重点生态功能区。

——连南县。2016年，连南县完成地区生产总值40.04亿元，增长8.0%，服务业占GDP比重继续提高，达到27.2%。固定资产投资10.10亿元，增长10.3%。社会消费品零售总额8.41亿元，增长14.2%。被国家旅游局列为第二批国家全域旅游示范区创建单位，荣获“广东旅游创新发展十强县”等殊荣，南岗千年瑶寨荣获“广东十大最美古村落”“海外华人最喜爱的历史文化景区”“广东省休闲农业与乡村旅游示范点”称号，三排镇、南岗千年瑶寨、连水墩龙瑶寨荣获“广东省生态休闲旅游示范村”称号。举办桑叶节、冬笋节等活动宣传促销，发展农家乐、瑶家乐。全县全年接待游客250万人次，旅游综合收入12.00亿元。有机米、油茶、蚕桑、土猪、稻田鱼、高山茶、食用菌等生态农业项目规模不断壮大。

——阳山县。2016年，阳山县完成地区生产总值93.18亿元，增长4.0%。规模以上工业总产值19.11亿元，增长9.9%。固定资产投资20.97亿元，增长14.1%。社会消费品零售总额36.96亿元，增长10.0%。地方一般公共预算收入4.11亿元。城乡居民人均可支配收入15 880元，增长10.5%。建成5家村级电商综合服务中心、32家“农村淘宝”服务站，实现了13个乡镇全覆盖。实施农业“三品”工程，成为广东省首批“农业面源污染治理示范县”；“国家级出口食品农产品质量安全示范区”通过复审并得到扩容提质，新增出口蔬菜备案基地2家、家庭农场157家、农民专业合作社

249 家。创建国家级生态原产地产品保护示范县，阳山淮山、阳山鸡等 6 个产品申报生态原产地产品。积极培育绿色能源产业，光伏发电列入国家光伏扶贫实施范围。结合美丽乡村建设，大力发展乡村休闲旅游。全年接待游客 487 万人次，增长 15.7%，实现旅游总收入 27.80 亿元，增长 11.2%。

4. 清远燕湖新区建设情况。

——新区重点项目建设稳步推进。2016 年，新区共有重点项目 68 个，前期工作 9 个，开工建设 55 个，已建成 4 个，总投资额 960 亿元，2016 年完成投资 132 亿元，其中省重点项目 14 个，总投资额 727 亿元，2016 年完成投资 92 亿元。长隆种源基地首期、华南虎野化训练基地等项目建成，已投放动物 50 种、1 000 多头（只）。天安智谷项目基本建成，金发科技一期建成投产。积极推进连通新区的重大交通基础设施建设。广清高速扩建工程全线通车；广清城轨清远段首期全面贯通；佛清从高速、汕湛高速动工建设；启动广清城际轨道北延线与武广高铁清远站并站“五位一体”交通枢纽规划。

——着重加快新区起步区建设。全面铺开新区起步区公共基础设施项目建设，累计启动项目 93 个，总投资 355 亿元，累计完成投资 139 亿元。北江东路、凤翔北路、黄腾峡大道等一大批市政道路项目建成使用。北江五桥主体合龙，北江四桥全面动工。湖城大道、清晖路等在建项目加快建设。在建市政道路里程 198 公里，基本实现清远国家高新区、燕湖新城、省级职教基地、长隆主题公园等新区内重大平台及起步区互联互通，协同发展效应显现。燕湖新城“三年搭建框架”目标基本实现，建设重点转入“五年基本完成配套”，全面启动图书馆、博物馆等“四馆”建设。职教基地周边路网逐步完善，岭南职业技术学院、碧桂园职业学院建成使用，建设、交通、科贸、财贸、工程 5 所省属职业院校加快落地建设。

——产业合作与发展持续发力。继续发挥广州帮扶清远优势，深入推进新区作为广清一体化先导区发展。截至 2016 年年底，新区共引进产业项目 98 个（亿元以上项目 53 个），计划总投资 553 亿元，其中第三产业项目 69 个，约占引进项目的 7 成，计划投资 447 亿元。已建成投产项目 53 个，在建项目 35 个，筹建项目 10 个，上述项目累计完成投入 325 亿元。产业结构转型升级调整继续深化，持续推动陶瓷、再生金属等产业转型提升，新材料、汽车配件、生物医药等新的主导产业加快形成，旅游、物流等服务业增长明显，房地产业稳健发展。天安智谷、华南863、华大电商、清农电商等一批“双创”平台加快建设，先导稀材、科健门窗、爱机汽车、精美特种型材等高新技术项目落地投产，南部物流园及华南声谷“互联网+”创新产业园等项目有序推进。

（六）云浮市

1. 概况。2016年，云浮市实现地区生产总值778.31亿元，增长7.9%；人均地区生产总值31 502元，增长7.1%。地方一般公共预算收入57.42亿元，下降2.2%。固定资产投资总额591.51亿元，下降25.5%。社会消费品零售总额345.22亿元，增长13.3%。外贸进出口总额19.33亿美元，增长1.1%，其中出口14.80亿美元，增长8.7%。全体常住居民人均可支配收入16 517.6元，增长8.6%。

2. 实施粤东西北振兴发展战略情况。

——供给侧结构性改革稳步推进。推进去产能，完成省下达淘汰造纸落后产能1.6万吨任务。推进去库存，完成商品房去库存总面积13.19万平方米，完成年度任务的264%。推进去杠杆，杠杆率、不良贷款率等指标控制在合理水平。推进降成本，切实减轻企业负担，其中免征行政事业性收费4 000多万元；组建云浮市“四平台五基金”，资金规模达到4.28亿元，有效缓解企业融资难、融资贵压力。推进补短板，农村电网、天然气、水利等35项补短板工程完成投资78.48亿元。

——产业建设不断加快。全市“四新一特”新兴产业加快培育。云浮市云计算大数据产业园获批广东省大数据产业园，云计算大数据产业园（云谷）数据中心一期动工建设，智慧云浮上线运营。云浮飞驰新能源汽车公司生产基地项目竣工，整装客车实现量产，氢能源公交车在佛山、云浮两市示范运营。成功举办“2016中国旅游日·广东省（云浮）主会场”活动。被农业部命名为第一批国家农产品质量安全市。新增农民专业合作社示范社2个、广东省（农业类）名牌产品3个、“三品”认证农产品22个。罗定海惠现代生态农业观光示范园被评为全省农业主题公园，罗定市生江、苹塘2个镇以及云浮新兴禾泰生态旅游区等5个点，分别被认定为省级休闲农业与乡村旅游示范镇、示范点。

——创新能力不断提高。全市新增国家高新技术企业12家、省级新型研发机构1家、市级1家，省级工程技术研究中心1家、市级工程技术研究中心9家；新增专利申请1 256项。云浮创新设计中心、专业镇协同创新中心、广东工业大学云浮高新技术产业开发区博士后创新实践基地挂牌成立；广东通力定造股份有限公司、广东惠云钛业股份有限公司在新三板上市；云浮高新区科技企业孵化器建设顺利推进，13家电子信息及先进制造业企业入驻。建立特派员工作站2个，院士工作站2个，奖励和补助科技特派员22名。

——“三大抓手”扎实推进。全市累计完成交通投资79.32亿元，完成年计划的100.4%，江罗、阳罗高速建成通车，怀阳高速、新城快线南延段动工建设。产业园区扩能增效不断加快。获得园区扩能增效专项扶持资金8 070万元。投入园区基础设施建设资金20.53亿元；入园项目累计达到406个，实现园区规模以上工业总产值81.34亿元，增长12.3%。佛山（云浮）产业转移工业园和佛山顺德（云浮新兴新城）产业转移工业园获省考核“优秀”等次。

——生态建设不断加强。建成生态公益林304.37万亩，森林覆盖率达69.6%。市区生活垃圾无害化处理率为100%。完成金银河水库、大河水库等水源地保护建设。饮用水源水质和西江云浮段水质均保持二类标准，集中式饮用水源和省控断面水质达标率为100%。市城区空气质量优良率为92.2%。城区降尘量年均值为2.56吨，优于广东省推荐标准（8吨/平方公里·月）。农村人居环境不断改善，完成农村公路改造382.07公里、农村危旧房改造7 122户。农村生活垃圾处理工作连续三年在全省第三方评估考核中位居粤东西北地区12市第一名，农村生活垃圾处理清运率达97.9%。完成112个村生活污水处理设施建设，郁南县被国家确定为“全国农村生活污水处理示范县”。郁南、罗定、新兴3个省级新农村示范片区建设有序推进。

——民生事业持续发展。全年安排用于市十件民生实事的资金33.54亿元，完成年度计划的100%。“八项支出”累计完成123.01亿元，增长9.5%。年末参加城镇职工基本养老保险（含离退休）46.10万人，比上年末增长5.9%；年末城乡居民基本医疗保险参保率达100%。省政府授予云浮“广东省教育强市”称号；五个县（市、区）均成为国家义务教育发展基本均衡县。新开工棚户区改造2 412套，基本建成棚户区改造和公租房共2 613套。全年累计投入帮扶资金10 733.76万元，组织实施到户项目3 752个，到村项目696个，完成了省下达的3.9万贫困人口脱贫的任务。

——重点领域改革工作进展顺利。行政审批制度改革创新推进。启动“互联网+政务服务”和“一门式、一网式”政府服务模式改革，完成市县两级权责清单编制公开工作，市县镇村四级网上办事大厅审批事项进驻率达100%。新兴县农村一二三产业融合发展试点示范县创建工作成效明显，基层公共服务综合平台建设经验在全省推广。郁南县和罗定市被确定为全国农村“两权”（农村承包土地经营权、农民住房财产权）抵押贷款试点地区。云城区列入全省普惠金融“村村通”试点。

——对口帮扶工作成效明显。2016年，佛山对口帮扶云浮累计引进项目341个，计划总投资303.16亿元，累计完成投资181.29亿元，投资完成率59.8%。引进建成以新能源、新材料、节能环保、生物医药、智能制造等为主导的产业集群，建成一批产业链完善、辐射带动力强的高端产业集聚区，实现云浮经济产业跨越提升。两市不断深化社会民生事业合作交流。重点实施“教育卫生专业人才千人互派计划”，推动云浮教育、卫生事业长远发展。设立佛山“菜篮子”云浮外延基地，云浮（佛山）名优农产品博览会、旅游产品推介会等系列帮扶品牌项目，取得积极成效。

3. 县域经济发展情况。云浮市辖罗定市、新兴县、郁南县三县（市），云城、云安两个区。罗定市、新兴县、郁南县三个县（市）土地总面积5 815.38平方公里，占全市的74.7%，常住人口182.47万人，占全市的73.6%。

表 25　2016 年云浮市县域经济发展状况

地区	地区生产总值（亿元）	固定资产投资（亿元）	社会消费品零售总额（亿元）	地方一般公共预算收入（亿元）	三次产业结构
罗定市	195.46	117.15	98.56	11.57	21.2：39.2：39.6
新兴县	243.15	140.20	65.22	16.83	22.5：38.9：38.6
郁南县	108.05	66.01	58.61	5.71	26.2：27.4：46.4

——罗定市。2016 年，罗定市地区生产总值 195.46 亿元，增长 8.3%。地方一般公共预算收入 11.57 亿元，增长 0.7%。规模以上工业增加值为 41.48 亿元，增长 9.7%。社会消费品零售总额 98.56 亿元，增长 15.8%。新增规模以上工业企业 27 家，新增限额以上商贸企业 51 家，一力、泰康、德澳、华润三九等药企项目投产（试产），罗定汽贸园汽车销售企业及配套服务商增至 85 家。双东分园实现工业总产值 42.30 亿元，增长 24.8%，园区初步形成了以高新电子、日用化工、五金家电、生物制药四大支柱产业为主导的产业集群。三品认证农产品增至 65 个，省名牌农产品增至 10 个，"罗定稻米"被评为 2016 中国十大大米区域公用品牌，罗定市成为全省首个"全国绿色稻米产业知名品牌示范区"筹建地区。

——新兴县。2016 年，新兴县地区生产总值 243.15 亿元，增长 8.1%。地方一般公共预算收入 16.83 亿元，增长 5.6%。规模以上工业增加值 87.29 亿元，增长 9.1%。社会消费品零售总额 65.22 亿元，增长 12.1%。广东温氏集团 2016 年销售收入 593 亿元。拥有各类规模以上农业龙头企业 55 家，农民专业合作经济组织 520 个，其中销售收入超过 5 000 万元的省级重点农业龙头企业 10 家。新兴县是全国最大的不锈钢餐厨具生产和出口基地、"中国不锈钢餐厨具之乡"。2016 年全县规模以上不锈钢产业实现总产值 103.67 亿元，占规模以上工业总产值的 23.8%，不锈钢产业出口额达 3.05 亿美元，占全县出口额的 44.1%。拥有以禅宗文化、温泉文化和生态文化为主体的文化旅游产业集群，六祖故里旅游度假区被评为全省首批文化旅游融合发展示范区，天露山旅游度假区上榜“2016 全国优选旅游项目名录”。全县全年共接待游客 1 076.62 万人次，旅游总收入 85.65 亿元，分别增长 16.2% 和 17.0%。

——郁南县。2016 年，郁南县地区生产总值 108.05 亿元，增长 7.6%。地方一般公共预算收入 5.71 亿元，增长 0.3%。规模以上工业增加值 33.56 亿元，增长 8.6%。社会消费品零售总额 58.61 亿元，增长 15.2%。全县现有市级龙头企业 9 家，省级龙头企业 6 家，专业合作社 532 家。新增规模以上工业企业 8 家，共有 126 家。新增高新技术企业 2 家，共有 5 家。逐步形成了较具地方特色和较强竞争力的电池、建材、机械、轻工、林产化工、冶炼、制药、食品等特色工业支柱产业。申请专利 177 项，获得专利授权 58 项，专利总数累计达 605 件，获省市级科技项目立项 4 项。

4. 云浮新区规划建设情况。

——经济发展较快。2016 年，云浮新区实现规模以上工业增加值 30.51 亿元，增长 16.7%；社会消费品零售总额 12.94 亿元，增长 23.0%；固定资产投资总额 98.71 亿元，下降 3.8%；地方一般公共预算收入 2.09 亿元，增长 11.2%。西江新城起步区，实现规模以上工业增加值 7.58 亿元，增长 20.3%；固定资产投资总额 30.43 亿元，下降 7.4%；税收收入 1.69 亿元，增长 25.0%。佛山（云浮）产业转移工业园南园起步区，实现规模以上工业增加值 0.97 亿元，增长 100%；固定资产投资总额 16.13 亿元，增长 61.3%。

——项目建设稳步推进。新区基础设施及公共服务配套逐步完善。建成道路达 63.17 公里。已建成广东华立技师学院、华立中英文小学、行政服务中心等教育、行政配套服务项目，加快推进光明中学、光明小学、广东药科大学云浮校区项目建设，市人民医院西江新城综合门诊部投入使用，220 千伏变电站正式投入运行。中央商务区城市综合体、路网、绿化配套不断完善，完成绿化面积达 43.9 万平方米，种植乔灌木 3.9 万余株，完成主干道路约 10.8 公里绿化带的植被种植。谋划建设东山森林公园、北湖、中央水景中轴线等生态景观。佛山（云浮）产业转移工业园南园起步区，2016 年共有开工项目 6 个，总投资 27.12 亿元；完成项目 1 个，投资 0.79 亿元，累计吸引 9 家企业落户，吸引就业人数 1 000 人。

——产业逐步培育。西江新城起步区共有产业项目79个，累计完成投资111.94亿元。重点发展云计算及信息服务产业，已与华为公司签约合作建设云计算数据中心，规划建设云计算大数据产业园（“云谷”），与中国网库公司、华唐教育集团、神州数码集团等19家IT企业及互联网公司签订合作进驻“云谷”协议。云浮服务外包及呼叫中心产业园建成商、教两用系统平台1 000个座席，在职运营的有湖南联通在线（微信、天猫、京东等平台）及杭州移动、佛山电信3个合作业务。与广东工业大学、广东华南工业设计院共建创新设计中心，完成产品设计50余件，开展专利申请32项，完成新研发产品设计及制样30款，成功引进孵化企业4家。佛山（云浮）产业转移工业园南园起步区，重点培育发展新能源、生物医药、节能环保、信息技术、新材料等战略性新兴产业，着力打造国内最大氢能汽车生产基地，引进了包括国鸿氢能、飞驰新能源汽车等一批亿元以上的优质投资项目。

专项篇

一、重大区域发展平台建设

（一）综述

2016年，广东省牢固树立和贯彻落实新发展理念，加强对重大平台统筹规划和开发建设，有力推动产业集聚发展和转型升级，新型城镇化建设及区域经济协调发展成效显著。

——继续推进体制机制创新。积极落实国家有关政策，高标准建设国家级重大区域发展平台。加快推进广州南沙、深圳前海、珠海横琴、汕头华侨经济文化合作试验区开发建设。广州南沙新区南沙港区三期主体工程建成投产，新落户世界500强企业项目16个；深圳前海制订促进深港合作年度行动计划，深入推进金融业对外开放试验示范窗口建设；珠海横琴粤澳合作产业园、粤澳合作中医药科技产业园等重点项目进展顺利。积极开展华侨经济文化合作试验区政策创新工作，支持华侨经济文化合作试验区在深化改革开放、强化创新驱动等方面先行先试。

——持之以恒推进产业转型升级。一是珠三角各市扎实推动产业结构调整和经济转型升级。前海合作区引入中粮资本、中英人寿等总部企业18家，注册资金10亿元以上的企业826家，总部经济效应不断增强。珠海西部生态新区重点发展通用航空装备制造业、新能源汽车制造，已引进总投资达670亿元的69个航空项目落户，建成国内首个通航飞行服务站和首条低空航线，入选国家首批“通用航空产业综合示范区”；引进银隆新能源、中兴智能等企业15家，形成了涵盖新能源汽车的产业体系。二是粤东西北各市加快集中资源要素，有序推进新区起步区综合开发建设。优先布局建设医院、学校等公共服务设施项目，推动产城融合发展，促进完善生产生活配套。全力推动粤东西北振兴发展股权基金加快投放和使用，加强基金投后管理，累计投放资金116.90亿元，带动各类社会资金投入新区起步区建设累计超过1 500亿元。清远燕湖新区产业结构转型升级调整继续深化，持续推动陶瓷、再生金属等产业转型提升，新材料、汽车配件、生物医药等主导产业加快形成。韶关芙蓉新区中保财险、前海人寿金融中心、商会大厦、高铁站前商业综合体等一批总部型和大型商贸文旅项目已落户，城市产业特色正逐渐形成。

——扎实推进基础设施建设。一是珠三角各市抓好现代化基础设施规划布局和建设。惠州环大亚湾新区海港、空港、轨道交通和高快速路网建设加快推进。惠州机场被列入全省重点建设的五大干线机场；惠州港年吞吐能力超过1亿吨，万吨以上泊位达到22个；厦深铁路深惠汕段捷运化开通；“三横四纵”高速路网、“二环六纵九横”干线路网基本建成。东莞水乡特色发展经济区沙田穗丰年水道示范片区、虎门港沙田港区综合客运码头项目已基本完成，挂影洲中心涌水环境综合整治项目、洪梅洪屋涡水道西岸通岸工程、疏港大道、麻涌环保热电厂等一批项目如期推进。二是粤东西北各市集中力量加快新区公路、铁路、能源、信息等基础设施建设。云浮新区全面铺开交通、市政、环境、教育等基础设施项目的动工建设，新区已完成11个10千伏及以下中低压配电网工程，加快建设220千伏的变电站，新城范围内供水主干管全线贯通，第一污水处理厂日处理污水能力达1万吨。梅州嘉应新区建成骨干道路13.8公里，建成绿道10.88公里，建成万达广场周边4条道路和剑英大道地下综合管廊主体工程，大新城工程提升道路等工程基本完成。

——坚定不移实施创新驱动发展。一是珠三角各市高标准建设珠三角国家自主创新示范区，真正实现从要素驱动向创新驱动转变。南沙新区以庆盛、慧谷片区为重点，加快培育创新主体，高新技术企业数量实现翻番，高新技术产品产值比重提高到55.4%；推动科技与金融融合发展，成立科技金融综合服务中心，创立规模5亿元的创业投资引导基金，8家科技型企业成功登陆新三板。中山翠亨新区加入中科院科技产业化网络联盟，全面对接中科院的创新资源；与国科控股达成协议，在新区共同建设首期300亩的中科院翠亨创新科技产业园；建立10万平方米的创新创业孵化器，设立7亿元规模的中科创投基金；具有世界先进水平的首个中科院合作项目中科奥辉分子荧光光谱仪项目正式落户。二是粤东西北各市积极实施创新驱动发展战略。梅州嘉应新区共有高新技术企业33家，其中起步区范围内有6家。韶关市出台了《韶关高新技术产业开发区关于促进园区科技创新奖励实施办法》和《韶关高新技术产业开发区园区检验检测服务平台建设扶持办法（试行）》，进一步优化芙蓉新区科技创新和科技创业环境，促进产业转型升级。

——积极参与“一带一路”和粤港澳大湾区建设。一是珠三角各市将重大平台开发建设与实施“一带一路”建设紧密融合。前海合作区在全国率先推动实现跨境人民币贷款、跨境双向发债、跨境双向资金池和跨境双向股权投资“四个跨境”，成立全国首家CEPA框架下的港资控股基金管理公司和全国首家社会资本主导的再保险公司。佛山中德工业服务区成立中德工业城市联盟，打造高端中欧企业服务平台中欧中心，共有79家企业（项目）正式进驻，包括14家欧洲企业（含10家德国企业）。二是粤东西北各市以新区为载体，拓宽对外交流合作渠道，创新外商招商引资模式。汕头海湾新区依托华侨经济文化合作试验区开展对外合作交流，试验区与西班牙安达卢西亚智慧城市联盟签署《中国华侨试验区智慧城市规划建设务实合作协议》，启动华侨试验区东海岸新城可持续总体规划和智慧城市建设方面的合作。

（二）广州南沙新区

——经济发展持续提速增效。2016年南沙新区实现地区生产总值1 278.76亿元，增长13.8%，增速连续三年排名全市11区第一；规模以上工业产值3 055.63亿元，增长8.0%；固定资产投资813.15亿元，增长31.0%；地方一般公共预算收入69.18亿元，增长13.0%。自贸区南沙新区片区挂牌以来新设企业21 225家，超挂牌前历年注册企业总数的2倍，已落户70个世界500强企业投资项目和98家总部型企业，中远海运散货、中交、中铁建、中铁工等龙头企业总部项目相继落户。

——制度创新不断取得新突破。累计形成209项制度创新成果，为国家、省、市提供了一批可复制推广的新经验。一是以负面清单为核心的投资管理制度进一步完善。对内外资统一实施负面清单管理模式，新增285家外商投资企业。率先实施“一照一码”、企业设立“一口受理”等商事登记改革，市场准入联办证件数量和速度全国领先。启动“证照分离”改革，区本级事权的60项改革事项已落地实施。开启商事服务“香港通”，首次将内地商事服务延伸至香港地区。二是以“智慧口岸”为重点的贸易便利化促进体系在全国形成示范。国际贸易“单一窗口”2.0版上线运行，实现多部门业务“一点接入、一次申报、一次办结”。“三互”机制进一步完善，在全国率先推出“互联网+易通关”、检验检疫“智检口岸”、全球进出口商品质量溯源体系2.0版、政府购买查验服务等一批标志性改革措施，形成了南沙“智慧口岸”品牌。三是以激发市场主体活力为导向的政府职能转变加快推进。推进法定机构试点。探索相对集中行政许可权改革，推行“即审即办”“容缺审批”，行政审批效率进一步提升。开展综合行政执法改革，建立统一的市场监管和企业信用信息平台。推动企业帮办服务、全流程“电子税务局”“微警”服务平台等改革，实现企业专属网页全覆盖。四是法治化营商环境进一步优化。自贸区法院工作成效显著，自贸区检察院获批成立，组建国际航运、金融、知识产权等领域专业仲裁机构，扩大粤港澳律师事务所合伙联营试点，法律服务国际化水平明显提升。

——全方位对外开放水平显著提高。抓住“一带一路”战略机遇，大力拓展南沙对外开放领域，提高对外开放水平。一是外贸新业态迅猛发展。建立跨境电商“南沙模式”，跨境电商备案企业1 071家，网购保税进口业务交易额同比增长2.7倍，全国首创市场采购出口商品监管新模式，推动旅游购物出口500亿元，带动外贸进出口持续增长。全年进出口总额近1 700亿元，占广州市总量的20%。二是与港澳合作取得新进展。粤港深度合作区起步区建设加快，“粤港跨境货栈”在全省复制推广，创新CEPA食品检验监管模式，成立粤港澳高校创新创业联盟，推动与港澳在科技创新、专业服务、人才交流、社会事务等领域的全面合作不断取得突破。三是与“一带一路”沿线国家和地区联系更加紧密。推动建立沿线城市港口联盟，建立与世界自由区组织、迪拜机场自贸区等机构和地区直接联系，与西咸新区、贵安新区等建立战略合作关系，强化与沿线国家、地区的国际合作和经贸往来。与国家发展改革委共同设立国际产能和技术合作中心，打造“一带一路”沿线国家国际产能合作新平台。

——国际航运中心建设迈上新台阶。全面实施国际航运中心建设三年行动计划，迅速增强综合服务枢纽功能。一是国际枢纽港辐射能力不断增强。南沙港区三期等一批港口码头建成投产，南沙港区四期、深水航道拓宽工程、国际邮轮码头等项目加快推进，港口吞吐能力明显提升。新增 12 条国际班轮航线、2 条内贸航线及 10 个“无水港”，开通 3 条国际邮轮航线，多式联运和集疏运体系辐射到整个泛珠三角地区。货物吞吐量同比增长 7.9%，集装箱吞吐量同比增长 8.1%，国际邮轮旅客出入境人数（32.6 万）居全国第三位。二是高端航运要素加速集聚。新增航运物流企业 1 540 家，全球排名前 21 位的班轮公司均在南沙开辟国际航线。航运交易、航运金融加快发展，广州航运交易所成为华南规模最大的船舶交易平台，“珠江航运运价指数”发布，成立南沙航运产业基金。三是国际贸易和国际物流加速发展。工程塑料、粮食、钢铁等大宗商品物流、交易中心建设稳步推进，成为亚太地区最大的进口工程塑料集散地之一。保税港区进出区货值达 800 亿美元，汽车整车进口同比增长 3.9 倍。

——国际化创新型金融蓬勃发展。加快金融领域开放创新，积极构建创新金融服务体系，提升金融国际化水平。一是金融机构快速集聚。金融（类金融）企业同比增长 71%，达 1 563 家，包括全国首个军民融合产业投资基金、首家保险系金控资产管理公司等。四大国有银行和各商业银行已在南沙设立 25 家自贸区分（支）行。广东粤电集团和复星投资分别在南沙设立全省首家自保保险公司和首家健康保险公司。二是跨境金融业务不断创新。开展贸易融资项下跨境资产转让、跨境人民币直贷等 56 项跨境金融创新试点，推出国内首张以自贸区冠名的“自贸通龙卡”，落地全国首笔“跨境资产代客衍生品综合交易”等创新业务。三是全国融资租赁“第三极”加快形成。率先在全省开展内外资融资租赁统一管理试点，已落户珠江金融租赁、越秀融资租赁等融资租赁企业254家。至2016年年底通过SPV方式累计引入并交付使用12架飞机。开展南沙首单跨境船舶融资租赁和广东自贸区首单跨境飞机资产包交易。

——区域创新体系不断完善。完善“一轴六区”总体布局，提高自主创新能力，推进国际创新合作，加快形成“双自”联动发展局面。一是创新主体加快培育。新增市级企业技术研发中心59家，同比增长146%。新型研发机构加快集聚，占全市总量的四分之一。中大生物医药与精细化工研究院等重点研发平台建设顺利推进。高新技术企业数量实现翻番，高新技术产品产值占规模以上工业总产值比重提高到55.4%。二是创新载体建设不断加强。中科院系、高校系、国际科技合作系等研发创新平台已形成规模效应。建成国家物联网标识管理公共服务平台、国家锂离子动力电池工艺装备技术基础服务平台、广州超算中心南沙分中心、华南首个开放式数据交易平台等重要平台，亚信数据全球总部落户，带动大数据、云计算、物联网等新业态初步集聚。三是创新创业生态日趋完善。推动科技与金融融合发展，成立科技金融综合服务中心，创立规模5亿元的创业投资引导基金，8家科技型企业成功登陆新三板。获批为全省首个科技服务体系建设试点。四是创新人才加快集聚。实施“十百千万”工程，开展公开招聘国（境）外人员试点，与国内顶尖高校建立战略合作关系，目前已集聚14名“千人计划”人才和2个省创新科研团队，1 292人被认定为首批高端领军人才和重点领域急需紧缺人才。

——区域交通枢纽建设持续加强。编制实施综合交通体系规划，着力推进总投资2 006亿元的84个重大交通基础设施项目建设，加快构建南沙区内与广州市区及周边地区紧密联系的大交通网络。一是构建与周边地区交通网络。南沙港铁路南沙段、深中通道已开工建设，深茂铁路、南中高速正加快推进前期工作，虎门二桥、广中江高速加快推进建设，商务机场已开展选址工作。二是打造与广州中心城区快捷联系。地铁4号线南延段土建工程累计完成87.9%，地铁18号线和22号线已纳入新一轮线网规划并上报国家，规划建设“三高三快”高快速通道。三是推进区内交通优化提升。区内交通网络更加健全，凤凰一、二、三桥及凤凰大道已全线贯通，蕉门河“双桥”、港区三期道路第一标段已建成通车，英东大道、龙穴大道等道路完成提升改造。

——现代化滨海新城建设加快推进。按照建设广州“未来之城”的要求，以自贸区区块建设带动城市重点功能组团快速发展，高标准推进城市建设管理。一是按照更高标准提升规划体系。优化提升南沙规划体系，完善南沙新区城市规划委员会制度，开展“多规合一”和“一张图”编制，自贸区发展规划、综合交通体系规划提升等研究已初见成果。二是重点城市组团建设展现新面貌。明珠湾起步区已形成171 万平方米在建建筑规模，灵山岛尖整体征拆已完成，横沥岛尖征地拆迁工作全面展开，大型跨江基础设施已完工，主干路网初步形成，中交、中化、中铁隧等已落地项目加快建设。蕉门河中心区在建建筑规模达623 万平方米，56 个重点项目有序推进，金洲总部经济集聚区基本成型，市民广场、蕉门河环境景观提升工程等一批公共服务和市政基础项目已投入使用，“城市客厅”形态基本形成。其他城市组团建设有序推进。三是城市品质有力提升。现代城市要素加快培育，城市综合治理不断加强，文明城市创建扎实推进，干净整洁平安有序的城市环境加快形成，全长42.5 公里的自贸区生态景观廊道建设效果初显，城市环境更加宜居。

——民生社会建设取得新进展。全面实施人民群众同步共享开发建设成果三年行动计划，民生和社会事业支出占财政支出总额约88%，十件民生实事全部兑现。“三农”工作扎实推进，村居环境提升工程和美丽乡村建设深入推进，大稳村入选“全国美丽宜居村庄示范”。重点推进广州外国语学校附属小学和幼儿园、南沙中心医院二期后续工程等总投资54.40 亿元的79 个教育、医疗卫生项目建设，新增优质学位超2 000 个。将全体户籍劳动者纳入就业补贴范围，社会保险参保率进一步提高。推进南沙图书馆新馆和新区“五馆”等公共服务设施建设，公共文化体育服务体系进一步完善。全国社区治理和服务创新实验区创建顺利通过国家民政部结项验收，城市社区网格化服务管理实现全覆盖。

（三）深圳前海深港现代服务业合作区

——积极推进制度创新。积极推动国务院部署的改革试点经验复制推广工作，已完成落地15项措施。国务院最新发布复制推广的19项改革创新举措中，有6项是前海蛇口自贸片区首创。推进国际贸易“单一窗口”建设，探索基于跨境贸易全产业链的“前海模式”。会同海关、国检、海事、边检等部门，联合推出直购进口、“1+4”全球溯源核放、货物按状态分类监管等组合式贸易便利化机制。

——不断深化深港合作。研究制定《前海推进粤港澳服务贸易自由化实施方案》，向商务部提出新一轮CEPA协议6项议题建议，探索深港服务业深度合作实现路径。新增26个香港青年创业团队入驻前海青年梦工场，累计入驻香港青年创业团队达85个，举办首届前海深港青年创新创业大赛、全国“双创”周、深港青年创客营等系列创新创业活动228场次。与恒生银行设立全国首家港资控股的公募基金管理公司。前海周大福全球商品购物中心二期开业运营，前海深港创新中心投入使用。

——努力培育产业集聚。制定《前海合作区总部企业认定及产业扶持资金申报指南》等4个规范性文件，其中总部企业共计完成2批次34家企业认定，累计发放扶持资金1.47亿元。制订前海十大总部招商计划，开发“招商引资客户关系管理系统”并上线运行。成功吸引到一批世界500强企业、大型央企、知名港企及其他龙头民营企业总部落户前海或拟落户前海，新引入中粮资本、中英人寿等总部企业18家，拟落户总部企业11家。

——大力推动金融创新。成功举办T20前海国际金融论坛、前海金融政策推介会。争取新设持牌机构落户，全国首家CEPA框架下的港资控股基金管理公司、全国首家社会资本主导的再保险公司、深圳首家台资法人银行玉山银行获批开业，全国首批相互制保险组织、兴邦金融租赁获批筹建。成功举办前海金融创新案例发布会，首次集中展现包括“微粒贷”“跨付通”“农发贷”等21个前海金融创新案例，其中14项全国首创、5项广东自贸区首创，有效支持实体经济发展。

（四）珠海横琴新区

——经济持续健康增长。2016 年，横琴新区地方一般公共预算收入 45.08 亿元，增长 25.0%；固定资产投资额 346.24 亿元，增长 19.5%；实际吸收外商直接投资额 5.24 亿美元，增长 23.0%。全区新登记市场主体 12 295 户，增长 43.5%，累计实有市场主体达 27 666 户。

——深化与港澳合作，做强产业载体。2016 年，港澳企业数量达到 1 259 家，新增 616 家，相当于过去六年港澳企业的总和，注册资本约 960 亿元。一是对澳支持措施更加精准。出台《横琴新区关于加快推进澳门投资项目建设的若干措施》和《横琴新区促进澳门中小企业发展办法（试行）》等专项政策；在工程建设监管领域探索试行“港资港模式，澳资澳模式”的工程监管模式。与澳门特区政府有关部门联手，成立横琴新区国际知识产权保护联盟。二是对澳产业合作更加多元。粤澳合作产业园首批 12 个项目正式动工，4 个项目获得用地，开工和签订合同的 16 个项目，总投资额 610.50 亿元人民币。横琴澳门青年创业谷汇聚 5 家专业孵化机构和 16 家公共服务平台，已有 175 个创业项目入驻，成功跻身“国家级众创空间”。三是要素流动更加便捷。实施“入境查验、出境监控”卫生检疫监管模式。建立“一检通”信息化平台，通过数据交换平台共享数据。在横琴口岸与莲花口岸率先启动“粤澳两地牌小客车检查结果参考互认”新作业模式。澳门机动车便利入出横琴政策顺利实施。

——深化扩大开放，构建对外开放新格局。一是搭建三大交流合作平台。成功申办中拉国际博览会。“中国—拉美企业家理事会”地方联络办公室落户珠海。与暨南大学共建中拉研究中心，为科研合作、人文交流提供决策咨询和信息服务。在美国硅谷、德国、法国、西班牙、墨西哥、乌拉圭、中国港澳等地设立经贸联络点。二是启动建设中拉经贸合作园。项目首期 3.5 万平方米，总投资约 25 亿元，总建筑面积 24.4 万平方米。其中，中国—巴西跨境电子商务与服务贸易一体化项目进展顺利，线下展示中心主体已落成，中心总建筑面积超过 2.5 万平方米。三是保持密切的经贸人文交流。成功承办“中国（广东）—墨西哥经贸合作交流会”。与墨西哥中国工商银行签署合作备忘录，与伊朗格什姆自贸区达成旅游合作协议。巴西格雷米奥足球俱乐部青少年足球培训基地落户横琴。成功举办中国横琴 WDC 标准舞/拉丁舞国际邀请赛。

——深化制度创新，激发发展活力。“政府智能化监管服务新模式”案例荣获全国自贸试验区最佳实践案例；6 个案例入选广东自贸区制度创新案例，占比 35%；37 项创新经验成为广东省可复制推广经验，占比 56%，6 项改革创新举措面向全市复制推广，商事主体电子证照银行卡等 8 个案例入选广东自由贸易试验区金融改革创新案例。一是形成以商事登记改革为重点的行政服务体系。全国首发“商事主体电子证照卡”“商事主体电子证照银行卡”，率先开展“证照分离”改革试点。制定《横琴新区社会投资类建设工程管理模式创新方案》，社会投资类建设工程项目全过程办事手续压缩 40% 以上。全国首发纳税便利化指数。二是形成以清单管理和信用约束为重点的事中事后市场监管体系。构建政府智能化监管模式。制定对港澳负面短清单、政府部门权力清单，发布全国首份“市场违法行为提示清单”和“内地与香港、澳门差异化市场轻微违法经营行为免罚清单”。推进大数据监管，实施失信联合惩戒，强化信用约束监管制度。三是形成以国际公信力为重点的司法行政体系。率先在全国推行立案登记制。设立知识产权巡回法庭、知识产权检察工作站、横琴国际知识产权交易中心，实施知识产权交易保护措施。建立国际仲裁和商事调解机制，率先成立珠港澳商事调解合作中心。实行“大综合执法”，打造“大物业 + 大综合 + 大法治”城市治理新模式。

——深化创新驱动，提升招商质量。注册市场主体达 27 666 家，企业注册资本总额 14 223 亿元人民币。世界 500 强企业在横琴投资项目的达 97 家，国内 500 强在横琴投资项目的达 120 家，85 个重点项目总投资超过 3 400 亿元。一是总部经济成为发展“加速器”。全区有各类海内外总部近 1 000 家，保利集团海外总部、海航基础总部、国电投海外总部等落地横琴。二是休闲旅游规模持续壮大。国家“十三五”旅游发展规划，明确提出要重点加快推进横琴岛旅游开发。国家旅游局正式发函，全面支持横琴建设“国际休闲旅游岛”。成功举办环中国国际公路自行车赛、WTA国际女子网球精英赛和中国国际马戏节等大型国际赛事。长隆累计吸引游客超3 500万人次。三是商务金融产业迅猛发展。横琴金融企业已达3 716家，注册资本5 415亿元，各类财富管理机构资产管理规模超2.4万亿元。澳门居民跨境按揭业务累计收款已超过6.63亿美元。全国首笔交易所市场发行且主体与资产均属海外的30亿元“熊猫债”落地横琴。四是高新技术产业快速成长。培育国家高新技术企业26家。横琴创意谷进驻企业301家。华南理工大学国际创新中心、国家食品安全（横琴）创新工程、国家中医药产业联盟、国家网信办互联网创新创业基地等重点平台建设进展顺利，引进霍普金斯医药研究院生物医药研发创新实验室、横琴云计算资源产业联盟等一批平台类项目。

——提升基础配套、加速项目建设。全年重点项目累计完成投资320.60亿元。一是建设完成一批岛内外基础设施网络。横琴二桥建成通车。横琴口岸及综合交通枢纽项目开工建设。横琴新区深井二线口岸综合体项目（一期）U形通道等一批基础设施顺利建成。加快珠海市区至珠海机场轨道交通拱北至横琴段建设。横琴新区马骝洲交通隧道（第三通道）新建工程西线已贯通。二是建设完成一批重大项目。横琴金融产业发展基地、华融大厦、梧桐树大厦、横琴创意谷二期、横琴新区区域供冷系统3#冷站、香洲埠文化院街首期示范区等一批项目顺利建成。三是生态岛建设扎实推进。完成林业生态保护红线划定，划定林地红线面积3 007.34公顷，森林红线面积3 218.18公顷，湿地红线面积1 789.14公顷；营造生态景观林带3公里，面积2 000亩，森林抚育538.5亩，义务植树32 600株，完成绿道建设11公里。

（五）汕头华侨经济文化合作试验区

——规划编制和政策创新取得新进展。一是做好规划编制。制订《华侨试验区加快开发建设三年行动计划（2016—2018年）》。编制实施《华侨试验区粤港澳服务贸易自由化省级示范基地发展规划（2016—2020 年）》和《华侨试验区金融发展规划（2016—2025 年）》。二是推进政策创新。对涉及国家和省有关管理权限的事项进行研究梳理，形成政策建议并上报省政府。推动试验区金融创新政策落地，编制《跨境金融支持政策可行性报告》。市政府出台《关于进一步加快华侨试验区现代产业发展的若干意见》《华侨试验区现代产业鼓励发展指导目录》《东海岸新城新津片区总部经济园区建设方案》3 项政策性文件。三是争取自贸区政策落地。按照突出特区、侨乡特点，打好“侨牌”，在跨境金融、投资管理、贸易便利化、跨境人员流动四大方面开展自贸区政策创新研究。

——城市建设打开新局面。一是海域使用权验收工作取得重大突破。试验区成立两年多来一直难以解决的东海岸新城产业用地问题，在 2016 年取得重大进展，全年完成 8 宗海域使用权验收工作。试验区直管区范围内成交 5 宗土地出让共 837. 39 亩，成交总价款 54. 59 亿元。二是加快推进起步区基础设施建设。东海岸新城累计投资 130 多亿元，完成 25 公里海堤以及一批桥梁道路建设。投资 6 亿元启动新津、新溪 7 座水闸建设，投资 2 亿元推动新津片区 6 条市政道路建设。汕头金中华侨试验区学校已建成，加快推进国家示范性高中、国际学校项目、医院、公园等公共服务设施建设。珠港新城珠池港片区 5 条市政道路、黄厝围路及配套工程加快建设。南滨新城潮汕历史文化博览中心主体工程已完成；汕头海湾隧道南岸围堰临时工程基本完成，隧道主体工程开工前期准备工作基本就绪。三是城市公共服务设施升级改造扎实推进。锦峰体育运动公园已完成升级改造，海湾湿地公园的升级改造工作也正在紧锣密鼓地进行当中。积极开展东海岸大道北侧 30 米、东侧 20 米的景观绿化带规划建设。一批城市排水、供电、供气等公共服务配套设施逐步铺设到位。

——高端产业项目引进取得新突破。一是金融业破冰先行。2015 年 9 月设立的“华侨板”截至 2016 年年底，已累计挂牌企业 449 家，意向融资额 61. 54 亿元。华融华侨资产管理股份有限公司经过一年来的发展壮大，2016 年资产规模达到 162 亿元，营业收入 9 亿元，净利润接近 4 亿元。2016 年 9

月又获批设立广东华侨金融资产交易中心。争取省金融办同意支持设立互联网小贷项目。设立“政银保”项目，创新企业融资模式，项目首期投入资金1 000万元，可提供贷款额度达5亿元；设立“华侨试验区发展专项资金”，计划5年内筹资6亿元，争取注册设立华侨保险、华侨证券、华侨发展银行等金融机构，全力打造涵盖股权、债权和资产收益权等证券化业务在内的金融创新平台。二是科创、金融高端产业项目顺利落地。科创园项目总投资约100亿元，重点建设华侨试验区科创产业服务综合体，打造融科技研发、展示、交易、物流、信息交流、创业投资、高端商务和综合服务为一体的国际性新型科技园。国际科创金融城项目总投资约100亿元，规划建设250米超高层标志性塔楼——金融中心，同时建设科创中心，配套超五星级酒店、IMAX影院、文化艺术中心、高端商业和服务性公寓等，打造汕头“金融+科创”双高地。三是珠港新城总部园区加快建设。已有5家总部企业落户，总投资约45.46亿元。

——对外交流合作迈出新步伐。成功承办中欧区域政策高层研讨会暨案例地区总结会。2016年3月承接举办第11次中欧区域政策高层研讨会暨案例地区总结会，委托中欧区域经济合作中心研究编制《汕头市建设中欧区域政策合作试点工作方案（2016—2020年）》，与多个机构签订《合作谅解备忘录》。与西班牙安达卢西亚智慧城市联盟签署《中国华侨试验区智慧城市规划建设务实合作协议》，推动华侨试验区东海岸新城可持续总体规划和智慧城市建设方面的合作。与英国莱斯特大学签署了《协议备忘录》，计划在华侨试验区共同建立一个金融研究中心。

二、海洋经济综合试验区建设

自2011年7月5日国务院批复《广东海洋经济综合试验区发展规划》以来，全省各地、各部门按照省委、省政府《关于充分发挥海洋资源优势　努力建设海洋经济强省的决定》（粤发〔2012〕13 号）的精神，努力推进广东海洋经济综合试验区建设，不断优化海洋经济空间布局，着力打造三大海洋经济主体区域。初步核算，2016 年全省海洋生产总值达 1.59 万亿元，同比增长 10.1%，连续 22 年居全国首位，实现了“十三五”良好开局。

——海洋经济空间布局不断优化。组织编制《广东省海洋主体功能区规划》上报国家审批。印发实施《广东省海洋经济发展“十三五”规划》《广东省现代渔业发展“十三五”规划》。作为全国首个开展海岸带规划编制试点省，启动编制《广东省海岸带综合保护与利用规划》，以发展现代海洋产业为重点，对海岸带资源进行科学划分和精准定位。推动海洋产业集聚发展，安排 3 000 万元支持广州南沙、珠海高栏、深汕合作区建设首批省级现代海洋产业集聚区。珠三角、粤东、粤西三大海洋经济主体区域全面发展，基本形成分工合理、优势集聚、辐射联动的区域发展格局。珠三角以海洋交通运输业、海洋油气业、海洋高端装备制造业、滨海旅游业和海洋服务业等为主导且集聚效应较强，粤港澳大湾区海洋经济合作不断深化，深圳启动建设全国首个海洋综合管理示范区。粤西以临海工业、海洋油气业、海洋渔业和滨海旅游业为主导，粤桂琼区域合作不断向海洋领域扩展，在湛江举办的中国海洋经济博览会成为国际合作开放大平台。粤东以临海工业、海洋渔业和滨海旅游为主导，粤闽合作持续推动区域海洋经济发展。

——大力提升传统优势海洋产业。依托广州港、深圳港、珠海港、东莞港、湛江港等大港，加快构建现代港口群。2016 年，全年规模以上港口完成货物吞吐量 17.03 亿吨，增长 5.4%，集装箱吞吐量5 687.60万标箱，增长 3.9%。加快发展现代海洋渔业，全力推进现代化渔港建设。率先试行渔船更新改造“先建后拆”，新建大中型渔船 301 艘，启动建造南沙骨干渔船 169 艘。加快发展远洋渔业，现有远洋渔业企业 19 家、在外生产渔船 189 艘。编制休闲渔业发展规划，推动发展休闲渔业。

——培育壮大海洋新兴产业。以广州、深圳为主的海洋生物药业初具规模。深圳大鹏海洋生物产业园落户，海洋生物能源开发、海洋生物育种等优质企业和项目 30 多家（个），初步形成产业集聚。广州、深圳、珠海等海洋工程装备基地建设进展顺利。以海上风电为龙头的海洋电力业发展良好，重点项目基础设施建设进一步推进。2016 年 9 月，广东首个海上风电试点工程——珠海桂山海上风电场示范项目正式开工，本期建设规模 120 兆瓦，总投资 26.83 亿元，拟安装 37 台风机机组。依托火电、核电、钢铁等水处理先进工艺，建设海水淡化工厂。华润电力海丰项目海水淡化工程日产淡水产量可达 2 万吨。

——海洋旅游业不断向高端化发展。近年来，广东省大力开发滨海旅游资源，形成了八大海湾和海岛旅游圈、“海上丝绸之路”系列旅游线路和“一核两带三廊五区”的旅游布局。深圳太子湾邮轮母港正式开港运营，国家旅游局批复同意在深圳太子湾设立“中国邮轮旅游发展实验区”。阳江海陵岛、湛江南三岛被评为全国“十大美丽海岛”。

——海洋科技创新能力日益提升。编制广东省“十三五”海洋与渔业科技发展规划。与中国水产科学研究院合作共建广东省海洋渔业研究所和广东省淡水渔业研究所。湛江市获批建设国家首批海洋经济创新发展示范城市，获得 3 亿元资金支持。截至 2016 年年底，组织实施海洋科技成果转化与产业化、产业公共服务平台项目 44 项，获中央财政资金支持 7.04 亿元，项目总投资额超过 20 亿元。区域示范相关战略性新兴产业年度总产值（销售收入）1 659.76 亿元。区域示范相关企业自主科技研发投入超过 3 亿元，建设和认证市以上企业科技研发中心、工程技术中心、企业重点实验室、中试基地等产业技术开发应用示范平台共 52 家，取得创新技术成果 193 项，创新技术成果转化 24 个。

——涉海基础设施建设步伐加快。2016 年，全省在建和新建桥梁、港口、海湾隧道、围填海工程、海岸防护等重点海洋工程建筑项目众多。阳江海陵岛跨海大桥、茂名港博贺新港区通用码头、湛江港徐闻港区南山作业区客货滚装码头、潮州港扩建货运码头等一批重点涉海基础设施项目顺利建设。港珠澳大桥主体桥梁正式贯通。

——海洋生态保护力度持续加大。珠海横琴等 5 个国家级海洋生态文明示范区建设进展顺利。汕头市、汕尾市分别获得国家蓝色海湾整治项目 3 亿元支持。建设珠海庙湾、茂名放鸡岛、惠州东山海3个大型人工鱼礁示范项目。汕尾遮浪角、汕头南澳海域获批建设国家级海洋牧场示范区。加强省级以上保护区监控能力建设，实现省级以上自然保护区重点区域实时监控。新增汕尾红海湾遮浪半岛、阳西月亮湾2个国家级海洋公园。大力提升海洋预报减灾能力，建成18个渔港气象潮位站和4个水文气象浮标，惠州大亚湾海洋减灾综合示范区和58个岸段警戒潮位核定通过国家验收。与国家海洋局共建海洋遥感数据应用南方分中心。加强海岛生态保护修复。率先在全国颁布《无居民海岛使用金市场化评估技术规范》，首次发布市级海岛统计公报——《惠州市海岛统计调查报告》。启动龟龄岛、南鹏岛、北莉岛、六极岛等生态岛礁修复。广东海岛网建成投入运行。

——积极参与“一带一路”建设。加强与“一带一路”沿线国家和地区交流合作，建立与伊朗格什姆自贸区等地区海洋渔业合作机制，成功举办广东—东盟渔业合作研讨会。启动实施中国—东盟现代海洋渔业技术合作及产业化开发示范项目。积极争取省财政安排3亿元资金支持南沙生产骨干渔船建设。

——海洋综合管理和海洋意识宣传得到强化。省政府与国家海洋局签署《关于进一步深化合作　共同推进广东海洋强省建设的框架协议》，切实加强海洋领域的合作。促进开发性金融加大力度支持广东海洋经济发展，推荐19个项目纳入国家开发性金融项目库，涉及投资343亿元。在湛江市成功举办2016中国海洋经济博览会，50多个国家和3 100多家企业参会，达成交易和合作意向金额440亿元，入场参观人数超过30万人次，100多家海内外媒体进行了报道。珠海市成功承办2016中国国际海洋高新科技展览会。举办“2016年世界海洋日暨全国海洋宣传日”活动，召开海洋环境状况公报、海洋灾害公报新闻发布会，出版《广东海洋经济发展报告（2016）》。

三、主体功能区建设

——继续推进实施主体功能区规划。按照国家的工作安排和要求，深入做好南岭生态区和清远市主体功能区试点工作。2016 年，国务院批复同意将广东省韶关市翁源县、新丰县，清远市连州市、连山壮族瑶族自治县、连南瑶族自治县、阳山县，梅州市大埔县、丰顺县，汕尾市陆河县，茂名市信宜市等 10 个县（市）纳入国家重点生态功能区范围。至此，广东省共有 21 个县（市）成为国家重点生态功能区。

——制定国家重点生态功能区产业准入负面清单。按照国家发展改革委的统一部署，省发展改革委按照“县市制定、省级统筹”的工作机制制定了《广东省国家重点生态功能区产业准入负面清单（试行)》(送审稿)，2016 年底上报国家发展改革委规划司衔接。同时，指导新增列入国家重点生态功能区的 10 个县（市）启动重点生态功能区产业准入负面清单制定工作。

——探索空间规划编制改革创新。根据国家确定的“以主体功能区规划为基础统筹各类空间性规划，推进‘多规合一’”的要求，积极开展相关研究。一是牵头开展《广东省省级空间规划研究》，已形成报告上报国家发展改革委。二是组织开展市县“多规合一”试点，国家级试点增城、南海、四会的试点成果已分别上报相应国家部委。三是组织开展市县经济社会发展总体规划改革创新探索。积极指导广州增城区和从化区、汕头濠江区、梅州蕉岭县 4 个县（区）作为省级试点开展试点工作，划定城镇、农业、生态三类空间，依据三类空间要求制定国民经济社会发展总体规划。相关试点成果已上报国家发展改革委。

四、县域经济发展

（一）总体情况

2016年，广东省有57个县（市），分布在15个地级市，其中珠三角地区的惠州、江门、肇庆3市有12个，粤东西北12市有45个（粤东8个、粤西10个、粤北27个）。全省县域面积13.22万平方公里，占全省的73.6%。

——经济实力。2016年，广东省县域地区生产总值12 210.16亿元，占全省的15.36%；县均地区生产总值214.21亿元，人均地区生产总值33 900.75元。地区生产总值超过500亿元的有高州市、四会市、惠东县、博罗县和普宁市，300亿~500亿元、100亿~300亿元的县（市）分别有6个、33个，低于100亿元的有13个。

——产业发展。2016年，县域三次产业结构为18.7∶40.6∶40.7。县域实现工业、农业总产值分别为16 130.38亿元、3 669.88亿元，分别占全省的11.13%、60.38%。

——财政状况。2016年，全省57个县（市）完成地方一般公共预算收入532.58亿元，下降3.79%；完成地方一般公共预算支出2 134.72亿元，增长2.9%。

表 26　2016 年广东省各县（市）主要经济指标

县（市）	地区生产总值		人均地区生产总值		地方一般公共预算收入		地方一般公共预算支出	
	绝对数（亿元）	增长（%）	绝对数（元）	增长（%）	绝对数（万元）	增长（%）	绝对数（万元）	增长（%）
南澳县	17.12	6.0	27 570	5.5	21 858	2.1	86 657	-3.3
乐昌市	114.67	5.6	27 766	4.8	53 010	-11.2	271 326	15.2
南雄市	138.52	8.2	41 780	7.4	58 157	-3.0	264 567	-4.5
仁化县	102.21	7.8	49 082	6.9	62 767	2.9	226 293	3.1
始兴县	82.91	8.2	38 844	7.4	38 721	0.6	159 555	-3.5
翁源县	96.57	6.8	27 982	6.0	39 774	-3.5	220 422	3.3
新丰县	80.29	7.1	37 416	6.2	30 985	-17.9	160 959	-11.8
乳源县	73.76	9.7	39 893	8.8	52 071	-0.6	223 451	-10.1
东源县	104.38	9.2	22 746	8.9	83 063	4.1	393 239	10.9
和平县	102.02	8.4	26 136	8.1	52 214	6.2	345 901	4.0
龙川县	136.47	7.9	18 829	7.6	63 279	4.0	514 986	8.9
紫金县	128.51	7.1	19 286	6.8	65 277	3.2	435 347	5.0
连平县	90.23	6.6	25 685	6.3	66 760	0.2	322 544	10.8
兴宁市	166.37	6.0	16 845	5.5	110 386	10.3	608 741	2.8
平远县	76.23	8.6	32 540	8.2	73 804	12.5	230 951	-1.0
蕉岭县	73.06	6.1	34 734	5.6	79 950	13.2	220 543	10.4
大埔县	81.19	9.3	21 232	8.8	96 011	17.3	355 377	9.4
丰顺县	103.21	6.9	21 010	6.3	84 372	14.6	440 441	16.0
五华县	140.55	9.0	12 968	8.4	69 018	24.3	587 550	3.0
惠东县	608.11	12.5	65 137	12.0	367 751	5.9	704 916	7.7
博罗县	613.62	11.9	57 364	11.4	406 323	8.8	769 806	4.1
龙门县	180.00	12.0	56 748	11.7	80 908	-26.3	291 877	-3.8
陆丰市	249.03	6.3	17 842	5.8	60 685	3.1	626 181	2.1
海丰县	285.76	6.9	34 857	6.4	73 359	-7.1	568 965	-1.6
陆河县	52.37	11.0	18 123	10.5	26 550	0.4	215 865	-4.5

（续上表）

县（市）	地区生产总值		人均地区生产总值		地方一般公共预算收入		地方一般公共预算支出	
	绝对数（亿元）	增长（%）	绝对数（元）	增长（%）	绝对数（万元）	增长（%）	绝对数（万元）	增长（%）
台山市	356.72	7.6	37 520	7.5	243 258	-1.8	452 823	3.8
开平市	310.04	7.1	43 757	6.8	219 510	1.9	341 451	0.9
鹤山市	287.04	8.2	56 969	7.8	249 661	3.0	299 092	-0.3
恩平市	165.18	7.1	32 937	6.6	100 338	1.5	243 958	-1.6
阳春市	380.19	6.5	43 237	5.9	103 842	-17.6	470 303	5.2
阳西县	219.47	6.8	46 925	6.2	66 173	-10.0	242 451	-27.6
雷州市	276.21	7.0	18 664	6.5	50 255	-14.4	606 067	9.5
廉江市	472.77	10.8	31 640	10.4	113 048	2.1	613 928	7.9
吴川市	247.72	9.3	25 733	8.8	66 889	-3.0	366 065	15.8
遂溪县	283.68	6.7	30 838	6.3	67 277	-3.2	388 142	7.2
徐闻县	158.43	6.1	21 923	5.7	45 338	1.5	309 373	-2.7
信宜市	403.29	8.0	41 512	7.0	93 196	-2.3	548 070	7.2
高州市	501.78	9.0	36 852	8.3	172 115	14.6	718 854	15.7
化州市	436.51	6.9	34 864	6.1	112 757	-0.9	530 772	-3.1
四会市	574.28	5.9	99 658	5.3	125 024	-45.3	268 361	-16.7
广宁县	140.00	6.0	31 946	5.3	42 528	-45.2	242 959	4.9
德庆县	130.82	5.6	37 059	5.0	53 903	-38.5	189 080	-17.9
封开县	142.35	4.1	34 622	3.5	35 913	-48.6	216 371	4.5
怀集县	230.08	4.5	27 287	3.9	49 439	-33.6	328 439	4.8
英德市	255.00	7.9	26 072	7.5	156 791	-7.7	586 231	9.5
连州市	136.67	6.1	35 807	5.7	62 275	-13.6	234 245	-16.2
佛冈县	114.92	8.8	36 545	8.5	84 413	-13.8	221 038	13.1
连山县	30.97	3.4	32 969	3.1	12 259	-11.8	178 100	4.0
连南县	40.04	8.0	29 882	7.7	14 807	-8.7	156 006	-10.5
阳山县	93.18	4.0	25 229	3.7	41 065	-20.5	234 157	-16.7

（续上表）

县（市）	地区生产总值		人均地区生产总值		地方一般公共预算收入		地方一般公共预算支出	
	绝对数（亿元）	增长（%）	绝对数（元）	增长（%）	绝对数（万元）	增长（%）	绝对数（万元）	增长（%）
饶平县	242.10	6.8	27 765	8.5	80 194	5.3	427 537	-4.1
普宁市	640.28	6.5	30 214	6.2	201 701	-0.7	804 684	7.2
揭西县	231.99	6.4	27 103	5.6	43 048	-16.3	386 988	1.3
惠来县	264.63	5.6	23 282	5.2	57 671	-10.0	390 558	-2.3
罗定市	195.46	8.3	20 315	9.9	115 684	0.7	472 007	10.2
新兴县	243.15	8.1	54 245	7.3	168 285	5.6	397 352	15.8
郁南县	108.05	7.6	26 557	6.9	57 125	0.3	235 229	-0.7

（二）省财政促进县域经济社会发展情况

2016年，广东省认真落实《中共广东省委 广东省人民政府关于进一步加快县域经济社会发展的决定》，加大省级财政支持力度，县域财政运行总体平稳。

——落实中央“营改增”全面扩围税制改革。2016年，广东省全面推开营改增试点，试点范围扩大到建筑、房地产、金融和生活服务业，全年减税约750亿元。贯彻落实中央《全面推开营改增试点后调整中央与地方增值税收入划分过渡方案》，报请省政府印发实施《全面推开营改增试点后调整省以下增值税收入划分过渡方案》，将省与市县的增值税（不含电力增值税）分享比例调整为50%：50%，合理调节各地区财力分布差异，确保省以下各级财政平稳运行。

——实施激励县域发展的转移支付措施。一是对欠发达地区县实施财政增量返还和协调发展奖等激励措施。对县产生的省级税收超基数的新增部分，全部以一般性转移支付返还县级政府。对综合增长率超过奖励标准的县给予协调发展奖。二是加大对原中央苏区、少数民族地区、革命老区县基本公共服务支出的保障力度，逐步实现人均基本公共服务支出与全国县级平均水平基本相当。三是对少数民族县、原中央苏区县的一般性转移支付适用最高档次标准。对重点生态功能区县的县级基本财力保障和生态转移支付资金等适用最高系数。

——加大财政转移支付力度。落实县级基本财力保障机制奖补资金，帮助市县实现“保工资、保运转、保民生”政策目标。实施激励型财政机制，鼓励和提高市县发展地区经济的积极性及主动性。加大对困难地区补助力度，支持上述地区加强民生保障能力，提高基本公共服务水平。落实支持粤东西北振兴发展的财政政策措施。

——贯彻落实供给侧结构性改革降成本计划。一是牵头落实降成本行动计划，各项降成本措施集中发力，全年帮助市县企业减负超过 2 000 亿元。推动全省各级财政统筹投入 400 多亿元。二是进一步降低涉企收费。联合省发展改革委印发《关于免征部分涉企行政事业性收费的通知》，分步对全省企业免征 34 项行政事业性收费的地方收入。

——促进大众创业、万众创新。一是支持企业创新驱动。安排企业研究开发事后奖补资金引导企业有计划、持续地增加研发投入，安排高新技术企业培育资金支持企业成为国家高新技术企业，安排资金用于扶持创客空间建设，出台广东省支持重点群体就业创业的增值税等优惠政策。二是强化对县域中小微企业的帮扶。统筹安排专项资金，发挥财政资金的杠杆效应，引导社会资本投向中小微企业。安排资金配套支持实施小微企业创业创新基地城市示范工作。安排创新券试点补助资金，引导中小微企业加强与高等学校、科研机构、科技中介服务机构及大型科学仪器设施共享服务平台的对接。

——推进产业转型升级。一是统筹安排资金支持企业实施扩产增效、智能化改造、设备更新等，推动新一轮工业企业技术改造。二是统筹 210 亿元支持珠三角与粤东西北产业共建，推动实现高水平产业转移。每年安排企业转型升级专项资金支持制造业企业通过两化融合、信息技术、共性适用技术和先进设备等进行整体改造。三是安排战略性新兴产业政银企合作专项资金支持开展工业机器人关键技术攻关、产业化应用、产能提升与扩产建设项目，支持全省建立 7 个智能制造示范基地。四是每年安排信息产业发展资金支持欠发达地区的信息产业技术应用、大数据、“互联网 +”等信息基础设施建设。五是 2016 年省财政共安排加工贸易转型升级相关资金用于培育加工贸易梯度转移承接示范区和创新发展示范区。

——支持生态环境保护和治理建设。一是狠抓节能减排降碳和资源节约利用。省财政安排资金用于节能减排、污水处理、绿色低碳建设发展和黄标车提前淘汰。二是大力推进污染治理。省财政安排资金用于开展省内江河水质保护、流域水环境综合整治、重金属污染治理、练江小东江综合整治等工作。三是加强生态环境保护和建设。省财政安排资金用于省内江河水质保护。分别与广西壮族自治区、福建省签订九洲江、汀江—韩江水环境横向生态补偿协议并确定实施方案，落实补偿资金。四是支持林业生态环境保护。统筹安排生态公益林补偿资金对省以上生态公益林进行补偿。安排造林及抚育资金推进森林碳汇、生态景观林带等林业重点生态工程建设。安排资金支持林业科技创新、野生动植物及湿地保护管理、岩溶石漠化治理、林业防灾减灾、森林公安基础设施建设、林权制度改革等工作。

——加大社会事业补短板力度。省财政设立基层公共服务综合平台建设省级专项资金，支持推进基层公共服务综合平台建设；推进教育文化加快发展，省财政安排资金用于补齐创建教育强县、义务教育发展基本均衡县的短板，着重用于推动原中央苏区县和民族自治县教育事业发展；扎实推进文化建设，省财政安排资金支持基层综合性文化服务中心建设、文化场馆及广场建设、数字图书馆及数字文化馆建设、文化场馆免费开放惠民服务等，资金向粤东西北市县倾斜。推进基础设施建设，安排资金支持高速公路项目建设、贫困村自然村道路路面硬化、国省道改扩建、危桥改造、农村客运站等项目建设。统筹安排资金大力支持铁路项目建设，创新铁路投融资模式，成功设立铁路发展基金。统筹新区开发和旧城改造，一方面将“棚户区改造贷款贴息”和“公共租赁住房省级以奖代补”整合为“支持保障性安居工程”补助资金，统筹用于支持本省城镇低收入住房保障家庭租赁补贴、公共租赁住房和棚户区改造有关支出；另一方面支持省属企业国有工矿棚户区改造，推进社会保障城乡一体化，省财政安排住房保障相关资金主要用于支持向住房保障家庭发放租赁补贴、公共租赁住房和棚户区改造等有关支出。

五、产业园区扩能增效

——强化政策支持。制定实施《促进粤东西北地区产业园区提质增效的若干政策措施》和《关于支持珠三角与粤东西北产业共建的财政扶持政策》。编制《粤东西北产业园区发展“十三五”规划》。落实省产业园区扩能增效专项资金扶持政策，下达财政扶持资金项目计划 20.80 亿元。粤东西北地区产业园区实现规模以上工业增加值 1 745 亿元，占规模以上工业增加值比重由 2012 年的 15% 提高至 28%；完成工业企业固定资产投资 1 385 亿元，实现税收 350 亿元。

——扎实推进项目建设。园区新落地工业企业 446 家，新投产工业企业 338 家。新设立省产业转移工业园 2 个、产业转移集聚地 1 个，省产业转移工业园和产业转移集聚地数量达到 83 个，基本实现粤东西北地区县域全覆盖。

——提升园区发展水平。积极指导地市政府推动产业集聚发展，打造粤东西北地区产业发展平台，全省已设立省产业转移园和产业集聚地 83 个，基本实现全省县域产业园区全覆盖。加强园区项目精细化管理，开展省产业园区摸查，为入园企业建立了包括 GPS 定位信息、现场照片在内的详细企业数据库。提升园区管理水平，结合园区开发建设需求和重点工作，组织地市各级园区管理干部进行业务培训。

——推动珠三角企业与园区对接。加快产业梯度转移，积极搭建行业商协会及会员企业与省产业园区对接合作平台，举办广东省产业转移园承接珠三角产业梯度转移对接大会，有转移意向的 270 多家珠三角行业商协会、企业与省产业园区对接，签约产业转移项目协议投资总额达 380 多亿元。指导督促对口帮扶的珠三角地区 6 市与被帮扶的粤东西北地区 8 市签署市一级共建产业园协议，帮扶双方县（市、区、镇）之间逐级签约开展产业共建，明确共建责任和目标。珠三角地区共 534 个项目转移落户粤东西北地区。

——严格督导考核。在潮州市召开全省产业园区扩能增效工作现场会，部署园区提质增效和产业共建工作。实施目标管理，分解下达省产业园经济指标和产业梯度转移年度目标任务，开展动态监测和督查督办，推动珠三角帮扶市落实责任，强化产业和项目对接，确保各项工作按时间进度有序推进。开展 2015 年度省产业园区建设管理考核评价工作，落实奖惩措施。强化财政资金监督管理，对专项资金拨付使用情况进行会议督导和现场督查。

六、扶贫开发工作

2016 年全省扶贫开发工作会议以后，广东省委、省政府出台了精准扶贫、精准脱贫三年攻坚的政策文件，对全省脱贫攻坚工作进行了全面部署。全省各地各部门达成了脱贫攻坚思想共识，齐抓共管密切配合，积极参与合力攻坚，完成了 50 万贫困人口的减贫任务，取得了阶段性成效。

——脱贫攻坚责任得到落实。各地各部门坚决贯彻落实全省扶贫开发工作会议精神，集中力量打好打赢脱贫攻坚战，上下联动、齐抓共管、层层压实脱贫攻坚责任。一是落实五级书记抓扶贫工作责任。明确市委书记和市长、县委书记和县长是当地脱贫攻坚第一责任人。层层签订脱贫攻坚责任书，将脱贫任务和责任分解压实。二是落实对口帮扶责任。安排珠三角 6 市帮扶粤东西北 12 个市，派出驻市驻县工作队 52 个，驻村工作队 1 719 个。三是落实党政机关、企事业单位和人民团体定点帮扶责任。共派出驻镇（街道）工作组 1 112 个、驻村工作队 1. 2 万个，驻镇驻村工作队员 4. 3 万人，对贫困人口较多的行政村基本实现了全覆盖。四是落实行业部门帮扶责任。将行业资金、项目、技术等各类资源要素重点投向贫困村贫困人口。五是落实社会帮扶责任。鼓励工商企业与贫困人口较多的村结对帮扶，实施培训就业、产业扶贫、电商扶贫等项目。六是完成了2016年度减贫任务。2015年以来广东省已将低于国家扶贫标准2 736元的全部贫困人口纳入低保范围，解决了国家扶贫标准下的贫困人口问题。根据广东省的扶贫标准和脱贫任务，2016年度全省实现脱贫57.36万人，其中，低保贫困户32.45万人，占56.6%；五保贫困户17.49万人，占30.5%；一般贫困户7.42万人，占12.9%。七是做好“回头看”工作。按照省委、省政府工作部署和要求，继续做好扶贫“双到”后两年“回头看”工作，“扶上马再送一程”，帮扶单位做到收队不脱钩，帮助定点帮扶村巩固扶贫成果，促进帮扶对象稳定脱贫、持续发展。

——脱贫攻坚政策体系支撑有力。省委、省政府出台《新时期精准扶贫精准脱贫三年攻坚的实施意见》及分工方案，明确了全省三年脱贫攻坚的总体要求、政策支撑、责任落实、资金投入、工作机制和措施保障等。省委办、省府办印发了《关于加大脱贫攻坚力度支持革命老区开发建设的实施意见》（粤办发〔2016〕29号）。省直各部门出台包括教育、医疗、住房“三保障”的配套文件或实施方案（细则）37个。精准扶贫工作机制、扶贫标准动态调整机制、考核和问责机制、干部驻村帮扶机制和人才培养机制、对口帮扶机制、财政专项扶贫资金管理机制、金融服务机制、社会参与机制。

——精准识别建档立卡工作有序推进。全省各地、各部门动员了32.67万名干部进村入户，严格执行有关程序，对相对贫困人口进行精准识别。建立动态管理机制，加强与民政、公安、教育、住建、工商等部门数据信息比对。组织多次“回头看”工作，摸清底数，找准薄弱环节。截至2016年年底，扶贫信息系统已录入相对贫困人口66.4万户、173.1万人，基本完成了相对贫困村、相对贫困人口的精准识别工作。全省农村贫困发生率为4.66%，主要致贫原因前5位分别是因病（35.38%）、因残（21.09%）、缺劳力（18.74%）、因学（8.61%）、缺资金（7.06%），其他因素（因灾、因婚、缺土地、缺水、缺技术、交通不便等）占9.12%。

——扶贫大数据平台建设进展顺利。抓紧推进扶贫大数据平台各项基础工作。扶贫大数据信息平台系统包括数据监控、责任监控、项目监控、东西部扶贫、绩效考核、扶贫服务六大业务栏目，将于2017年6月份完成开发上线。完成扶贫建档立卡数据与教育、人社、公安、民政和地税等53.3亿条相关数据线下比对，已梳理222项扶贫事项，其中148项进驻省网上办事大厅，总体完成率66.7%。

——扶贫项目陆续启动实施。脱贫攻坚期间（2016—2018年），新时期各级财政扶贫攻坚投入资金约391亿元，其中，支持扶贫开发对象扶贫开发资金255亿元，低保兜底资金59亿元，其他专项保障资金77亿元。2016年中央和省、市、县各级财政用于广东省扶贫开发的投入总计143.18亿元，其中，中央财政资金1.17亿元，省级财政资金114.02亿元，市级财政资金23.13亿元，县级财政资金4.86亿元。全省各地因地制宜，因贫施策，按照精准到村到户到人的要求，启动实施各类帮扶项目5.47万个，部分帮扶项目已初见成效。培训贫困劳动力38万人次，贫困人口新增就业6.1万人。

——强力推动省内对口帮扶。省委、省政府制定出台《关于深化珠三角地区与粤东西北地区全面对口帮扶工作的意见》，进一步深化珠三角地区与粤东西北地区全面对口帮扶，将扶贫结对帮扶与粤东西北地区振兴发展框架下的全面对口帮扶有机结合，统筹帮扶发展与帮扶脱贫，协同推动产业对接、文化旅游、教育医疗、人才培养、干部培训等合作。省、市、县（市、区）财政五年安排210亿元奖励由珠三角地区转移到粤东西北的企业。帮扶市对被帮扶市每年安排不少于1亿元的对口帮扶专项资金。帮扶双方要确定1个的共建产业园区，每年每个园区推动不少于20个较大工业项目建设，到2018年累计推动珠三角地区1 600个项目转移落户到粤东西北地区。帮扶双方建立完善全面对口帮扶和精准扶贫、精准脱贫攻坚统筹实施的工作机制，把产业转移共建、企业发展与精准扶贫紧密结合起来，推动劳动力就业创业，帮扶方要筛选一批本地企业作为粤东西北地区就业转移安置基地，协助被帮扶市优先发展贫困人口参与度高的区域特色产业，帮扶产业项目要优先吸收所在地贫困劳动力就业，探索建立园区或项目与被征地贫困村集体长期利益共享机制，结合园区产城共建，注重吸纳有劳动能力的贫困人口就地就近转移就业，提高户籍人口城市化率，实现用发展的办法解决贫困问题。

——东西扶贫协作进一步深化。按照“全面对接做实东西部扶贫协作，坚决完成好中央交给广东的对口帮扶任务”的要求，下大力气做好各项工作的落实，承担协作任务的珠三角各市积极与桂川黔滇四省77个县开展携手奔小康行动，实现国定贫困县全覆盖。广东省东西部扶贫协作共覆盖桂、川、黔、滇4个省（区）、8个市（州）、71个县。按照“中央要求、当地所需、广东所能”，建立健全协作机制，增加资金支持力度，立足长远，谋划长效扶贫协作，确定重点帮扶项目，集中力量和资源，突出产业合作、社会事业帮扶和劳务输出，广东省东西部扶贫协作取得了阶段性成效，得到国务院汪洋副总理和国务院扶贫办的充分肯定和高度评价。国务院扶贫办《扶贫信息》编发了《胡春华赴有关省区调研对接东西部扶贫协作工作》，广东省领导先后四次在全国会议上就东西部扶贫协作工作进行经验交流。

——督查巡查工作较真碰硬。制定了《广东省精准扶贫开发资金筹集使用监管办法》《关于开展2016年度财政专项扶贫资金绩效评价工作的通知》，健全完善扶贫资金管理制度。组织7个巡查组，对汕头等14个市及所属28个县（市、区）、56个乡镇（街道）、107个贫困村、529户贫困户扶贫工作进行了专项巡查。省纪委开展扶贫领域监督执纪问责工作，省检察院开展集中整治和加强预防扶贫领域职务犯罪专项行动。全省全年共排查扶贫领域违纪违法线索2 211条，立案查办599件，受党纪政纪处分594人，移送司法机关处理70人。根据督查巡查、纪委、审计等发现的问题先后发出31份督办函，督促各地及时整改。

——宣传舆论氛围浓厚。把握好全国“扶贫日”“广东扶贫济困日”等重要时间节点，加大在新华社、中央电视台、人民日报等中央主流媒体的正面宣传力度，成为全国扶贫系统中首个集体入驻“头条号”矩阵的全省扶贫系统。全年在中央和省级主要媒体、行业媒体共刊发广东省扶贫开发相关新闻报道约3万篇次（条），网络媒体转载相关新闻报道6.5万篇（条）。

七、粤港澳台合作

（一）粤港澳合作

——深入实施粤港、粤澳合作框架协议。充分发挥高层会晤、联席会议、工作会议、专责小组等机制作用，推进全方位、高层次粤港澳合作。制定和实施粤港、粤澳合作框架协议2016年重点工作安排，明确重点推进92项和70项合作事项。据统计，自2010年和2011年协议实施以来，粤港、粤澳已分别签署7份、6份年度重点工作，累计推出565项、380项举措，在服务业、跨境基建、重点平台、社会民生合作等方面取得明显实效。

——继续深入实施粤港澳服务贸易自由化。在全国率先探索对港澳实施“准入前国民待遇加负面清单”开放新模式，抓住《CEPA服务贸易协议》2016年6月实施的契机，及时制定工作方案，推动出台实施意见、配套细则、监管措施、办事指南等。着力建设13个粤港澳服务贸易自由化示范基地，制定针对性强的产业规划，完善认定管理、督导评估等程序。认真总结和复制推广粤港澳服务贸易自由化经验成果，研究提出并积极争取实施更短负面清单。组织赴港澳宣传推介，举办多种形式的培训班，加大力度引进港澳服务业。2016年，粤港服务进出口4 349.40亿元，增长25.3%，占全省比重44.4%；粤澳服务进出口301.00亿元，增长91.4%，占全省比重3.1%。

——扎实推进跨境重大基础设施建设。2016年，港珠澳大桥主体桥梁工程成功合龙，主体工程累计完成投资超317.70亿元，约占总投资的83.3%。广深港客运专线内地段建成贯通，深圳福田站开通。深圳文锦渡口岸旅检通道改造已完成，东部过境高速项目计划于2018年完工。粤澳新通道项目整体建筑设计完成初步方案，抓紧开展研究粤澳新通道“合作查验、一次放行”

通关新模式。横琴口岸实现24小时通关，澳门单牌机动车入出横琴正式启动。广珠城轨与澳门轻轨对接项目抓紧开展横琴城轨总站施工。

——加强广东自贸区等重点合作区与港澳合作。广东自贸试验区坚持“面向港澳”“优先港澳”，在2015年形成首批60项创新经验的基础上，2016年又形成90项制度创新经验，探索与港澳高度开放体制衔接的制度环境。广州南沙粤港深度合作园区有序推进，深圳前海加快规划建设香港现代产业城，珠海横琴加快粤澳合作产业园建设。深港河套合作开发取得突破，双方签署合作备忘录，共同发展“港深创新及科技园”。

——携手港澳共同参与建设“一带一路”和泛珠合作。按照国家“一带一路”“十三五”、深化泛珠三角合作部署要求，积极培育粤港澳合作新优势。2016年联席会议上，粤港、粤澳双方行政首长分别签署《携手参与国家“一带一路”建设合作意向书》，支持联合开展经贸投资，联合共建境外产业合作园。携手港澳成功举办广东21世纪海上丝绸之路国际博览会、粤港经贸合作交流会、粤澳名优商品展销会等。共同落实《深化泛珠三角区域合作的指导意见》，联合港澳召开第十一届泛珠三角区域合作与发展论坛暨经贸洽谈会，打造泛珠区域合作核心区。

——加强粤港澳青少年交流合作。按照创新创业、国情教育、志愿服务等类型，积极培育全省22个品牌项目和特色基地，形成粤港暑期实习计划、香港青年服务团、粤港青少年国防体验营、粤港姊妹学校等品牌。积极支持澳门学生到广东省开展青少年国防教育。首次组织香港高校校董会主席访问团来粤考察。粤港17所高校共同举办粤港高校高层交流会。成立粤港澳高校联盟，首批入盟的粤港澳高校26所。广州南沙成立粤港澳台高校创新创业联盟，提供课程教育、实训、商业辅导和融资等支持。深圳前海梦工场入驻77家香港创业团队，设立完全由港人管理运作的“青年专业联盟众创空间”。横琴澳门青年创业谷累计入驻企业175家，港澳台团队占近八成，澳门特区政府扶持青年创新创业政策得以惠及横琴。

——全面推进游艇自由行、教育、科技、环保等领域合作，促进跨境工作生活便利。粤澳游艇自由行项目在中山率先落地实施。澳门财政资金参与粤澳合作项目稳步推进，双方签署合作备忘录。继续协助完善香港中文大学（深圳）校区和香港大学深圳医院等各项建设。港澳高校对接广东科技成果转化取得积极进展，6 所香港院校在广东设立了 8 家研发中心，三地高校及科研机构联合建立 19 个研究中心及联合实验室。2016 年新增缔结粤港姊妹学校 79 对，全省粤港姊妹学校达到 445 对，约占内地与香港缔结姊妹学校总数的 70%。继续加强监测供港澳产品，确保供港澳水、电、气和农产品优质安全。

（二）粤台合作

——加强粤台经贸合作。通过支持各地、各部门招商团组“走出去”和将台资企业“请进来”的方式，加大对台招商引资力度。2016 年，广东全省共有 257 个团组赴台开展经贸交流。全省台资企业累计 27 018 家，合同利用台资累计 720. 15 亿美元，实际到账台资累计 629. 67 亿美元；台湾居民在广东省登记注册个体工商户累计1 425户。富士康深圳青创产业孵化器、8K 电视、半导体 3 大项目，广州堺显示器制品株式会社第 10. 5 代显示器全生态产业园项目，HTC 集团深圳 VR 项目，大同集团和广达集团广州思科智慧城等一批重大台资项目与广东省达成意向投资协议。

——促进台资企业转型升级。着力推动台资企业转型升级，加强惠企政策落实和台商服务工作。扎实开展惠企政策宣导和落实检查指导工作，推动各地、各部门落实好国家和省惠及台企发展的相关政策措施，鼓励和引导台商用足用活政策。加强台商服务，继续完善和发挥台企融资、内销、转型升级、法律援助等服务平台的功能作用，帮助台企解决生产经营中的困难和问题。2016 年，广州、惠州、东莞分别成功举办台湾精（名）品博览会，共计为台商创造销售金额 57. 16 亿元。2016 年 8 月在惠州市成立广东台商产业发展研究院。扎实推进海峡两岸青年就业创业基地和示范点建设，截至 2016 年年底，广东省国家级两岸青年创业就业基地和示范点已达 7 家，其中，深圳中芬设计园、东莞松山湖（生态园）台湾高科技园、广州汇龙信息产业科技园、惠州仲恺高新区、深圳赛格众创空间共 5 家为“海峡两岸青年就业创业基地”；东莞901两岸青创联盟虚拟孵化器、广州市光机电技术研究院为“海峡两岸青年就业创业示范点”。举办“青年台商看广东自贸区”等活动，鼓励和支持青年台商把握“大众创业、万众创新”“一带一路”和自贸区建设契机，加快转型和发展。

——深化粤台农业合作交流。继续推动涉台农业园区建设和配套政策完善，对省内8个涉台农业园区进行综合考评。组织全省台务系统涉台农业园区管理干部赴台考察交流。在韶关翁源举办2016农业园区现场会。推动设立海峡两岸农业发展研究院。

——深化粤台金融合作交流。召开在粤台资金融机构负责人座谈会。鼓励和支持台湾金融机构在粤发展，台湾玉山银行投资20亿元设立的大陆子行——玉山银行（中国）有限公司暨深圳分行开业；台湾国泰世华银行投资2亿元设立的深圳分行开业。广东省已有9家台企成功在大陆资本市场挂牌上市，台一盈拓等13家台企也已进入上市辅导、审批阶段（含主板、中小板、创业板及新三板）。

——推动粤台经贸交流往来。粤台两地经贸往来密切，2016年，粤台进出口贸易额599.28亿美元，其中自台进口528.26亿美元，对台出口71.03亿美元；广东省有1 294批次、6 255人次赴台开展经贸交流。邀请和接待台湾陶瓷工业同业工会、新同盟会台南农会、旺旺集团、台泥集团等多批经贸团体和大企业来粤考察交流。

——促进粤企入台投资。促进广东企业入台投资发展，2016年，广东省已有51家企业赴台投资。2016年9月，在台北举办广东在台湾投资企业座谈会，了解广东在台投资企业的经营发展情况，听取相关意见建议，指导广东在台投资企业持续健康发展。

八、泛珠三角合作

——推进重大事项，扩大泛珠合作影响。一是推动泛珠合作全面上升为国家战略。2016 年 3 月，国务院正式印发深化泛珠三角区域合作的指导意见，泛珠合作的内容写入“十三五”规划。二是全力办好第十一届泛珠大会。8 月 25—26 日，第十一届泛珠大会在广州市顺利召开。首次邀请世界 500 强企业参会，现场签约 31 个代表性项目，金额共 1 100 多亿元，进一步推进“9 +2”各方务实合作，获得各方一致好评。三是召开 2016 年泛珠行政首长联席会议。10 月 14—15 日，泛珠行政首长联席会议在江西南昌召开。会议就规划建设粤港澳大湾区，推进湘粤开放合作试验区、湛江—北海粤桂北部湾经济合作区等省际合作园区建设，推动设立泛珠三角区域合作发展基金，就加强重大基础设施、统一市场和生态文明建设等方面达成重要共识，取得丰硕成果。

——谋划重要规划，引领泛珠区域深化合作。一是实施珠江—西江经济带发展规划。在肇庆市先后召开广东广西推进珠江—西江经济带发展规划实施联席会议第三次会议和沿线城市联合招商推介会。经济带建设进展顺利。基础设施方面，两地规划的 9 条高速公路省际对接出省通道已建成 5 条，西江（界首—肇庆段）航道扩能升级工程总投资 10. 20 亿元，计划于 2017 年年底前完工。城市间产业合作方面，佛山高新区与柳州高新区、广州和梧州分别签署合作协议，肇庆与梧州成功举办六次市长联席会议，云浮与梧州召开两次市长联席会议，共同推动产业合作示范园区等项目。二是推动高铁经济带发展。实施广东园发展规划。据不完全统计，试验区 2016 年产业合作项目 15 个，投资额 260. 50 亿元。编制南广、贵广高铁经济带规划。联合广西、贵州两省区，共同委托中咨公司组织编制南广和贵广高铁经济带发展规划，两个规划通过专家评审后，推动三省区联合报批。三是开展粤港澳大湾区发展规划研究。委托中国国际经济交流中心开展粤港澳大湾区发展规划课题研究。课题组先后赴珠三角九市、香港和澳门开展实地调研，2016 年年底初步完成了初稿的编制工作。四是开展泛珠合作重大问题研究和信息平台建设。委托专家开展泛珠三角联合协作等重点课题研究，完成合作发展综合信息支撑图集。对泛珠网进行全面升级改版，推出泛珠区域合作数据中心，为泛珠各方研究决策提供支撑。

——建设重点平台，推动泛珠务实合作。一是推动粤桂合作特别试验区建设。推动广东和广西两省区联合制定试验区建设实施方案，已出台 23 条扶持政策。积极与中建集团等央企、省属国企和大型民企对接，加快试验区交通基础设施建设。二是推动闽粤经济合作区建设。筹建投融资平台。推动在深圳、香港、厦门等地举办投资推介会，签约 6 个项目，合同投资额近 300 亿元。着力建设重点项目，合作区（潮州）核心区范围内共有重点项目 51 项，总投资约 515 亿元。推进基础设施建设。樟溪镇低碳工业园启动区“六通一平”工程累计已完成投资 1. 88 亿元，潮州港扩建货运码头项目已完成投资 2. 53 亿元，省道 222 线饶平浮山荔林至黄冈上林段升级改造工程已竣工投入使用，饶平火车站疏站北路工程建设进展顺利。

九、国内经贸合作

——拓宽广货内销市场。2016 年，广东省举办市场开拓及促销活动共 130 多场，足迹遍及河南、天津、陕西、重庆、云南、湖北、新疆、内蒙古、黑龙江等 10 多个省（区），参展参会企业涵盖保健食品、纺织服装、节能环保、机械制造、建材陶瓷、轻工家电、电子科技等多个领域，签订购销合作项目金额超过 8 000 亿元。广东实现社会消费品零售总额 34 739 亿元，增长 10. 2%；规模以上工业内销比重进一步提升到 75. 6%，占比同比提高 2. 5%。

——加强省际商务交流。协助黑龙江、吉林、山西、广西、云南、四川、陕西等多个省区来粤开展对接洽谈和推介交流10多场，先后共组织500多家企业参与洽谈对接，共达成意向经贸合作项目200多个，签订投资贸易项目总额约500亿元，推动省际商务交流合作不断深化。借助省际区域协作平台，利用广货全国行活动、兄弟各省区重点经贸活动，充分发挥驻外省办事处和驻外省广东商会桥梁纽带作用，引导以海外订单为主导的加工贸易转战国内市场，推动出口外贸资源在国内优化配置。

——稳步推进广东商会建设，积极发挥其桥梁纽带作用。截至2016年年底，除西藏、浙江之外，驻外省广东商会已基本遍布全国，省级广东商会28家，副省级城市广东商会3家，企业会员发展已超过2 000家，会员企业注册资本达3 000多亿元，累计投资超过2万亿元。在稳步推进广东商会建设的同时，发挥其桥梁纽带作用，推动驻外省广东商会反哺家乡。如，为振兴粤东西北产业发展，统筹省政府驻沈阳办事处组织东北三省广东商会及会员企业赴茂名市开展乡贤反哺活动，举行东北三省广东商会及企业乡贤反哺项目签约仪式暨赴粤投资考察活动。签约仪式上共签订合作项目9个，金额258亿元，其中，商会会员企业共同在茂名市投资兴建的科技园项目金额达200亿元。

十、对口支援工作

（一）援藏工作情况

2016年，广东省共安排65个援藏项目，总投资3.99亿元。其中，固定资产投资类项目50个，非固定资产投资类项目15个。按照民生援藏、产业援藏、智力援藏的援藏规划部署，三类项目分别投资12 833万元、26 867万元和180万元，分别约占援藏总资金的32.1%、67.4%和0.5%。其中，广义民生类项目资金包括产业类项目资金，总共3.97亿元，达到援藏资金总量的99.5%。

——扎实推进鲁朗小镇后续建设。根据《鲁朗国际旅游小镇项目建设现场办公会会议纪要》的部署要求以及朱小丹省长调研考察鲁朗小镇建设的有关指示精神，第八批援藏工作队会同鲁朗管委会数次到鲁朗调研、了解项目建设进展情况及存在问题，并连续召开三场项目建设协调会议，逐一与项目建设单位面对面交流，加快项目建设进度。鲁朗国际旅游小镇建设援藏项目基本完工。

——扎实推进“组团式”医疗、教育援藏工作。将“组团式”援藏工作列入对口支援的重中之重，推动形成工作合力，确保如期实现“组团式”援藏工作目标。一是在省委、省政府领导的高度重视下，积极对接医疗人才“组团式”援藏工作，就牵头医院、“院包科”模式、配备专家型院领导、“创三甲”现状评估等问题做出具体安排。二是重点规划、持续推进“三甲”创建工作，抓住核心问题、把握轻重缓急，有计划、有步骤地推进基础设施提升、医疗设备完善、专业人才培养等援建工作。广东医疗人才“组团式”援藏工作已走在自治区前列，得到了中组部及自治区有关领导的高度肯定。三是同步加强“组团式”教育援藏工作，协调、安排50名“组团式”教育人才进藏支教和林芝市30名教师赴广东培训，推动各受援地学校教育水平不断提高，打造广东“组团式”教育援藏新品牌。

——扎实推进教育、医疗、扶贫、环保等公益援藏创新项目。充分发挥援藏干部的桥梁纽带作用，动员社会各界力量参与援藏工作。一是聚焦精准扶贫，设立扶贫济困专项基金，筹集资金101万元，重点用于扶贫助学及林芝市儿童福利院建设；号召援藏工作队员一对一帮扶困难学生，结对帮扶89名困难学生；易贡茶场遭遇泥石流灾害后，及时运送近30万元物资救助受灾职工群众。二是加大智力援藏，推动设立“西藏幼教培训计划”专项基金，助力自治区加大幼儿教师培训力度；研究“互联网+”寻诊模式，推动农牧区群众开展网上问诊等工作，极大方便农牧民群众寻医问药。三是实施科技、疾控、农牧等专项援藏活动，积极引进各类资源，邀请专家举办讲座和培训班等。四是开展“美化林芝，从我做起”环保公益行活动，工作队坚持每周末开展一次环保公益活动，带动林芝市民树立文明新风，受到市委、市政府主要领导的充分肯定和林芝市民的广泛赞誉。

（二）援疆工作情况

2016 年，广东认真贯彻第二次中央新疆工作座谈会精神，紧紧围绕促进新疆社会稳定和长治久安这个总目标，按照省委、省政府确定的“一个龙头、两翼齐飞”的工作格局，编制《广东省“十三五”对口支援新疆喀什和兵团第三师经济社会发展规划》以及就业、人才、教育、产业和扶贫等五个专项规划。全年共投入援疆资金 26.02 亿元，实施项目 147 个。

——注重改善民生。2016 年安排直接民生类项目资金 22.15 亿元，占援疆资金的 85.12%，主要用于改善受援地群众居住条件，提高受援地教育、医疗综合服务水平，实施精准扶贫等。

——夯实产业发展基础。与新疆维吾尔自治区签署了《广东省人民政府　新疆维吾尔自治区人民政府关于加强产业援疆工作的协议》，帮助受援地编制了《喀什国际经济合作区发展规划》，并开工建设先行启动区。继续支持当地完善广州新城商贸城、伽师工业园、兵团草湖广东纺织服装产业园、喀什深圳产业园等各类产业平台，形成产业集群。

——大力促进就业。引进思科电子等劳动密集型企业吸纳就业约 1.2 万人，构建粤喀两地技工教育共建帮扶平台，实现就业约 3 600 人，打造草湖产业园等 3 个就业基地解决就业 6 000 人，推动劳务合作转移就业 8 000 余人。

——提升当地自我发展能力。实施人才援疆工程，举办培训班 100 个，培养当地干部 13 000 人，计划外选派 445 名柔性人才援疆；帮助受援地医院学科建设，建立结对帮扶机制，改扩建医疗机构 7 所，培训卫生技术人员 11 000人，诊疗患者 3.4 万人次，实施手术 3 000 万台；实施教育援疆工程，支持喀什大学等 4 所学校建设，组织 21 所职业院校全方位帮扶受援地 6 所职业学院，推动小学开始实施双语教学。

——提高脱贫攻坚实效。通过因地制宜发展特色种养业、大力发展现代畜牧业、培育壮大农业龙头企业、实施卫星工厂等措施，帮助6万多农村人口实现增收。深圳市计划外安排1亿元帮助塔县，减少贫困人口2 009人。

——深化交流交往交融。加强商贸往来，协助受援地做好喀交会、农博会；设立对口科技援助项目，获得科技援助资金1 360万元；活跃边疆旅游及民间交流，推进多项旅游活动。进一步启动粤喀、深喀青少年交流活动，搭建青少年友谊桥梁。

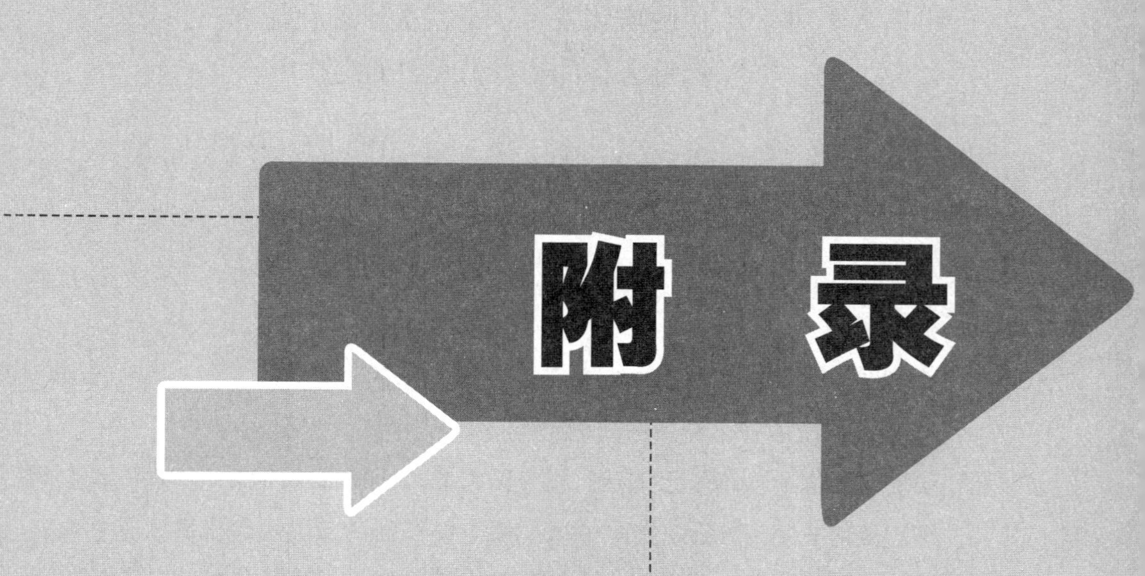

附录

一、政策文件

（一）广东省人民政府转发《国务院关于深化泛珠三角区域合作的指导意见》的通知

广东省人民政府转发《国务院关于深化泛珠三角区域合作的指导意见》的通知

（粤府〔2016〕34号）

各地级以上市人民政府，各县（市、区）人民政府，省政府各部门、各直属机构：

现将《国务院关于深化泛珠三角区域合作的指导意见》（国发〔2016〕18号，以下简称《指导意见》）转发给你们，请认真贯彻执行。

泛珠三角区域合作已全面上升为国家战略。新形势下深化泛珠三角区域合作，是党中央、国务院统筹区域发展全局作出的重大决策部署，是适应我国经济发展新常态、全面深化改革创新、推进经济发展方式转变、统筹东中西协调联动发展的客观需要，也是更好融入“一带一路”建设，提高全方位开放合作水平，深化内地与港澳更紧密合作，促进香港、澳门长期繁荣稳定的重要举措。各地、各部门要从全局和战略高度，进一步统一思想抓紧贯彻实施《指导意见》，全面推动我省在泛珠三角区域合作中发挥更加积极的作用，全面推动泛珠三角区域合作向更高层次、更深领域、更广范围发展，促进构建经济繁荣、社会和谐、生态良好的泛珠三角区域。

各地、各部门要按照《指导意见》确定的目标原则、战略定位和重点任务，切实加强组织领导，完善工作机制，制定工作方案，狠抓工作落实，在促进区域经济合作、推进统一市场建设、推进重大基础设施一体化建设、促进区域协同创新、协同推进生态文明建设、深化粤港澳合作等方面真抓实干，确保各项任务和政策措施落到实处、取得实效。珠三角地区要充分发挥改革创新、科技进步、产业升级、绿色发展、对外开放等方面的辐射带动和示范作用，打造泛珠区域的经济中心和创新高地。粤东西北地区要抓住机遇，主动作为，进一步加强产业转移承接和与周边省（区）地市的合作与联系，推动本地区实现跨越式发展和绿色发展。省发展改革委（省泛珠三角区域合作领导小组办公室）要牵头拟订我省的实施方案和年度工作计划，强化对我省推进泛珠三角区域合作重大问题的综合协调，推动《指导意见》深入贯彻实施，实施过程中相关重大问题及时向省政府报告。

广东省人民政府
2016 年 4 月 20 日

国务院关于深化泛珠三角区域合作的指导意见

国发〔2016〕18 号

各省、自治区、直辖市人民政府，国务院各部委、各直属机构：

泛珠三角区域包括福建、江西、湖南、广东、广西、海南、四川、贵州、云南九省区（以下称内地九省区）和香港、澳门特别行政区（以下统称“9 +2”各方），拥有全国约五分之一的国土面积、三分之一的人口和三分之一以上的经济总量，是我国经济最具活力和发展潜力的地区之一，在国家区域发展总体格局中具有重要地位。近年来，在“9 +2”各方共同努力下，泛珠三角区域合作领域逐步拓展，合作机制日益健全，合作水平不断提高。新形势下深化泛珠三角区域合作，有利于深入实施区域发展总体战略，统筹东中西协调联动发展，加快建设统一开放、竞争有序的市场体系；有利于更好融入“一带一路”建设、长江经济带发展，提高全方位开放合作水平；有利于深化内地与港澳更紧密合作，保持香港、澳门长期繁荣稳定。为深化泛珠三角区域合作，现提出以下指导意见。

一、总体要求

（一）指导思想。全面贯彻党的十八大和十八届三中、四中、五中全会以及中央经济工作会议、中央城市工作会议精神，认真落实党中央、国务院决策部署，按照“五位一体”总体布局和“四个全面”战略布局，牢固树立和贯彻落实创新、协调、绿色、开放、共享的发展理念，坚持合作发展、互利共赢主题，着力深化改革、扩大开放，进一步完善合作发展机制，加快建立更加公平开放的市场体系，推动珠江—西江经济带和跨省区重大合作平台建设，促进内地九省区一体化发展，深化与港澳更紧密合作，构建经济繁荣、社会和谐、生态良好的泛珠三角区域。

（二）基本原则。

政府引导、统筹推进。发挥市场在资源配置中的决定性作用，更好发挥政府作用，加强顶层设计，强化规划引领，以重点领域和关键环节为突破口，统筹推进基础设施、产业、社会管理、公共服务和生态文明建设等方面合作。

改革引领、创新驱动。全面深化改革，积极开展先行先试，充分释放改革红利。大力实施创新驱动发展战略，健全技术创新市场导向机制，增强市场主体创新能力，促进创新资源综合集成，培育具有国际竞争力的创新发展区域。

优势互补、合作共赢。充分发挥各方比较优势，促进内地九省区要素自由流动、资源高效配置和市场深度融合，建设统一开放、竞争有序的现代市场体系。加强与港澳务实合作，积极探索重大项目平台共建和利益共享机制，提升发展内生动力。

陆海统筹、全面开放。以综合交通运输体系为依托，统筹沿海、沿江、沿边和内陆开放，充分发挥港澳独特优势，推动“引进来”和“走出去”相结合，更好利用国际国内两个市场、两种资源，创新开放型经济体制机制，形成参与和引领国际合作竞争新优势。

生态优先、绿色发展。坚定不移实施主体功能区制度，坚持在发展中保护、在保护中发展，大幅提高能源利用效率，加强生态环境协同监管和综合治理，共建环境保护市场化机制和生态补偿机制，推动绿色发展，形成有利于节约资源和保护生态环境的空间格局、产业结构和生产生活方式。

（三）战略定位。

全国改革开放先行区。发挥经济特区、国家级新区、国家综合配套改革试验区、自由贸易试验区等体制机制优势以及港澳在全国改革开放和现代化建设中的特殊作用，在完善社会主义市场经济体制、推进国家治理体系和治理能力现代化等方面积极开展先行先试，为全国深化改革、扩大开放积累经验。

全国经济发展重要引擎。强化珠三角地区与港澳的辐射引领作用，带动中南、西南地区加快发展，加强与长江经济带发展的有机衔接和统筹协调，在全国创新发展方面发挥重要的示范作用，构建有全球影响力的先进制造业和现代服务业基地，成为促进全国经济平稳健康发展的重要引擎。

内地与港澳深度合作核心区。依托港澳两地国际竞争优势及内地九省区广阔腹地和丰富资源，在内地与香港、澳门关于建立更紧密经贸关系的安排（CEPA）及其补充协议框架下，充分发挥内地九省区与港澳山水相连、经济联系密切以及“一国两制”的优势，深化各领域合作，拓展港澳发展新空间，提升区域开放型经济发展水平。

“一带一路”建设重要区域。立足泛珠三角区域连接南亚、东南亚和沟通太平洋、印度洋的区位优势，充分发挥建设福建21世纪海上丝绸之路核心区以及相关省区作为“一带一路”门户、枢纽、辐射中心和海上合作战略支点功能，发挥港澳独特作用，共同推动“一带一路”建设，打造我国高水平参与国际合作的重要区域。

生态文明建设先行先试区。发挥泛珠三角区域山清水秀生态美的优势，加快推动形成绿色循环低碳的生产生活方式，建立跨区域生态建设和环境保护联动机制，筑牢生态安全屏障，全面提升森林、河湖、湿地、草原、海洋等自然生态系统稳定性和生态服务功能，推动经济社会与资源环境协调发展。

二、促进区域经济合作发展

（四）优化区域经济发展格局。充分发挥广州、深圳在管理创新、科技进步、产业升级、绿色发展等方面的辐射带动和示范作用，携手港澳共同打造粤港澳大湾区，建设世界级城市群。构建以粤港澳大湾区为龙头，以珠江—西江经济带为腹地，带动中南、西南地区发展，辐射东南亚、南亚的重要经济支撑带。促进城市群之间和城市群内部分工协作，着力构建沿江、沿海、沿重要交通干线的经济发展带。形成以大城市为引领，以中小城市为依托，以重要节点城市和小城镇为支撑的新型城镇化和区域经济发展格局，积极推动产城融合和城乡统筹发展。加强城市公共服务质量监测，提升公共服务质量水平，促进区域一体化和良性互动。建立毗邻省区间发展规划衔接机制，推动空间布局协调、时序安排同步。注重陆海统筹，支持福建、广东、广西、海南等省区合作发展海洋经济，共建海洋经济示范区、海洋科技合作区，加大海洋科技研发投入力度，发展海洋科学技术，加快科技成果产业化，推动海洋产业园区转型升级，科学开发海洋资源，保护海洋生态环境。

（五）共同培育先进产业集群。加强产业协作，整合延伸产业链条，推进产业链上下游深度合作，培育形成优势互补、分工合理、布局优化的先进产业集群。顺应“互联网＋”发展趋势，积极发挥国家超级计算广州中心、贵阳国家大数据中心的作用，推进制造业数字化、网络化和智能化。完善区域制造业创新体系和产业协作体系，改造提升现有制造业集聚区，推进新型工业化产业示范基地建设，将泛珠三角区域打造成为“中国制造2025”转型升级示范区和世界先进制造业基地。改革服务业发展体制，创新发展模式和业态，扩大服务业对内对外开放，逐步放宽外资准入限制，加快推进与港澳服务贸易自由化。加快转变农业发展方式，推进特色农产品供应基地建设，加强南繁育种、南菜北运、粮食产销合作及农业大数据共享，大力推动供港澳农产品基地建设，合作建设一批高水平现代农业示范区，健全现代渔业产业体系和经营机制，打造生态农业产业带。

（六）引导产业有序转移承接。以国家级、省级开发区为主要载体，建设承接产业转移示范区。加大对加工贸易梯度转移承接地的培育支持力度。建立产业转移跨区域合作机制，制定产业转移指导目录，明确产业承接发展重点。积极支持东部沿海地区产业及国内外知名企业生产基地向中西部地区有序转移，促进产业组团式承接和集群式发展。充分发挥各类合作平台在促进产业转移中的积极作用，大力推进广州泛珠合作园区、粤桂黔高铁经济带合作试验区建设，支持粤桂合作特别试验区、闽粤经济合作区、北部湾临海产业园、湘赣开放合作试验区等跨省区合作平台发展。

三、大力推进统一市场建设

（七）实施统一的市场规则。清理阻碍要素合理流动的各种规定和做法，实施统一的市场准入制度和标准，推动各类生产要素跨区域有序自由流动和优化配置，规范发展综合性产权交易市场。加强地方和企业标准制定合作，推进产品检验、计量检定、资质认证等结果互认，促进商品自由流通，有序推动服务业区域标准制定。建立统一的市场执法标准和监管协调机制，依托企业信用信息公示系统，推动实现市场主体基础信息互联互通、市场监管信息共享共认、市场监管措施协调联动、消费者权益保护异地受理处置和行政执法相互协作。规范行政处罚自由裁量权，探索建立区域行政处罚裁量基准制度，逐步统一内地九省区行政处罚裁量权的运用，为企业跨区域发展营造更加良好的行政执法环境。

（八）建设区域社会信用合作体系。建立区域信用联动机制，开展区域信用体系建设合作与交流，促进信用建设经验成果及信用市场服务的互通、互认和互用。推进社会信用体系建设合作，按照社会信用信息共享交换平台建设总体要求，支持内地九省区建立健全各行业各领域信用记录，并与全国统一的信用信息共享交换平台实现对接，以统一社会信用代码为标识，实现企业登记、产品质量监管等信用信息的共享交换。健全知识产权保护机制，完善专利代理信用信息查询系统。建立完善统一的企业信用分类标准，实现跨地区信用联合惩戒，完善“一处失信、处处受限”的失信惩戒机制。

（九）构建区域大通关体制。加快建立大通关电子口岸信息平台，推进电子口岸互联互通和资源共享。完善口岸综合服务体系和口岸联络协调机制，推动内陆口岸同沿海、沿边口岸通关协作，实现口岸管理相关部门信息互换、监管互认、执法互助。在全面实施关检合作“三个一”（一次申报、一次查验、一次放行）的基础上，逐步推行“单一窗口”制度。在现有福建、广东、广西、海南四省区海关区域通关一体化的基础上，加强与长江经济带海关区域通关一体化衔接，进一步扩大通关一体化范围。

四、推进重大基础设施一体化建设

（十）建设现代化综合交通运输体系。强化区域内各种运输方式的衔接和综合交通枢纽建设，构建安全、低碳和便捷的综合交通运输体系，增强对区域发展的支撑能力。加快已列入《中长期铁路网规划》的铁路项目建设，提高区域内以及与周边省（区、市）和国家（地区）的互联互通水平。贯通海口经南宁经贵阳至兰州的铁路，打造南北新通道。推进琼州海峡跨海通道工程、湛海铁路扩能工程。规划建设赣州至深圳、重庆至昆明、涪陵经凯里至柳州、柳州至韶关、西安经重庆经长沙至厦门、吉安至武夷山、贵阳至张家界、兴义至永州至郴州至赣州、临沧至清水河等铁路项目。加快国家高速公路和国省干线公路建设及升级改造，全面提升公路技术等级和安全防护水平，打通省际“断头路”“瓶颈路”，提高公路安全性。推进珠江主要干支流高等级航道建设，继续提升西江航运干线通航水平，加快右江、北盘江—红水河、柳江—黔江等航道建设，稳步开展湘桂运河前期研究，畅通西南水运出海通道。建立完善珠江水运发展协调机制，合力推进珠江水运协调发展。优化沿海港口功能布局，增强沿海港口对内陆地区的服务能力。在琼州海峡南北岸规划建设新客货滚装码头，提高琼州海峡客货滚装运输服务能力和水平。统筹泛珠三角区域空域资源管理使用，明确区域内各机场分工定位，实现机场群健康有序发展。进一步推动区域内各国际机场航权开放，打造国际航空枢纽和门户机场。优化完善区域机场布局，加快推进支线机场建设。支持加密区域内城市间航线航班，促进区域内客货快速运送。鼓励发展多式联运，完善统一相关标准规范和服务规则，积极培育多式联运经营人，加快建设具有多式联运功能的货运枢纽和物流园区，完善枢纽节点集疏运体系，畅通“最后一公里”。着力解决制约甩挂运输发展的瓶颈问题，推进泛珠三角区域甩挂运输网络化发展。加快智能物流网络建设，推进交通运输物流公共信息平台发展，促进不同运输方式信息系统的互联互通和信息交换共享，建设面向东南亚、南亚的区域性国际物流公共信息平台。着力构建泛珠三角区域国际物流主干网络，大力推进蓉欧快铁等国际物流通道建设。

（十一）构建能源供应保障体系。加强电源与电网建设，开展电力输送以及煤炭、油气储运合作，为促进区域合作发展提供稳定安全可靠的能源保障。在保护生态环境的基础上，适度开发金沙江、雅砻江、大渡河、澜沧江等河流水能资源，配套建设送出通道。大力发展新能源和可再生能源，稳妥推进已经列入相关规划的核电项目建设，积极开发风能、太阳能、生物质能、海洋能等新能源，完善区域电源点布局，推广多能互补的分布式能源。深入实施“西电东送”工程，推进西南能源基地向中南、华南和东南地区输电通道建设，建设500千伏金沙江中游电站送电广西直流输电工程，加大配电网的建设与改造力度。大力实施“西气东输”工程。统筹油气运输通道和储备系统建设，推进西气东输三线、新疆煤制气管线等油气管道建设，完善区域性油气管网建设。

（十二）完善水利基础设施体系。以提高水利保障能力为核心，建设综合防洪抗旱减灾体系，加强水资源保护与开发利用，强化区域水资源管理。保障泛珠三角区域防洪供水安全，确保对港澳供水安全。加快推进以大藤峡、洋溪、落久、高陂、德厚等为重点的骨干工程建设，支持澳门防洪（潮）排涝体系建设，加快推进柳江综合规划及环境影响评价工作，统筹实施珠江干支流河道崩岸治理及河道综合整治工程。加强沿海各省区标准海堤建设与相互衔接，争取到2020年海堤标准化率提高至80%以上。共同推进珠江流域综合整治开发，联合实施水源涵养和水土保持能力提升工程。落实最严格水资源管理制度，严守水资源开发利用控制、用水效率控制、水功能区限制纳污控制指标三条红线，加快开展江河水量分配，依法对区域内的年度用水实行总量管理，强化规划和项目水资源论证，严格水功能区监督管理。实行严格的河湖管理与保护制度，促进河湖休养生息，维护河湖健康生命。强化珠江流域水资源的统一管理、统一调度，加快制定出台珠江水量调度条例。推进水利信息化建设，提高流域水资源调控、水利管理和工程运行信息化水平。

（十三）完善信息基础设施。深入实施“宽带中国”战略，强化区域通信枢纽建设，加快区域网络基础设施建设升级，强化信息网络安全。加强广州、成都等国家级互联网骨干直联点互联工程建设，实施省际骨干网络优化工程，合理布局泛珠三角区域骨干网核心节点，提升网络传输能力及网间互联互通水平。支持开展“宽带中国”示范城市（群）创建工作，推动贯彻实施光纤到户国家强制标准。共同规划和实施大数据战略，合理布局区域数据中心，建设泛珠三角区域重点城市群信息港，着力构建重点领域信息共享平台。增进与周边国家（地区）信息互联互通，积极推进中国—东盟信息港建设。建设服务泛珠三角区域以及东南亚、南亚的国际呼叫中心。

五、促进区域创新驱动发展

（十四）构建区域协同创新体系。加强深港创新圈等区域科技创新合作，加快构建以企业为主体、市场为导向、产学研相结合的区域协同创新体系。充分发挥国家自主创新示范区、国家高新区的辐射带动作用，依靠创新驱动传统产业转型升级和培育发展战略性新兴产业。优化科技资源配置，新建一批产业技术创新平台和企业技术中心。制定区域科技创新基础平台共享规则，率先相互开放国家级和省级重点实验室、中试基地等试验平台。加强区域内国家国际科技合作基地的横向交流和联系。深化产学研合作，共建协同创新平台，联合开展重大科技攻关，共同实施科技创新工程。组建产业技术创新战略联盟，联合开展产业重大共性科技攻关，推动科技成果转化和产业化。

（十五）优化区域创新环境。鼓励和支持社会资本设立泛珠三角区域创业投资基金，激发区域创新创业活力。大力发展众创空间，支持广州国际创新城等一批大型创新创业平台建设，着力推进泛珠三角区域大众创业、万众创新。推动建立跨省区知识产权保护联盟，支持中新广州知识城开展国家知识产权运用和保护综合改革试点。发挥知识产权服务业集聚区的辐射作用，促进知识产权服务与区域产业融合发展。加强区域内知识产权司法协作。建立统一的科技人才资源库，完善科技人才市场体系，推动科技人才交流与共享。

六、加强社会事业领域合作

（十六）促进教育文化合作。建立教育合作交流平台，开展师资培训、课程改革、实训基地建设、毕业生就业等方面合作。建立区域优质教育资源相互交流、共建共享机制，扩大优质教育资源覆盖面。鼓励内地九省区联合共建高校优势学科和研究机构，联合培养人才和开展科学研究。完善跨区域就业人员随迁子女就学政策，推动实现平等接受学前教育、义务教育和中职教育，确保符合条件的随迁子女顺利在流入地参加高考。深化文化遗产保护合作，加强文化市场监管合作，建立泛珠三角区域非物质文化遗产展演展示、公共文化服务体系建设合作交流机制，推动泛珠三角文化市场区域合作和一体化建设，支持组建区域演艺联盟和跨地区企业连锁，促进文化产品流通，扩大区域文化消费规模。支持省区、城市之间开展多样化的文化、体育交流活动。

（十七）加强医疗卫生合作。建立健全区域内疾病预防控制、突发公共卫生事件应急处理协调机制和联防联控网络。促进区域公共卫生服务资源合作共享，推动同级医疗机构检查结果互认。依托互联网发展远程医疗，提高边远地区诊疗水平。加强食品药品监管能力建设，提升区域食品药品安全保障水平，建立区域食品原产地可追溯制度和质量标识制度，建立健全大案要案查处联动机制和跨区域重大安全事故应急联动机制。支持建设中国—东盟医疗保健合作中心及中国—东盟传统医药交流合作中心，加强与东盟国家在医疗保健、传统医药等方面交流合作。

（十八）加强人力资源和社会保障合作。拓展内地九省区人力资源交流与合作，推动建立统一的公共就业人才服务体系和公共就业服务信息平台，促进人力资源合理配置和有序自由流动。支持内地九省区互派干部挂职交流。探索建立技能人才库和技能人才培养引进使用机制。在革命老区、民族地区、边疆地区、贫困地区建设职业技能培训基地，加强劳动力职业技能培训，引导农村劳动力有序转移。加强劳动者权益保护，建立劳动保障维权信息沟通制度、劳动保障违法及争议案件协同处理制度。加快实现区域医疗保险异地就医直接结算和养老、失业等社保关系跨省区顺畅转移接续。

（十九）共同优化休闲旅游环境。推动区域旅游一体化，建立公开透明的市场准入标准和运行规则，打破行业、地区壁垒，鼓励跨地区连锁经营，加快建设无障碍旅游区。联合打造旅游精品线路和旅游品牌，加快推进建设世界级观光旅游线路。规范区域旅游市场秩序，统一旅游标识，联合打击不正当竞争和侵害消费者权益的行为。完善国内国际旅游合作机制，加强全方位合作，构建务实高效、互惠互利的区域旅游合作体系。支持泛珠三角区域在促进外国人入境、过境旅游便利化及医疗旅游方面开展先行先试，探索部分国家旅游团入境免签政策或落地签证，简化邮轮、游艇出入境手续。

（二十）完善社会治理协调机制。加强社会治安信息交流，建立矛盾纠纷排查预警、案件应急处置、交通安全部门协作及反走私区域合作机制。健全突发事件应急处置体系，制定实施区域安全生产、重大事故、卫生应急、环境污染、社会救助和灾害救助等方面的突发事件应急预案，规范信息报告制度，加强跨部门、跨区域应急联动，提升联合处置能力。加强司法合作，提供司法保障，创新社会治安治理体制，提高管理效能和服务水平，建立人口信息网上协查协助平台，完善流动人口管理服务，推进更多惠民利民便民新举措，提高人民群众满意度。

七、共同培育对外开放新优势

（二十一）积极融入“一带一路”建设。发挥区位优势，完善联通内外的综合交通运输网络，加强与“一带一路”沿线国家经贸往来和文化交流。推动深化澜沧江—湄公河合作、大湄公河次区域经济合作和泛北部湾经济合作，积极参与中国—东盟自贸区升级建设，打造中国—中南半岛、孟中印缅经济走廊。鼓励区域内有条件的企业共同参与境外经济贸易合作区和农业合作区开发建设，推进国际产能和装备制造合作。加强协同配合，支持加快建设福建 21 世纪海上丝绸之路核心区，完善广东 21 世纪海上丝绸之路建设重要引擎功能，把云南建成我国面向南亚东南亚辐射中心，增强广西有机衔接“一带一路”的重要门户作用，进一步提升海南以及内陆省份在“一带一路”建设中的支撑作用。充分发挥香港、澳门独特优势，积极参与和助力“一带一路”建设。

（二十二）充分发挥自由贸易试验区示范带动作用。依托自由贸易试验区深化与港澳合作，发挥对泛珠三角区域的辐射和带动作用。大力推进自由贸易试验区投资、贸易、金融、综合监管等领域制度创新，完善外商投资准入前国民待遇加负面清单管理模式，打造国际化、市场化、法治化的营商环境，为泛珠三角区域进一步改革开放提供可复制、可推广的成功经验。支持有条件的省区按程序申请设立海关特殊监管区域，提升区域对外开放水平。

（二十三）推动口岸和特殊区域建设。统筹规划区域内口岸布局，实现优势互补、错位发展。加强口岸基础设施建设，支持进境指定口岸和启运港建设，扩展和完善口岸功能。支持在区域内国际铁路货物运输重要节点和重要内河港口设立直接办理货物进出境手续的查验场所。支持内陆航空口岸增开国际客货运航线、航班，增强区域内边境口岸和特殊区域功能，打造高水平对外开放平台。支持云南、广西有序设立边境经济合作区、跨境经济合作区和边境旅游合作区，研究完善人员便利化出入境管理政策。

八、协同推进生态文明建设

（二十四）加强跨省区流域水资源水环境保护。实施《水污染防治行动计划》，加强江河湖海水环境综合治理，协同推进跨省区流域水污染防治和水资源保护。共同推进重点行业清洁生产技术改造，降低废水排放总量及主要污染物排放强度。支持发展再生水、海水等非常规水资源利用产业。加快构建水污染联防联控体系，充分发挥流域协作机制监督作用，强化跨界断面和重点断面水质监测和考核，建立完善水质监测信息共享机制。开展地下水监测工作，保障地下水环境安全。协同推进珠江、韩江干支流及近海海域水污染防治，支持跨省区河流综合治理。针对危险化学品生产、存储、运输等对水源地的影响进行风险评估，完善监测预警措施和应急预案。加强饮用水备用水源和水源地环境风险防控工程建设，确保饮用水水质安全。建立流域水资源水环境承载能力监测评价体系，实行承载能力监测预警。

（二十五）加强大气污染综合治理。完善污染物排放总量控制制度，加强二氧化硫、氮氧化物、PM2.5（细颗粒物）等主要大气污染物的联防联治。实施城市清洁空气行动，加强珠三角等重点区域和火电、冶金、水泥、建筑陶瓷、石化等重点行业的大气污染防治，加强对工业烟尘、粉尘、城市扬尘和挥发性有机物等空气污染物排放的协同控制。推进实施清洁生产技术改造，开展工业产品生态（绿色）设计，从源头减少污染物的产生和排放。大力推进脱硫脱硝工程建设，促进工业固废及再生资源综合利用产业规范发展，加强黄标车和老旧车淘汰及机动车尾气治理工作。支持港澳与内地九省区开展大气污染防治及环保科研合作。

（二十六）强化区域生态保护和修复。建立国土空间开发保护制度，切实加强环境整治，划定并严守生态保护红线，强化国土空间合理开发与保护，加大自然保护区、重点生态功能区建设和保护力度，构建区域生态屏障。支持跨省区河流中上游地区生态文明先行示范区建设。共建南岭山地、闽粤桂琼东南沿海红树林生物多样性保护重要生态功能区，稳步推动将以幕阜山、罗霄山、怀玉山、高黎贡山、哀牢山、无量山为核心的区域和江河源头、重要湖泊所在地纳入重点生态功能区。加大沿江天然林草资源保护和珠江防护林体系建设力度，加强湿地保护与恢复，加强生态系统保护。按照建立国家公园体制试点要求，支持福建、湖南、云南等地开展国家公园体制试点工作。

（二十七）健全生态环境协同保护和治理机制。编制泛珠三角区域生态环境保护规划。建立污染联防联治工作机制和环境质量预报预警合作机制，推动环境执法协作、信息共享与应急联动。支持内地九省区推进碳排放权、排污权管理和交易制度，共同设立泛珠三角区域生态环境保护合作基金，加大对生态环境突出问题的联合治理力度。建立跨省区流域生态保护补偿机制，研究建立地方投入为主、中央财政给予适当引导的资金投入机制，支持开展东江、西江、北江、汀江—韩江、九洲江等流域补偿试点。

九、深化内地九省区与港澳合作

（二十八）推进重大基础设施对接。加快跨境交通基础设施建设，完善连接港澳与内地的综合交通运输网络，加快建设港珠澳大桥、广深港高速铁路、莲塘/香园围口岸、深港西部快速通道、粤澳新通道等项目，加强粤港澳轨道交通衔接。支持香港国际机场第三跑道建设，巩固香港国际航空枢纽地位，统筹航路航线安排，加强香港国际机场与内地九省区机场的合作，打造具有国际影响力的临空经济带。巩固香港国际航运中心地位，鼓励内地航运企业在香港设立分公司以及香港航运企业在内地自由贸易试验区内设立分公司。支持香港成为亚太区域重要的邮轮母港及国际游轮旅游中心，加强泛珠三角区域港口之间合作。提高内地与港澳通关便利化水平，合理调整和规划区域口岸建设。以稳定供港澳水、电、气为目标，扎实推进东江供水、核电、电网、西气东输二期天然气接收站、海上天然气和管道工程。推进粤港澳跨境通信网络建设。

（二十九）加强产业合作。充分发挥香港作为国际金融中心、航运中心、贸易中心的优势以及澳门作为世界旅游休闲中心、中国与葡语国家商贸合作服务平台的特殊作用，加强内地与港澳紧密合作，共同开拓国际市场。进一步放宽准入限制、简化审批环节，推动扩大内地与港澳企业相互投资，鼓励和支持内地与港澳企业共同“走出去”，支持内地企业在香港设立地区总部。巩固香港国际金融中心和离岸人民币中心地位，促进澳门作为中国与葡语国家商贸合作金融服务的平台角色，扩大人民币双向流动渠道和规模，支持泛珠三角区域内企业在香港发行人民币债券和香港企业在境内发行人民币债券，加强资本市场和金融创新合作。支持香港为内地企业提供多元化的风险管理、资产管理、法律以及争议调处等专业服务。支持香港成为泛珠三角区域对外科技交流合作基地、知识产权贸易平台，发挥香港文化、科技优势，帮助泛珠三角区域企业提升品牌形象和产品质量，更好走向国际市场。优化和调整赴港澳“个人游”政策措施。支持澳门世界旅游休闲中心建设，共同推进澳门会展商贸、中医药等产业发展，支持澳门经济适度多元发展。有序推动开展粤港澳游艇自由行。

（三十）支持重大合作平台发展。推进深圳前海、广州南沙、珠海横琴、汕头华侨经济文化合作试验区等重大平台开发建设，充分发挥其在进一步深化改革、扩大开放、促进合作中的试验示范和引领带动作用。积极推进港澳青年创业基地建设。支持内地九省区发挥各自优势与港澳共建各类合作园区，支持广东与澳门共建江门大广海湾经济区、中山粤澳全面合作示范区。

（三十一）加强社会事务合作。探索有利于港澳居民在内地就业、生活的制度安排。支持内地九省区与港澳推进社会信用体系建设合作，探索信用建设经验成果及信用市场服务的互通、互认和互用。加强内地与港澳专业人才培训和交流合作。支持港澳中小学与内地九省区中小学结为姊妹学校，支持港澳知名大学到内地九省区开展合作办学。支持港澳创意企业在内地有序发展影视娱乐文化等业务。支持港澳与内地九省区加强食品药品安全方面交流合作。

（三十二）开展多层次合作交流。加强政府间协调沟通，研究解决港澳与内地九省区在合作发展过程中出现的问题。支持行业协会、智库间合作交流。加强青少年交流，强化广州、深圳青少年交流基地功能，支持在其他省区开展多种形式的交流活动，将粤港澳青少年交流特色品牌项目延伸至泛珠三角区域，支持港澳青年在内地九省区开展志愿服务。

十、创新和完善合作机制

（三十三）加强统筹协调指导。国务院有关部门要切实加强指导和服务，积极支持内地九省区着力打破行政分割，加快建设统一市场，为其他区域开展合作积累经验。国家发展改革委会同国务院港澳办等有关部门要加强沟通协调，帮助解决泛珠三角区域合作发展中遇到的困难和问题，创造合作发展的良好政策环境。要加强对本意见实施情况的跟踪分析和督促检查，及时向国务院报告重大问题，并会同“9+2”各方开展本意见实施情况评估。内地九省区人民政府要切实加强组织领导，完善工作机制，落实工作责任，加强泛珠三角区域合作日常工作机构的能力建设，会同港澳共同编制泛珠三角区域合作发展规划，推动合作深化、实化。

（三十四）创新完善合作机制。充分发挥行政首长联席会议制度作用，加强对区域重大合作事项的决策、推动和协调，以及与国务院有关部门的沟通衔接，统筹“9+2”各方按照本意见精神抓好贯彻落实。扩大泛珠三角区域合作与发展论坛的影响力，积极引入市场化资源进行运作，将其打造成为促进泛珠三角区域合作的重要智库，为合作发展提供强大智力支持。

（三十五）建立合作资金保障机制。支持由地方设立泛珠三角区域合作发展基金，支持泛珠三角区域重大合作项目建设，鼓励支持金融机构和社会资本共同出资并参与基金的运营和管理。推广运用政府和社会资本合作（PPP）模式，吸引更多社会资本参与泛珠三角区域合作，提高政府资金使用效率。支持开发性金融机构发挥资金、智力、产品等优势，在促进泛珠三角区域合作发展重大项目建设、编制合作规划、推进产业承接转移等方面发挥积极作用。

深化泛珠三角区域合作，对于拓展区域发展空间，促进区域协同发展，进一步提升泛珠三角区域在全国改革发展大局中的地位和作用，具有重要意义。各有关方面要统一思想、密切合作，勇于创新、扎实工作，共同推动泛珠三角区域合作向更高层次、更深领域、更广范围发展。

中华人民共和国国务院
2016 年 3 月 3 日

（二）国家发展改革委关于印发贯彻落实区域发展战略促进区域协调发展的指导意见的通知

国家发展改革委关于印发贯彻落实区域发展战略促进区域协调发展的指导意见的通知

（发改地区〔2016〕1771 号）

各省、自治区、直辖市人民政府，国务院有关部委、直属机构：

《关于贯彻落实区域发展战略促进区域协调发展的指导意见》已经国务院同意，现印发你们，请认真贯彻执行。

附件：关于贯彻落实区域发展战略促进区域协调发展的指导意见

国家发展改革委
2016 年 8 月 16 日

关于贯彻落实区域发展战略促进区域协调发展的指导意见

党中央、国务院高度重视促进区域协调发展工作。近年来，在区域发展总体战略指引下，我国区域发展空间布局逐步优化，区域良性互动格局加快形成，区域发展协调性进一步增强，为国民经济平稳健康发展作出了重要贡献。经济发展新常态下，区域发展的内外部环境正在发生深刻变化，促进区域协调发展面临重大机遇，也存在诸多挑战，特别是区域发展差距仍然较大、老少边穷地区发展相对落后、一些区域无序开发情况比较突出、促进区域协调发展体制机制还不完善等问题亟待解决。为进一步贯彻落实新时期党中央、国务院关于区域发展的一系列重大战略部署，统筹协调东中西部和东北地区四大板块，优化经济发展空间格局，促进区域协调发展、协同发展、共同发展，根据《国民经济和社会发展第十三个五年规划纲要》有关工作部署，提出以下指导意见。

一、总体要求

（一）指导思想。全面贯彻党的十八大和十八届三中、四中、五中全会精神，深入贯彻习近平总书记系列重要讲话精神，按照“五位一体”总体布局和“四个全面”战略布局，牢固树立和贯彻落实创新、协调、绿色、开放、共享的新发展理念，主动适应引领经济发展新常态，以区域发展总体战略为基础，以“一带一路”建设、京津冀协同发展、长江经济带发展为引领，坚定不移实施主体功能区制度，创新完善区域规划和区域政策，健全区域协调发展机制，推进全国统一市场建设，积极推动形成沿海沿江沿线经济带为主的纵向横向经济轴带，塑造要素有序自由流动、主体功能约束有效、基本公共服务均等、资源环境可承载的区域协调发展新格局，为国民经济持续健康发展和全面建成小康社会作出新贡献。

（二）基本原则。

市场导向，政府推动。充分发挥市场在资源配置中的决定性作用，更好发挥政府作用。打破地区分割和隐形壁垒，推动形成全国统一市场，促进各类生产要素有序自由流动、优化配置；加强区域发展战略、规划、政策的制定实施和优化调整，不断完善促进基本公共服务均等化的制度保障。

统筹协调，分类指导。国家层面统筹区域发展战略布局、总体规划和制度安排，组织编制重要跨区域、次区域规划，强化区域重大项目、重大政策、重大制度、重大体制的对接，促进区域协调发展。坚持从各地实际出发，因地制宜、分类指导，按照生态文明建设的要求，引导各地合理确定经济社会发展目标，并根据区域主体功能定位，提出不同任务要求，实施差别化的区域政策。

改革创新，开放合作。坚持实施创新驱动发展战略，尊重基层首创精神，支持重点地区先行先试，打造和依托必要的改革开放平台，努力探索促进区域协调发展的新路径新方式。统筹国际国内区域合作，深入实施"一带一路"建设、京津冀协同发展、长江经济带发展三大战略，构建合作机制与交流平台，加快培育参与和引领国际经济合作竞争新优势。

问题导向，循序渐进。坚持从解决当前影响区域协调发展的突出问题入手，分阶段设定目标任务，在抓好区域规划和政策文件贯彻实施的同时，加快建立健全区域协调发展体制，逐步形成长效机制，推动区域协调发展工作进入法治化、规范化轨道。

（三）主要目标。到2020年，区域协调发展新格局基本形成，区域发展差距进一步缩小，区域协调发展体制机制更加完善，区域开发秩序进一步规范，区域一体化发展、城乡协调发展和全国统一市场建设取得重大进展，基本公共服务均等化总体实现，社会发展和人民生活水平显著提高，区域性整体贫困问题得到解决，绿色循环低碳发展水平明显提升，生态环境质量持续改善，全国各地区人民共享全面建成小康社会成果。

二、优化经济发展空间格局

（四）深入推进实施区域发展总体战略。进一步加强对东、中、西部和东北地区发展的统筹协调，积极推动沿大江大河、沿边沿海和沿重要交通干线的经济增长带建设，促进生产要素在更广区域内有序自由流动，构建东中西、南北方协调联动发展的新格局。把深入实施西部大开发战略放在优先位置，更好发挥"一带一路"建设对西部大开发的带动作用，促进生产要素向西部地区流动和集聚，着力培育新的经济增长点和增长极，开工建设一批重大项目，不断提升基础设施建设和基本公共服务水平，巩固国家生态和边疆安全。大力推动东北地区等老工业基地全面振兴，着力完善体制机制，深入推进重点领域改革，扩大面向东北亚及欧美国家（地区）的开放合作，积极推进结构调整，支持产业结构单一地区（城市）加快转型，着力鼓励创新创业，培育提升内生发展动力，着力保障和改善民生，促进资源型城市可持续发展。进一步发挥中部地区承东启西、连接南北的独特优势，制定实施新十年促进中部地区崛起规划，完善支持政策体系，激活发展潜力，加快综合交通运输体系建设，有序承接产业转移，积极推进新型城镇化，全面深化对内对外开放合作，进一步吸纳人口、集聚产业和增强综合实力。支持东部地区率先创新发展，积极借鉴国际先进经验，着力推动全面深化改革和制度创新，加快实现创新驱动发展，进一步扩大对外开放合作，加快建立全方位开放型经济体系，积极探索陆海统筹新机制，更好发挥在全国经济增长中的重要引擎和辐射带动作用。

（五）重点实施好三大战略。深入推进“一带一路”建设，注重与区域开发开放相融合，强化东部地区的龙头引领和中西部内陆腹地的战略支撑作用，加快推进“一带一路”核心区、战略支点、开放门户及对外大通道建设，推进与沿线国家和地区互联互通，开展多领域务实合作，打造陆海内外联动、东西双向开放的全面开放新格局。积极推动京津冀协同发展，以资源环境承载能力为基础，强化水资源环境承载能力刚性约束，调整优化经济结构和空间结构，有序疏解北京非首都功能，推进交通一体化、生态环保、产业转型升级三大领域率先突破，加快推进大气污染联防联控，完善协同发展体制机制，编制京津冀空间规划，建设以首都为核心的世界级城市群，打造京津冀协同创新共同体，辐射带动环渤海地区和北方腹地发展。推进长江经济带发展，坚持生态优先、绿色发展，把修复长江生态环境摆在压倒性位置，共抓大保护，大力提升资源环境承载能力，着力推进长江重大生态修复、航道治理、沿江公用码头等重大工程和项目建设，构建高质量综合立体交通走廊，引导产业优化布局和分工协作，推动长江上中下游地区协同发展、东中西部互动合作。

（六）全力实施脱贫攻坚。充分发挥政治优势和制度优势，采取超常规措施，坚决打赢脱贫攻坚战。推进精准扶贫、精准脱贫，创新扶贫开发方式，进一步整合资源，加快实施发展生产、易地扶贫搬迁、生态补偿、教育扶贫、社保兜底等精准扶贫工程，健全精准扶贫工作机制，因人因地施策，提高扶贫实效。加强贫困地区基础设施建设，支持因地制宜发展特色经济。不断提高贫困地区公共服务水平，基本完成存量危房改造，提升医疗服务水平，切实抓好义务教育和职业培训，尽力阻断贫困代际传递。

（七）扶持特殊类型地区发展。加大对革命老区、民族地区、边疆地区和困难地区的支持力度。支持革命老区开发建设，完善革命老区振兴发展支持政策，推动赣闽粤原中央苏区等重点贫困革命老区振兴发展。把加快民族地区发展摆到更加突出的战略位置，坚持和完善民族区域自治制度，完善差别化支持政策，推动建立各民族相互嵌入式的社会结构和社区环境，促进各民族交往交流交融。推进边疆地区开发开放，加强基础设施互联互通，大力推进兴边富民行动。加强规划引导和政策支持，促进资源枯竭、产业衰退、生态严重退化等困难地区转型发展，研究支持产业衰退地区振兴发展的政策措施。加大对特殊类型地区的财政金融支持力度，改善基础设施条件，提高基本公共服务能力和水平，支持有序承接产业转移，发展优势产业和特色经济，吸引富余劳动力转移就业，强化生态保护和修复，完善生态补偿机制。

（八）加快城市群建设发展。优化提升东部城市群，支持京津冀、长江三角洲、珠江三角洲三大城市群继续在制度创新、科技进步、产业升级、绿色发展等方面走在全国前列，加快形成国际竞争新优势，建设具有世界影响力的城市群。支持北京、上海建设具有全球影响力的科技创新中心，建设一批创新型（试点）省份和城市，推进以科技创新为核心的全面创新，为全国创新驱动发展做好示范。提升山东半岛、海峡西岸城市群开放竞争水平。培育中西部地区城市群，支持成渝、中原、长江中游、哈长、关中平原、北部湾等城市群深化对内对外开放，加快新型工业化和新型城镇化进程，壮大现代产业体系，完善基础设施网络，增强对区域和全国经济社会发展的支撑作用。

依托省会城市、重要节点城市等区域性中心城市，加强区域协作对接，加快产业转型升级，实现集约发展、联动发展、互补发展，形成辐射带动区域整体发展的城市群。编制重点城市群规划，以重点城市群为依托，促进跨行政区经济区发展。促进城镇发展与产业就业支撑和人口集聚相协调，统筹推进国家级新区、产城融合示范区、临空经济区等发展，研究制定促进县域特色经济发展的政策举措，加快推进城乡协调发展。

（九）拓展蓝色经济空间。坚持陆海统筹，发展海洋经济，科学开发海洋资源，保护海洋生态环境，加快建设海洋强国，拓展我国发展战略空间。按照以陆促海、以海带陆、人海和谐的原则，促进海洋经济发展，加强陆海基础设施对接，促进陆海产业融合发展，构建陆海统筹开发格局。以全国海洋经济发展试点区建设为重点，优化海洋产业结构，发展海洋科学技术，打造若干海洋经济圈和特色海洋产业园区。加强远洋和大洋深部资源的开发利用。严格控制围填海规模，强化近海、海岸带和沿海滩涂的保护与合理开发利用，适时出台关于加强沿海滩涂保护与开发的政策措施。加强沿海地区海洋防灾减灾能力建设，保障沿海社会经济可持续发展。推进海岛保护利用，预留后备开发资源，推动海岛地区经济社会发展，创新绿色、节能、环保的生态型海岛经济发展新模式。

（十）构建生态安全屏障。把生态文明理念贯穿区域发展总体战略实施的全过程，构建高效安全国土开发保护格局。加快完善主体功能区政策体系，推动各地区依据主体功能定位发展，加快生态安全屏障建设，形成以青藏高原、黄土高原—川滇、东北森林带、北方防沙带、南方丘陵山地带、近岸近海生态区以及大江大河重要水系为骨架，以其他重点生态功能区为重要支撑，以禁止开发区域为重要组成的生态安全战略格局。健全国土空间用途管制制度，将用途管制扩大到所有自然生态空间。加强重点生态功能区、生态环境敏感区和脆弱区等保护和管理，合理划定生态保护红线，落实最严格水资源管理制度，强化水资源节约保护，加大重要饮用水水源地保护力度，推进河湖生态保护和修复，加强水土流失综合防治，增强涵养水土、防风固沙能力，保护生物多样性，加强海洋和海岛生态系统保护和修复。全面推动资源能源节约，落实最严格的耕地保护制度和最严格的节约用地制度，大力发展循环经济，加强环境保护和污染治理。加快解决重点区域、流域和海域的突出环境问题，鼓励开展跨行政区的生态环保合作，促进生态产品和环保基础设施共建共享，推行全流域、跨区域联防联控和城乡协同治理模式，开展跨区域联合执法。以流域为单元，系统推进国土综合整治，维护流域生态安全。

三、完善创新区域政策

（十一）加强区域政策顶层设计。探索建立科学规范的区域发展水平评价体系。按照建设全国统一大市场的要求，在科学划分区域类型的基础上，以区域发展总体战略为基础框架，以不同地区主体功能定位、经济社会发展水平和基本公共服务水平为基本依据，推进建立和完善内涵清晰、措施有效、管理规范、分类指导的区域政策体系。完善区域政策制定实施的磋商与协同推进机制，以及政策调整的综合评估与决策机制，探索将公众参与、专家论证、风险评估、合法性审查等确定为政策制定的重要程序。加强区域发展环境影响评价及水资源论证，依法开展环境影响跟踪评价，强化能源资源节约管理，促进区域经济与资源环境协调发展。

（十二）提高区域政策的精准性。充分发挥区域发展总体战略的指向作用，完善区域政策与财政政策、货币政策、产业政策、投资政策、消费政策、价格政策协调配合的政策体系，优化政策目标体系和工具组合，缩小政策单元，完善差别化的区域发展政策，提高区域政策协同性、精准性、可操作性和有效性。适应引领经济发展新常态，根据经济走势和地区经济分化的特点，加强分类指导。对制造业体系比较完整、产能过剩行业比重较大、国有企业比重较大、生态功能和农业地位重要、滞缓衰退严重和资源枯竭等不同类型地区，出台有针对性的政策举措，积极推进供给侧结构性改革，发展新经济，培育新动能，促进各地区充分发挥比较优势，破解发展瓶颈和发展难题，提升综合竞争力和实力，推动结构优化和动力转换，对于重大改革政策可在重点区域、行业、领域先行开展试点示范。区域政策应更加注重促进区域间社会事业均衡发展和基本公共服务均等化，特别要加大对老少边穷等欠发达地区的扶持力度。推进中央与地方财政事权和支出责任划分改革，加大一般性转移支付比重，提高地方自身发展能力。强化对区域经济形势的监测预测和跟踪分析，建立与之联动的区域政策动态调整机制。

（十三）发挥区域规划指导约束作用。充分发挥区域规划对国土空间开发和经济社会发展的综合协调作用，做好区域规划与国民经济和社会发展总体规划、主体功能区规划、土地利用总体规划、城市总体规划、镇总体规划、环境保护规划、水资源综合规划等衔接配合。落实国家级区域规划管理有关规定，进一步突出国家对跨行政区的重要发展轴带和经济区布局发展的宏观统筹，促进各区域联动协调发展，强化跨省（区、市）的区域规划对编制区域内省（区、市）级总体规划、专项规划的指导和约束作用。

（十四）优化规划政策实施与评价机制。健全区域规划实施体系，综合运用法律、经济、技术、行政等多种手段，充分发挥相关工作推进领导小组、部际联席会议等协调机制作用，建立和完善运行高效的规划实施机制。探索构建区域规划与政策实施绩效评价与考核体系，建立区域规划与政策实施跟踪评估与动态优化完善机制。根据区域规划实施情况中期评估和执行期满全面评估结果，可以按程序调整、废止或续编规划。其中国家级规划评估结果需向国务院报告。完善公众参与和社会监督机制，对于不涉及国家秘密的区域规划，尽可能开展第三方评估，定期向社会公布规划实施及相关评估情况。

四、加强区域合作互动

（十五）推进区域协同发展。进一步加强规划引导和政策指导，加快基础设施互联互通，推动科技合作与协同创新，推进生态环境保护合作，深化社会事业领域合作，促进区域协同发展、有条件的地区一体化发展。推动京津冀、长三角、珠三角不断扩大协同合作领域和范围，促进环渤海地区合作发展，推动东北地区新一轮振兴，深化泛珠三角、泛长三角区域合作，提升合作层次和水平。支持成渝、中原、长江中游、关中—天水、北部湾等中西部重点经济区结合贯彻国家战略规划，加快一体化发展进程。探索建立毗邻省份发展规划衔接机制，支持和鼓励在省际交界地区开展区域一体化发展试点试验。注重以区域一体化促进全国统一市场建设，通过改革创新打破地区分割和利益藩篱，清理、废除妨碍全国统一市场和公平竞争的各种规定、做法，促进人员、技术、资本、货物、服务等要素有序自由流动，全面提高资源配置效率。

（十六）促进产业有序转移与承接。结合实施三大战略，充分发挥中西部和东北地区比较优势，落实和完善相关支持政策，加强对重点地区产业转移的政策引导，支持承接产业转移示范区建设，进一步优化产业空间布局，引导产业集聚发展。坚持市场导向，完善产业协作体系，尊重企业在产业转移中的主体地位，充分利用信息化手段推动区域产业结构优化调整，探索建立区域产业转移引导制度和区域产业链条上下游联动机制。创新各类园区管理模式和运行机制，鼓励有条件地区发展“飞地经济”，鼓励中西部和东北地区通过委托管理、投资合作等多种形式与东部沿海地区合作共建产业园区，支持在省（区、市）毗邻地区合作共建产业园区，及时推广成功模式和做法。充分发挥高新技术产业开发区在产业转移升级中的作用，积极推进产业技术协同创新，鼓励新业态新模式，发现和培育新的经济增长点。支持设立老工业基地产业转型升级示范区（园区），促进产业向高端化、集聚化、智能化升级。要严把产业承接准入门槛，加强重点用能企业节能监管，加大污染防治和环境保护力度，发展循环经济，推动产业转移、经济发展与资源环境相协调。

（十七）加大对口支援和帮扶工作力度。深入推进对口支援西藏、新疆和青海等四省藏区工作，进一步加大对民族地区、革命老区、集中连片特殊困难地区、丹江口库区及其上游地区等的对口支援或帮扶力度。优化对口支援和帮扶工作体制机制，充分发挥支援方在资金、技术、人才、体制、信息等方面的优势，创新帮扶形式，拓展工作领域，突出改善民生，加强支援方与受援方互动，促进受援地区经济社会又好又快发展。强化东西扶贫协作，推动人才、资金、技术等要素有效对接。鼓励各地区自行开展对口支援和结对帮扶工作。

（十八）深化内地和港澳、大陆和台湾地区合作发展。进一步发挥港澳在对外开放和“一带一路”建设中的独特优势，鼓励内地与港澳企业合作走出去。加大内地对港澳开放力度，推动内地与港澳关于建立更紧密经贸关系安排升级。加快深圳前海、广州南沙、珠海横琴等粤港澳合作平台建设。深化泛珠三角区域合作，支持广东省会同港澳共同编制粤港澳大湾区发展规划。促进两岸经济融合发展，推动两岸产业优势互补、融合发展，加快海峡西岸经济区以及平潭综合实验区、福州新区、昆山深化两岸产业合作试验区等平台建设，积极探索两岸合作新模式。

（十九）积极参与国际区域合作。以“一带一路”建设为统领，实行更加积极主动的开放战略，完善互利共赢、多元平衡、安全高效的开放型经济体系。完善对外开放区域布局，探索扩大内陆沿边开放新模式和新路径，建设内陆开放战略支撑带，继续坚定不移扩大沿海开放，支持沿海地区全面参与全球经济合作和竞争，培育具有全球竞争力的经济区。加强区域、次区域合作，进一步发挥澜沧江—湄公河合作、大湄公河次区域经济合作、孟中印缅经济走廊、中亚区域经济合作、图们江地区开发合作等国际区域合作机制作用。充分利用高层领导会晤、各类政府间合作委员会及下设的地方政府合作分委会等平台机制，推动地方开展国际区域合作。加强边境口岸建设管理，提高通关效能，提升对外开发开放平台水平，推进重点开发开放试验区建设，支持边境经济合作区发展，稳步建设跨境经济合作区，更好发挥境外经贸合作区的带动作用。

五、健全区域协调发展机制

（二十）建立健全区际利益平衡机制。健全市场机制，有效发挥政府、企业和社会组织等多元主体的作用，充分调动社会力量，鼓励成立各类区域性社会组织，构建多层次、多领域的区域合作网络。创新合作机制，健全区域合作服务体系，形成东西互动、南北协调的合作发展格局。强化互助机制，完善发达地区对欠发达地区的对口支援制度和措施，促进对口支援从单方受益为主向双方受益进一步深化。健全扶持机制，以推进基本公共服务均等化为方向，加大对欠发达地区的支持力度，继续在经济政策、资金投入和产业发展等方面加大对中西部地区的支持，进一步完善对粮食主产区、资源产区的利益补偿机制，建立健全稀缺资源、重要农产品的价格形成机制，有效平衡输出地和输入地的利益关系。健全生态保护补偿机制，坚持谁受益、谁补偿原则，完善对重点生态功能区的生态保护补偿机制和地区间横向生态保护补偿制度，探索市场化的生态保护补偿机制。

（二十一）支持发挥平台创新示范作用。鼓励国家级新区、国家级综合配套改革试验区、重点开发开放试验区以及其他各类区域发展平台大胆创新探索，在建立区际利益分享与平衡机制、跨区域综合管理机制、统筹城乡发展等方面进行探索试验，努力形成一批可复制、可推广的成功经验。积极推进国家自主创新示范区建设，继续在部分区域系统推进全面创新改革试验，形成若干具有创新示范和带动作用的区域性创新平台。同时，通过在有条件的地区新设特殊功能区、试验区等，打造重大改革试验平台，支持在一些重点领域和关键环节进行探索，为推动我国深化改革发挥积极的试验示范作用。

（二十二）推动区域治理法治化。进一步深化促进区域协调发展法规体系建设的基础问题研究，在总结过去实践经验和借鉴国外成功做法的基础上，逐步推进促进区域协调发展立法进程，实现以法律形式规范区域协调发展的目标原则、战略重点、责任分工、体制机制等，增强约束性和权威性。

六、切实加强组织领导

（二十三）加强统筹协调指导。发展改革委要会同有关部门切实加强对全国区域协调发展的战略规划和政策统筹，加快推进重点领域、关键环节改革创新，建立健全有利于区域协调发展的长效机制和跨地区跨部门重点项目、重大工程、重要事项协调推进机制。

（二十四）加大督促落实力度。国务院有关部门要加强对促进区域协调发展各项工作落实的督促检查，做好对区域规划与区域政策实施情况的跟踪分析和评估，强化重点项目建设、重大事项落实的督查，重要情况及时向国务院报告。要根据国家总体要求，积极研究出台并落实有利于促进区域协调发展的专项政策和具体举措。开发性、政策性金融机构要结合自身优势，为促进区域协调发展发挥积极作用。要完善社会监督机制，鼓励社会传媒和公众有序参与区域规划与区域政策的实施和监督。

（二十五）强化上下联动协作。国务院有关部门要加强对地方工作的指导，支持地方落实好国家区域发展总体战略，积极参与地方政府合作联席会议和区域合作组织开展的相关活动，协助地方制定专项方案和具体举措，推动区域发展总体战略以及重大区域规划、区域政策在地方落到实处、见到实效；要指导并鼓励各地开展有利于促进区域协调发展的试点试验，着力帮助解决试点中的突出问题。各省（区、市）人民政府要按照党中央、国务院决策部署，明确责任分工，完善激励约束机制，积极主动作为，落实各项工作任务，着力解决本地区发展不平衡、不协调问题；要加强与国家有关部门和毗邻地区的沟通衔接，积极探索跨区域利益协调机制，形成区域协调发展合力，实现互利共赢。

（三）国家发展改革委关于加快美丽特色小（城）镇建设的指导意见

国家发展改革委关于加快美丽特色小（城）镇建设的指导意见

（发改规划〔2016〕2125号）

各省、自治区、直辖市、计划单列市发展改革委，新疆生产建设兵团发展改革委：

特色小（城）镇包括特色小镇、小城镇两种形态。特色小镇主要指聚焦特色产业和新兴产业，集聚发展要素，不同于行政建制镇和产业园区的创新创业平台。特色小城镇是指以传统行政区划为单元，特色产业鲜明、具有一定人口和经济规模的建制镇。特色小镇和小城镇相得益彰、互为支撑。发展美丽特色小（城）镇是推进供给侧结构性改革的重要平台，是深入推进新型城镇化的重要抓手，有利于推动经济转型升级和发展动能转换，有利于促进大中小城市和小城镇协调发展，有利于充分发挥城镇化对新农村建设的辐射带动作用。为深入贯彻落实习近平总书记、李克强总理等党中央、国务院领导同志关于特色小镇、小城镇建设的重要批示指示精神，现就加快美丽特色小（城）镇建设提出如下意见。

一、总体要求

全面贯彻党的十八大和十八届三中、四中、五中全会精神，深入学习贯彻习近平总书记系列重要讲话精神，牢固树立和贯彻落实创新、协调、绿色、开放、共享的发展理念，按照党中央、国务院的部署，深入推进供给侧结构性改革，以人为本、因地制宜、突出特色、创新机制，夯实城镇产业基础，完善城镇服务功能，优化城镇生态环境，提升城镇发展品质，建设美丽特色新型小（城）镇，有机对接美丽乡村建设，促进城乡发展一体化。

——坚持创新探索。创新美丽特色小（城）镇的思路、方法、机制，着力培育供给侧小镇经济，防止“新瓶装旧酒”“穿新鞋走老路”，努力走出一条特色鲜明、产城融合、惠及群众的新型小城镇之路。

——坚持因地制宜。从各地实际出发，遵循客观规律，挖掘特色优势，体现区域差异性，提倡形态多样性，彰显小（城）镇独特魅力，防止照搬照抄、“东施效颦”、一哄而上。

——坚持产业建镇。根据区域要素禀赋和比较优势，挖掘本地最有基础、最具潜力、最能成长的特色产业，做精做强主导特色产业，打造具有持续竞争力和可持续发展特征的独特产业生态，防止千镇一面。

——坚持以人为本。围绕人的城镇化，统筹生产、生活、生态空间布局，完善城镇功能，补齐城镇基础设施、公共服务、生态环境短板，打造宜居宜业环境，提高人民群众获得感和幸福感，防止形象工程。

——坚持市场主导。按照政府引导、企业主体、市场化运作的要求，创新建设模式、管理方式和服务手段，提高多元化主体共同推动美丽特色小（城）镇发展的积极性。发挥好政府制定规划政策、提供公共服务等作用，防止大包大揽。

二、分类施策，探索城镇发展新路径

总结推广浙江等地特色小镇发展模式，立足产业“特而强”、功能“聚而合”、形态“小而美”、机制“新而活”，将创新性供给与个性化需求有效对接，打造创新创业发展平台和新型城镇化有效载体。

按照控制数量、提高质量，节约用地、体现特色的要求，推动小（城）镇发展与疏解大城市中心城区功能相结合、与特色产业发展相结合、与服务“三农”相结合。大城市周边的重点镇，要加强与城市发展的统筹规划与功能配套，逐步发展成为卫星城。具有特色资源、区位优势的小城镇，要通过规划引导、市场运作，培育成为休闲旅游、商贸物流、智能制造、科技教育、民俗文化传承的专业特色镇。远离中心城市的小城镇，要完善基础设施和公共服务，发展成为服务农村、带动周边的综合性小城镇。

统筹地域、功能、特色三大重点，以镇区常住人口5万以上的特大镇、镇区常住人口3万以上的专业特色镇为重点，兼顾多类型多形态的特色小镇，因地制宜建设美丽特色小（城）镇。

三、突出特色，打造产业发展新平台

产业是小城镇发展的生命力，特色是产业发展的竞争力。要立足资源禀赋、区位环境、历史文化、产业集聚等特色，加快发展特色优势主导产业，延伸产业链、提升价值链，促进产业跨界融合发展，在差异定位和领域细分中构建小镇大产业，扩大就业，集聚人口，实现特色产业立镇、强镇、富镇。

有条件的小城镇特别是中心城市和都市圈周边的小城镇，要积极吸引高端要素集聚，发展先进制造业和现代服务业。鼓励外出农民工回乡创业定居。强化校企合作、产研融合、产教融合，积极依托职业院校、成人教育学院、继续教育学院等院校建设就业技能培训基地，培育特色产业发展所需各类人才。

四、创业创新，培育经济发展新动能

创新是小城镇持续健康发展的根本动力。要发挥小城镇创业创新成本低、进入门槛低、各项束缚少、生态环境好的优势，打造大众创业、万众创新的有效平台和载体。鼓励特色小（城）镇发展面向大众、服务小微企业的低成本、便利化、开放式服务平台，构建富有活力的创业创新生态圈，集聚创业者、风投资本、孵化器等高端要素，促进产业链、创新链、人才链的耦合；依托互联网拓宽市场资源、社会需求与创业创新对接通道，推进专业空间、网络平台和企业内部众创，推动新技术、新产业、新业态蓬勃发展。

营造吸引各类人才、激发企业家活力的创新环境，为初创期、中小微企业和创业者提供便利、完善的“双创”服务；鼓励企业家构筑创新平台、集聚创新资源；深化投资便利化、商事仲裁、负面清单管理等改革创新，打造有利于创新创业的营商环境，推动形成一批集聚高端要素、新兴产业和现代服务业特色鲜明、富有活力和竞争力的新型小城镇。

五、完善功能，强化基础设施新支撑

便捷完善的基础设施是小城镇集聚产业的基础条件。要按照适度超前、综合配套、集约利用的原则，加强小城镇道路、供水、供电、通信、污水垃圾处理、物流等基础设施建设。建设高速通畅、质优价廉、服务便捷的宽带网络基础设施和服务设施，以人为本推动信息惠民，加强小城镇信息基础设施建设，加速光纤入户进程，建设智慧小镇。加强步行和自行车等慢行交通设施建设，做好慢行交通系统与公共交通系统的衔接。

强化城镇与交通干线、交通枢纽城市的连接，提高公路技术等级和通行能力，改善交通条件，提升服务水平。推进大城市市域（郊）铁路发展，形成多层次轨道交通骨干网络，高效衔接大中小城市和小城镇，促进互联互通。鼓励综合开发，形成集交通、商业、休闲等为一体的开放式小城镇功能区。推进公共停车场建设。鼓励建设开放式住宅小区，提升微循环能力。鼓励有条件的小城镇开发利用地下空间，提高土地利用效率。

六、提升质量，增加公共服务新供给

完善的公共服务特别是较高质量的教育医疗资源供给是增强小城镇人口集聚能力的重要因素。要推动公共服务从按行政等级配置向按常住人口规模配置转变，根据城镇常住人口增长趋势和空间分布，统筹布局建设学校、医疗卫生机构、文化体育场所等公共服务设施，大力提高教育卫生等公共服务的质量和水平，使群众在特色小（城）镇能够享受更有质量的教育、医疗等公共服务。要聚焦居民日常需求，提升社区服务功能，加快构建便捷“生活圈”、完善“服务圈”和繁荣“商业圈”。

镇区人口 10 万以上的特大镇要按同等城市标准配置教育和医疗资源，其他城镇要不断缩小与城市基本公共服务差距。实施医疗卫生服务能力提升计划，参照县级医院水平提高硬件设施和诊疗水平，鼓励在有条件的小城镇布局三级医院。大力提高教育质量，加快推进义务教育学校标准化建设，推动市县知名中小学和城镇中小学联合办学，扩大优质教育资源覆盖面。

七、绿色引领，建设美丽宜居新城镇

优美宜居的生态环境是人民群众对城镇生活的新期待。要牢固树立“绿水青山就是金山银山”的发展理念，保护城镇特色景观资源，加强环境综合整治，构建生态网络。深入开展大气污染、水污染、土壤污染防治行动，溯源倒逼、系统治理，带动城镇生态环境质量全面改善。有机协调城镇内外绿地、河湖、林地、耕地，推动生态保护与旅游发展互促共融、新型城镇化与旅游业有机结合，打造宜居宜业宜游的优美环境。鼓励有条件的小城镇按照不低于3A级景区的标准规划建设特色旅游景区，将美丽资源转化为“美丽经济”。

加强历史文化名城名镇名村、历史文化街区、民族风情小镇等的保护，保护独特风貌，挖掘文化内涵，彰显乡愁特色，建设有历史记忆、文化脉络、地域风貌、民族特点的美丽小（城）镇。

八、主体多元，打造共建共享新模式

创新社会治理模式是建设美丽特色小（城）镇的重要内容。要统筹政府、社会、市民三大主体积极性，推动政府、社会、市民同心同向行动。充分发挥社会力量作用，最大限度激发市场主体活力和企业家创造力，鼓励企业、其他社会组织和市民积极参与城镇投资、建设、运营和管理，成为美丽特色小（城）镇建设的主力军。积极调动市民参与美丽特色小（城）镇建设热情，促进其致富增收，让发展成果惠及广大群众。逐步形成多方主体参与、良性互动的现代城镇治理模式。

政府主要负责提供美丽特色小（城）镇制度供给、设施配套、要素保障、生态环境保护、安全生产监管等管理和服务，营造更加公平、开放的市场环境，深化“放管服”改革，简化审批环节，减少行政干预。

九、城乡联动，拓展要素配置新通道

美丽特色小（城）镇是辐射带动新农村的重要载体。要统筹规划城乡基础设施网络，健全农村基础设施投入长效机制，促进水电路气信等基础设施城乡联网、生态环保设施城乡统一布局建设。推进城乡配电网建设改造，加快农村宽带网络和快递网络建设，以美丽特色小（城）镇为节点，推进农村电商发展和“快递下乡”。推动城镇公共服务向农村延伸，逐步实现城乡基本公共服务制度并轨、标准统一。

搭建农村一二三产业融合发展服务平台，推进农业与旅游、教育、文化、健康养老等产业深度融合，大力发展农业新型业态。依托优势资源，积极探索承接产业转移新模式，引导城镇资金、信息、人才、管理等要素向农村流动，推动城乡产业链双向延伸对接。促进城乡劳动力、土地、资本和创新要素高效配置。

十、创新机制，激发城镇发展新活力

释放美丽特色小（城）镇的内生动力关键要靠体制机制创新。要全面放开小城镇落户限制，全面落实居住证制度，不断拓展公共服务范围。积极盘活存量土地，建立低效用地再开发激励机制。建立健全进城落户农民农村土地承包权、宅基地使用权、集体收益分配权自愿有偿流转和退出机制。创新特色小（城）镇建设投融资机制，大力推进政府和社会资本合作，鼓励利用财政资金撬动社会资金，共同发起设立美丽特色小（城）镇建设基金。研究设立国家新型城镇化建设基金，倾斜支持美丽特色小（城）镇开发建设。鼓励开发银行、农业发展银行、农业银行和其他金融机构加大金融支持力度。鼓励有条件的小城镇通过发行债券等多种方式拓宽融资渠道。

按照“小政府、大服务”模式，推行大部门制，降低行政成本，提高行政效率。深入推进强镇扩权，赋予镇区人口 10 万以上的特大镇县级管理职能和权限，强化事权、财权、人事权和用地指标等保障。推动具备条件的特大镇有序设市。

各级发展改革部门要把加快建设美丽特色小（城）镇作为落实新型城镇化战略部署和推进供给侧结构性改革的重要抓手，坚持用改革的思路、创新的举措发挥统筹协调作用，借鉴浙江等地采取创建制培育特色小镇的经验，整合各方面力量，加强分类指导，结合地方实际研究出台配套政策，努力打造一批新兴产业集聚、传统产业升级、体制机制灵活、人文气息浓厚、生态环境优美的美丽特色小（城）镇。国家发展改革委将加强统筹协调，加大项目、资金、政策等的支持力度，及时总结推广各地典型经验，推动美丽特色小（城）镇持续健康发展。

国家发展改革委
2016年10月8日

二、2016年广东区域经济发展大事记

1月

1月14日，中共广东省委十一届六次全会在广州开幕，中共中央政治局委员、省委书记胡春华作工作报告。

1月14日，国家知识产权局新闻发布会发布2015年我国发明专利申请、授权等情况，广东有效发明专利量达138 878件，连续六年位居全国首位。

1月16日，省长朱小丹主持召开省政府常务会议，研究创新重点领域投融资体制、鼓励外资、设立广东丝路基金等事项。

1月25日，广东省第十二届人民代表大会第四次会议在广州开幕，省长朱小丹向大会作政府工作报告。

2月

2月15日，全国首家内地与港澳合伙联营律师事务所在广东自贸试验区横琴片区揭牌。

2月25日，国务院印发《关于同意开展服务贸易创新发展试点的批复》，同意在广州、深圳开展服务贸易创新发展试点，试点期为2年。

2月27日，广东省—中央企业“十三五”战略合作对接会在广州举行。

2月28日，省政府印发《广东省供给侧结构性改革总体方案（2016—2018年）及五个行动计划》。

2月29日，广东省供给侧结构性改革工作会议召开。

3月

3月1日，省政府出台《关于第一批清理规范58项省政府部门行政审批中介服务事项的决定》。

3月3日，国务院印发《关于深化泛珠三角区域合作的指导意见》。

3月10日，省政府出台《关于大力推进大众创业万众创新的实施意见》。

3月18—19日，第11次中欧区域政策合作研讨会暨案例地区总结会在汕头市召开，共同深入探讨中欧区域发展理念，分享中欧区域发展成功经验。

3月19日，省长朱小丹在珠海出席马六甲文化与经贸中心启动仪式。

3月29日，泛珠三角区域合作政府秘书长联席会议在广州召开，专题研究贯彻落实《国务院关于深化泛珠三角区域合作的指导意见》。

3月30日，佛肇城际铁路正式开通。

4月

4月1日，省政府印发《珠三角国家自主创新示范区建设实施方案(2016—2020年)》。

4月7日，省长朱小丹主持召开省政府常务会议，听取泛珠三角区域合作行政首长联席会议秘书处关于贯彻落实《国务院关于深化泛珠三角区域合作的指导意见》工作情况的汇报。

4月8日，第四届中国电子信息博览会在深圳开幕，工业与信息化部和深圳签署框架协议，合作共建中国国际消费电子展示交易中心。

4月11—14日，省长朱小丹率省政府代表团赴西藏自治区林芝地区，实地检查广东省对口援藏工作，推动鲁朗国际旅游小镇项目加快建设。西藏自治区党委副书记、自治区主席洛桑江村参与考察活动。

4月14日，国内运距最长中欧班列开行，从东莞石龙到德国杜伊斯堡，全程1.3万公里。

4月15—5月5日，第119届中国进出口商品交易会举行。此届交易会境外采购商与会18.56万人，出口成交1 822.88亿元。

4月19日，省委、省政府在广州召开全省重点项目建设工作会议，总结“十二五”时期省重点项目建设情况。

4月20日，省政府发文转发《国务院关于深化泛珠三角区域合作指导意见》。

4月26日，中共中央政治局委员、国务院副总理、国务院扶贫开发领导小组组长汪洋在深圳召开扶贫劳务输出对接试点工作座谈会。

4月28日，省长朱小丹主持召开省政府常务会议，研究部署对口支援西藏林芝和推进精准扶贫、精准脱贫等工作。

5 月

5 月 12—16 日，第十二届中国（深圳）国际文化产业博览交易会在深圳召开。此届交易会总参观人数超过 587 万人次，实质性成交 2 032 亿元。

5 月 19 日，省长朱小丹主持召开省政府常务会议，研究部署加快县域经济社会发展等工作，会议审议并原则通过《关于进一步加快县域经济社会发展的决定》。

5 月 24—25 日，省十二届人大常委会第二十六次会议召开。会议表决通过《中国（广东）自由贸易试验区条例》

5 月 25 日，国家质检总局与省政府签署《关于进一步深化对外开放、建设质量强省、共同推动广东率先全面建成小康社会合作备忘录》，将广东作为质量创新综合试点省份，并着力开展标准化综合改革试点。

5 月 25 日，中国—印度经贸投资交流会在广州举办。印度总统普拉那布·穆克吉，省长朱小丹、中国贸促会会长姜增伟出席交流会并致辞。

5 月 29 日，2016“从都国际论坛”在广州开幕，省委书记胡春华、全国人大常委会副委员长张宝文出席论坛开幕式并致辞。

6 月

6 月 3—5 日，省长朱小丹率领省政府代表团赴新疆喀什地区考察广东对口援疆工作。广东·新疆生产建设兵团对口支援工作座谈会暨产业援疆合作签约协议在乌鲁木齐举行。

6 月 6—7 日，第二届中德中小企业合作交流会在揭阳举行。此届交流会以“一带一路　匠心筑梦”为主题，有 184 家国外企业和 230 多家中方企业进行现场对接、交流和合作。

6 月 6—8 日，省长朱小丹率省政府代表团赴四川省甘孜地区，考察广东省对口支援甘孜工作。两省在成都共同召开川粤对口支援四川省藏区经济社会发展第二次联席会议。

6 月 8 日，省政府出台《关于第二批清理规范 68 项省政府部门行政审批中介服务事项的决定》。

6月16日，省长朱小丹主持召开省政府常务会议，研究部署复制推广广东自贸试验区第二批改革创新经验等工作，会议审议并原则通过《广东省人民政府关于复制推广中国（广东）自由贸易试验区第二批改革创新经验的通知》。

6月20日，中共广东省委、省人民政府印发《关于进一步加快县域经济社会发展的决定》。

6月21日，2016年粤澳合作联席会议在澳门举行。

6月24—26日，第五届中国（广州）国际金融交易博览会举行。

6月24日，省政府下发《关于进一步完善城乡义务教育经费保障机制的通知》。

6月27—28日，省政协第十一届第十六次常委会议召开。会议围绕“广东省贫困人口相对集中地区经济发展情况”议题进行讨论。

6月29日，港珠澳大桥主体桥梁成功合龙。

7月

7月14—16日，第九届APEC中小企业技术交流暨展览会在深圳举行。

7月15日，宝钢湛江钢铁2号高炉点火成功并投入试运行。湛江钢铁一期工程全面建成，具备年产900万吨钢铁能力。

7月18日，国务院同意在中新广州知识城开展知识产权运用和保护综合改革试验。

7月19日，广东（广州）国际铁路经济产业区首列集装箱特需班列开通。

7月20日，省政府在佛山市顺德区北滘镇召开了全省特色小镇建设工作现场会。

7月23日，全球在研最大水路两栖飞机AG600在珠海中航通飞华南公司装配车间成功总装下线。

7月24日，省政府、中国工程院深化推进产学研合作协议签约仪式暨“东莞制造2025”规划成果发布会在东莞举行。

7月29日，广东省广州市、博罗县等17个市县被命名为“全国双拥模范城（县）”。

8月

8月3—9日，省委书记胡春华赴西藏自治区昌都县、四川省凉山州考察对口支援和扶贫协作工作。

8月20日，厦深铁路汕头联络线汕樟公路双线特大桥连续梁顺利合龙。

8月25日，国家发展改革委党组副书记、副主任何立峰到广州调研临空经济。

8月25—26日，第十一届泛珠三角区域合作与发展论坛暨经贸洽谈会在广州召开。

8月27—28日，省政协第十一届第十七次常委会议召开。会议围绕“推进珠三角国家自主创新示范区建设”议题进行专题议政。

8月28日，广州至欧洲货运班列正式开通运行。

9月

9月2日，省政府印发《广东省促进加工贸易创新发展实施方案》。

9月7—8日，第二届对非投资论坛在广州举行。

9月14日，省政府下发《关于提升“三旧”改造水平促进节约集约用地的通知》。

9月21日，省发展改革委与中国人民财产保险股份有限公司广东省分公司就“一带一路”及重大项目建设签署战略合作协议。

9月22日，省全面深化改革加快实施创新驱动发展战略领导小组第六次会议召开。

9月30日，省政府出台《关于取消170项行政审批事项的决定》。

10月

10月1日，省长朱小丹赴西藏自治区林芝市实地检查广东省对口援藏工作，推动鲁朗国际旅游小镇项目建设成为世界级旅游目的地。

10月8日，港珠澳大桥曲线段E33沉管安装成功，大桥海底隧道与东人工岛实现对接。

10月9日，第二届粤桂黔高铁经济带合作联席会议暨广西园建设工作现场会在柳州召开，粤桂黔高铁沿线十三市（州）签署《高铁经济带沿线城市共同建设粤桂黔高铁经济带行动计划》。

10 月 10 日，第十三届中国国际中小企业博览会在广州开幕。

10 月 14—15 日，2016 年泛珠三角区域合作行政首长联席会议在江西南昌召开。

10 月 15—11 月 4 日，第 120 届中国进出口商品交易会举行。此届交易会境外采购商与会 18.57 万人，出口成交 1 873.01 亿元。

10 月 17 日，中国（广东）—乌拉圭经贸交流会在广州举行。

10 月 20 日，第二届中国（广东）国际“互联网 +”博览会开幕。

10 月 25 日，广东、广西推进珠江—西江经济带发展规划实施联席会议第三次会议暨项目建设现场会在肇庆召开。

10 月 26 日，大数据应用及产业发展大会在广州召开，举行珠三角国家大数据综合试验区建设启动仪式。

10 月 27 日，2016 广东 21 世纪海上丝绸之路国际博览会在东莞开幕。

11 月

11 月 1—6 日，第十一届中国国际航空航天博览会在珠海举行。

11 月 3 日，省长朱小丹主持召开省政府常务会议，研究部署推进广东省“十三五”时期生态文明建设等工作，会议审议并原则通过《广东省生态文明建设“十三五”规划（2016—2020 年）》。

11 月 8 日，中共广东省委办公厅、广东省人民政府办公厅印发《关于加大脱贫攻坚力度支持革命老区开发建设的实施意见》。

11 月 10 日，2016 年世界经济论坛商业圆桌会在广州举行。

11 月 16 日，第 18 届中国国际高新技术成果交易会在深圳开幕。

11 月 17 日，省长朱小丹主持召开省政府常务会议，研究部署促进珠三角地区和粤东西北地区产业共建等工作，会议审议并原则通过《广东省促进珠三角地区和粤东西北地区产业共建的若干政策措施》。

11 月 23 日，省长朱小丹主持召开省政府常务会议，研究部署深化珠三角地区与粤东西北地区全面对口帮扶等工作，会议审议并原则通过《关于深化珠三角地区与粤东西北地区全面对口帮扶工作的意见》。

11 月 24 日，2016 中国海洋经济博览会在湛江开幕。省政府、国家海洋局签署进一步深化合作共同推动广东海洋强省建设的框架协议。

11 月 29 日，首届国际森林城市大会在深圳开幕。

12 月

12 月 5 日，首届珠江—西江经济带沿线城市联合招商推介会暨西江绿色发展论坛在肇庆市举行。广州、佛山等 15 个城市共同发布《保护西江　绿色发展——肇庆宣言》。

12 月 5 日，中共广东省委办公厅、广东省人民政府办公厅印发《关于深化珠三角地区与粤东西北地区全面对口帮扶工作的意见》。

12 月 8 日，省政府与中国科学院签署“十三五”全面战略合作协议。

12 月 9 日，韩江高陂水利枢纽工程一期一段围堰合龙。

12 月 13 日，支持赣南等原中央苏区振兴发展部际联席会议第四次会议在北京召开。

12 月 20 日，全省老区建设促进会会长座谈会在梅州召开。

12 月 27 日，省长朱小丹主持召开省政府常务会议，研究部署推动广东惠州潼湖生态智慧区开发建设等工作，会议审议并原则通过《广东惠州潼湖生态智慧区发展总体规划（2016—2030 年）》。

12 月 30 日，深圳成为全国首个海洋综合管理示范区。